Carlos Tuya

LA SINRAZÓN POPULISTA

El *trampantojo* político/ideológico de
Ernesto Laclau

© Carlos Tuya
© Carlos Delgado (portada)
© Todos los derechos reservados
2ª Edición. 2016
ISBN-13: 978-1522856665
ISBN-1: 1522856668

Carlos Tuya

LA SINRAZÓN POPULISTA

El *trampantojo* político/ideológico
de Ernesto Laclau

INTRODUCCIÓN

Este libro posiblemente no habría nacido sin la sorprendente irrupción de Podemos en el panorama político español, y a su dirección por un grupo de profesores de universidad, politólogos vinculados, de una manera u otra, y en mayor o menor medida, a la teoría *populista* de Laclau, y a determinadas experiencias políticas de América Latina, fundamentalmente en Venezuela y Bolivia. Ciertamente, el *populismo* no ha sido una preocupación política ni intelectual en nuestro país, ni ha merecido estudios específicos, salvo los referidos a la falange y el franquismo, la manifestación de *populismo* sufrido en España durante casi cuarenta años. De ahí que el término *populismo* tenga una significación claramente antidemocrática. En estos últimos treinta y siete años, tras la proclamación de la Constitución de 1978, los principales partidos recién creados (UCD, AP), renacidos (PSOE, PNV, UDC), o legalizados (PCE) durante la transición, han actuado dentro de los parámetros democrático liberales de nuestro entorno, en un proceso de cambio de régimen político considerado modélico, incluso exportable, pero que fue el inevitable resultado de la correlación de fuerzas entre reformistas y rupturistas tras la muerte del dictador. Correlación de fuerzas claramente favorable a los reformistas debido a la fortaleza institucional del franquismo, fundamentada en el papel garante del ejército, y la inestimable colaboración de la izquierda moderada. El objetivo político fundamental de la transición era defender y mantener el sistema productivo capitalista, liberándolo de los corsés intervencionistas del franquismo, y crear las condiciones democráticas para su salvaguarda y desarrollo dentro del capitalismo globalizado y sus supraorganismos, Unión Europea y OTAN. fundamentalmente. Sin duda, una delicada operación político-institucional culminada con éxito. Y como tal se vendió a los países inmersos en procesos de transición democrática frente a la tentación rupturista de la izquierda.

En España, la transición primero -con el sobresalto de Tejero, que paradójicamente facilitó la llegada al poder de los socialistas- y la consolidación democrática liberal después, impidió el surgimiento de propuestas *populistas*, salvo en las formaciones residuales de extrema derecha. Restringido al área académica, el *populismo* adquirió cierta relevancia como tema de estudio en las facultades de ciencias políticas tras la irrupción de movimientos *populistas* triunfantes en distintos países de Latinoamérica, el liderazgo bolivariano del chavismo, y la teorización de un *populismo bueno*, de izquierdas, por Ernesto Laclau. Pero el escenario cambia bruscamente en nuestro país como consecuencia del impacto imprevisto de la Gran Crisis de 2008. Resulta ilustrativo de la importancia del desafío político provocado por los efectos de la crisis, que los actuales dirigentes de Podemos, encabezados por Pablo Iglesias, trataran de convencer a la dirección de IU de la necesidad de cambiar la vieja estrategia, cuyos resultados solo se podían calificar de decepcionantes, para ajustarla a la nueva situación generada por la crisis y la irrupción en la escena pública de los movimientos sociales, particularmente las mareas y el 15 M. Al ser rechazados por la dirección de IU, tan miope como desconcertada, decidieron actuar por su cuenta y plantear una candidatura de nuevo cuño que diera una salida electoral a la movilización popular, huérfana de representación política. El grave error de Izquierda Unida consistió en no entender que la irrupción de los movimientos sociales y los efectos transversales de la crisis (recortes en educación, sanidad y servicios sociales, pérdida de poder adquisitivo, precariedad en el empleo, paro, desigualdad, pobreza), todo en un contexto de corrupción sistémica, habían creando un escenario (el famoso *tablero*) político nuevo en el que ya no valían los viejos esquemas, teóricos y prácticos, de la izquierda tradicional. Era la gran oportunidad para las propuestas *populistas*, como lo demostraba el fenómeno italiano del movimiento 5 Stelle, y los gobiernos populistas de América Latina. Salvando las distancias, Laclau parecía tener razón.

Los resultados están a la vista. Podemos, bajo la dirección de Pablo Iglesias e Iñigo Errejón (vigilados de cerca por Monedero, el defensor de las esencias *populistas*) ha conseguido aglutinar en torno a su propuesta política a gran parte de la protesta social. Pero a costa de dividir a la izquierda, y diluir, o negar, sus deseos de transformación social. La reacción de IU, renovando su liderazgo y buscando ampliar la unidad popular en base a un programa claramente de izquierdas, con objetivos inscritos en un horizonte socialista, no ha sido capaz de amortiguar el impacto *divisionista* de la dirección de Podemos. Sus magros , por no decir pésimos resultados electorales de 20D, crean una situación de emergencia en IU, con el reto de no ser relegada a la inoperancia política. Reto difícil de superar sin una nueva teorización de la estrategia de transformación social, que en IU, bajo la férrea dirección del PCE, ha quedado anclada hasta ahora en una ortodoxia marxista huérfana de narrativa por el fracaso del socialismo soviético en sus distintas variantes, pasadas y presentes. Es decir, tanto el análisis de la teorización del *populismo* y su influencia en Podemos, como el avance de algunas de las líneas maestras de una nueva alternativa estratégica de la izquierda *transformadora* (eufemismo del viejo calificativo, hoy devaluado, de *revolucionaria*) se han convertido en la tarea de lucha ideológica más importante y urgente. Con la ventaja de que no se trata de estudios de gabinete, sino de un análisis teórico inscrito en la actividad práctica, sin la cual no hay conocimiento de la realidad ni, por tanto, posibilidad de cambiarla. Tenemos que, frente al vacío teórico de IU (en realidad, del PCE), los dirigentes de Podemos tenían una estrategia electoral de inspiración *populista*, con la que analizar la nueva situación, lo que les ha permitido actuar con mayor eficacia en un escenario de crisis global (económica, política, institucional), desencanto institucional e indignación social, que es el caldo de cultivo del *populismo*. Y hacerlo además desde una óptica *reformista* de cambio de régimen en competencia con la socialdemocracia realmente existente, el PSOE. Los resultados electorales del 20D, aunque más que estimables para una nueva formación, quedan lejos de las pretensiones iniciales de a*saltar el cielo*. El PSOE sigue siendo la fuerza mayoritaria en la izquierda. Al menos por ahora.

Como trataré de demostrar, Podemos, bajo la dirección *populista* actual, es en realidad un partido de *protesta* sin ningún programa real de cambio. Aparece como un *trampantojo* político, como su inspirador Ernesto Laclau: aparenta ser lo que no es. Tienen la pretensión de representar a las clases populares (los de *abajo*) traicionadas por los partidos de la *casta* y abandonadas por la socialdemocracia. Pero la realidad es que su público objetivo son determinadas franjas de las llamadas clases medias urbanas, sobre todo del sector público, como funcionarios administrativos, de la sanidad y la enseñanza, así como a los parados, particularmente jóvenes, sin referencias programáticas centradas en los intereses específicos de los trabajadores, vinculados al sistema productivo. Intereses de clase entorno a los cuales plantear una estrategia *hegemónica* de *transformación* social, teniendo en cuenta la compleja y cambiante constelación de fuerzas de clase que conforma la realidad social de los trabajadores en el capitalismo desarrollado actual. Es decir, se dirigen a una parte sustancial del electorado de centroizquierda, firmes defensores del capitalismo de *rostro humano*. De ahí la gran diferencia entre su discurso retórico y las ambigüedades de su programa, donde se retoman algunas de las propuestas de los partidos socialistas y socialdemócratas de la década de los 70 del siglo pasado, duramente criticadas en su momento por la izquierda *radical* de donde proceden los dirigentes de Podemos. Para un *populista* la causa de los problemas nunca es, en definitiva, el sistema socioeconómico como tal, sino el intruso que lo corrompe (los especuladores financieros, por ejemplo, no los capitalistas como tales). Las causas de la crisis no son fruto de su naturaleza, sino producto de elementos que no desempeñan correctamente su papel dentro del mismo. En realidad, la vieja cantinela del liberalismo moralista de Adam Smith, reformulado por el posmarxista Laclau.

No discuto que, en lo personal, los dirigentes de Podemos sean de izquierdas, o pretendan serlo. Pero su planteamiento político no lo es, algo que se encargan a menudo de recordar ellos mismos, aunque solo sea por su insistente negación de la dicotomía derecha/izquierda, o la contradicción capital/trabajo. Como saben -al fin y al cabo son profesores de políticas- que en España (y en el conjunto de los países de capitalismo desarrollado y el Estado del Bienestar) la mayoría social se identifica con posiciones moderadas, y que esa mayoría esta formada por distintas clases y grupos sociales con intereses diversos, cuando no contradictorios, se acogen a la teoría del *populismo bueno* elaborada por Ernesto Laclau para construir su alternativa mediante un discurso *performativo* (que no se limita a describir un hecho sino que la misma acción de expresarlo lo realiza)[1] capaz de abarcar a todos los afectados por la crisis: indignados, decepcionados, incluso disgustados, creando un nuevo sujeto político, el *pueblo* que se opone a un minoría política (la *casta*). De ahí que su planteamiento sea de todo o nada, de mayorías absolutas capaces de garantizar su acceso al gobierno desde donde cambiar las cosas en favor de la gente *común*, que es una de las características de la apuesta *populista*. Y en ese proyecto no cabe Izquierda Unida, de la que solo quieren, y necesitan, algunos de sus cuadros. En pocas palabras, el *populismo* es una alternativa a la izquierda *transformadora*, y su incapacidad, hasta ahora, de desarrollar una adecuada lógica político-estratégica de lucha por la *hegemonía,* con el socialismo como *horizonte*. En ultima instancia, el *populismo* resulta ser un instrumento de *salvaguarda* del capitalismo en situaciones de crisis aguda.

Todo mi respeto para los que piensan de buena fe que el *populismo bueno* es la solución, hartos de la inoperancia de la izquierda clásica. Pero las ilusiones *populistas* son el opio de la izquierda *transformadora*. El epifenómeno del Podemos *populista* está abocado a transformarse en un partido *homologable*, una vez fracasado su *asalto electoral,* si quiere ser operativo dentro del sistema institucional democrático liberal, y ofrecer soluciones reformistas en línea con la socialdemocracia tradicional, con los países nórdicos como modelo. Su existencia depende, por tanto, de la capacidad de desplazar electoralmente al PSOE en el futuro, lo que está por ver. Lo que no le quita el mérito de haber conseguido dar cauce político a la indignación, sacando de la abstención crónica a colectivos automarginados o desengañados. No está mal, y puede rendir frutos progresistas. Pero en las sociedades complejas, de intereses cruzados, la transversalidad dura poco: lo que se tarda en ofrecer soluciones concretas a problemas concretos generados por la crisis del sistema capitalista; *problemas inversos no lineales*[2] de muy difícil solución sin atacar la raíz de dichos problemas. Es decir, hasta que se empieza a hacer política ejecutiva y no solo declarativa.

Los efectos de la irrupción política y electoral de Podemos, pero también de Ciudadanos, han sido fundamentales en la nueva configuración del nuevo escenario político, lo que hace necesaria una reflexión profunda y documentada sobre lo que ha significado históricamente, y lo que significa en la actualidad, el *populismo*, sus teorizaciones y manifestaciones prácticas. Para ambas cosas existe abundante bibliografía, por lo que, en principio, la tarea no parece complicada. Pero la cosa se hace más peliaguda cuando se inscribe en la batalla política actual, incluyendo en dicha batalla no solo las distintas propuestas *populistas* europeas, hoy en auge, como el Movimiento 5 Stelle y la Lega Nord italianos, el Frente Nacional francés, el UKIP británico, la Alternativa para Alemania (AfD) y el PEGIDA alemán, el FPÖ austriaco, el PP danés, el PVV holandés, los Verdaderos Finlandeses, el Jobblk húngaro, etc., sino los *populismos* gobernantes de América Latina (peronismo, chavismo, bolivarismo), hoy en retroceso, que permiten un análisis empírico de la teoría *populista*. Tenemos la ventaja añadida de que un país asombrosamente fructífero como es Argentina nos brinda un modelo de *populismo*, el peronismo, que ha conseguido integrar las dos formas contrapuestas de dicho fenómeno: el de derechas y el de izquierdas, ambos incluso en las manifestaciones más radicales como los Montoneros y la Triple A. Junto a la experiencia histórica concreta del peronismo contamos con la más lograda y brillante teorización del populismo realizada hasta ahora, la obra de Ernesto Laclau *La razón populista*[3] (con Chantal Mouffe para el análisis del concepto de *hegemonía*)[4]. Rebatir sus presupuestos teóricos, y desenmascarar su razón de ser política en el marco del sistema capitalista, es el objetivo de este trabajo.

La Gran Crisis de 2008, unida a la corrupción sistémica, ha trastocado la percepción por la ciudadanía de las formas de actuación y representación política, circunscritas hasta ahora la alternancia entre PP y PSOE, que han gobernado bien con mayorías absolutas, bien mediante pactos y alianzas con los partidos nacionalistas. Este rechazo social mayoritario a la forma *vieja* de gobernar (bipartidismo) y afrontar los problemas derivados de la crisis mediante políticas de austeridad, impuestas por Bruselas, seguidas a regañadientes por los socialistas y entusiásticamente por los populares, explica tanto el fenómeno Podemos como su deriva *populista*. Y dibuja un panorama de futuras frustraciones, que pueden facilitar el ascenso de nuevos *populismos*, ahora claramente de ultraderecha, como está ocurriendo en Europa. Por eso, desenmascarar el carácter *instrumental* del *populismo* es esencial para evitar que tal cosa ocurra. Y que la crisis se salde, una vez más, con la consolidación de un sistema socioeconómico, el capitalismo, que significa la perpetuación de las crisis económicas, la desigualdad imparable, el grave deterioro de las condiciones de vida de la mayoría de la sociedad, y el riesgo cada vez más inminente, de destrucción irreversible del medio ambiente.

Madrid, 30 de diciembre de 2105.

I. ¿QUÉ ES EL POPULISMO?

La primera dificultad con la que nos encontramos a la hora de hablar de *populismo* es la falta de una definición clara y comúnmente admitida. El *populismo* aparece como un concepto confuso, vago, borroso; una nube de proposiciones a veces contradictorias, lo que permite que la etiqueta *populista* sea utilizada a derecha e izquierda, generalmente como arma arrojadiza en la batalla política. Como dice acertadamente Laclau, la claridad conceptual esta visiblemente ausente. No es algo que deba extrañarnos, puesto que el *populismo* es un *fenómeno* político y, en cuanto tal, expresión de las *contradicciones* (demandas) de la sociedad y de sus luchas. Laclau lo define como *un modo de construir lo político*, lo que no es decir mucho. El *populismo* toma al *pueblo* (de ahí su nombre) como objeto de su acción *política*, considerándolo un *todo* que el propio discurso *populista* ha *construido* mediante la articulación en una respuesta global (*universal*) a las demandas (*parciales*) de los diferentes estamentos de la sociedad. En las versiones más radicales y de *izquierdas* (si este termino clásico puede utilizarse al hablar de *populismo*) el *pueblo* se concibe como sujeto *activo* en la resolución de sus demandas, cuya articulación, en tanto que *cemento social* que une los elementos heterogéneos, lo *conforma* el *líder*. Pero, como veremos más adelante, esto lleva implícita la necesaria implosión del *populismo,* al manifestarse en la práctica las contradicciones entre las diversas *demandas* cuando se atienden unas y no otras, o unas frente a otras. Implosión que trata de evitarse mediante el recurso al *caudillismo,* al que el *pueblo*, las *masas* en la terminología convencional o la *gente común* en el léxico de *Podemos*, se adhiere mediante lazos *afectivos* (Laclau cita a Freud y Lacan para explicar el fenómeno). Esta misma *dependencia emocional* impide que el *pueblo* sea verdaderamente el sujeto activo de la acción política, como pretenden los *populistas buenos,* de *izquierdas.* Pero no nos adelantemos.

Un concepto difuso, ambiguo, e interesado

Como señala Ernesto Laclau, uno de los rasgos más característicos y persistentes en la literatura sobre *populismo* es la reticencia –o dificultad– para dar un significado preciso al concepto. La claridad conceptual –y por supuesto una definición precisa– está ausente de este campo. En la mayoría de los casos, la precisión es reemplazada por disquisiciones lingüísticas, o por enumeraciones descriptivas de una amplia variedad de *rasgos relevantes.* Son los *parecidos de familia* de los que hablaba Wittgenstein. Por ejemplo, Peter Wiles[5] señala nada menos que 24 características definitorias del *populismo,* y cita como tales a movimientos tan dispares como los *levellers*, los *diggers*, los *cartistas* (Fuerza Moral y Física), los *narodniki*, los *populistas* de los Estados Unidos, los *socialistas-revolucionarios*, a Ghandi, el Sinn Fein, la Guardia de Hierro, el Social Credit de Alberta, a Lázaro Cárdenas y Haya de la Torre, el CCF en Saskatchewan, el *pujadismo*, a Belaúnde y Nyerere, etc. Peter Worsley,[6] por su parte, considera el *populismo* no un tipo de organización política o sistema ideológico, sino *un énfasis*, una *dimensión* de la cultura política en general, lo que Laclau aprueba sin reservas.

Algunos estudiosos del *populismo* como Margaret Canovan[7] incluyen fenómenos tan distintos y separados en el tiempo como el *populismo* estadounidense, los ya mencionados *narodniki* rusos y *Social Credit* en Alberta, los movimientos *agrarios* europeos surgidos tras la Primera Guerra Mundial, y el *peronismo* en la Argentina, entre otros, distinguiendo entre populismo *agrario* y *político*. Otros analistas citados por Laclau, como Donald MacRae, tratan de realizar un detallado examen de lo que caracteriza al *populismo* que surge ... *cuando, bajo la amenaza de algún tipo de modernización, industrialización, o como quiera que lo llamemos, un segmento predominantemente agrícola de la sociedad afirma como su estatuto de acción política, su creencia en una comunidad y (generalmente) un Volk como excepcionalmente virtuoso, igualitario y contra toda elite.*[8] Interesante es también la referencia que Laclau hace a Kenneth Minogue[9], particularmente su distinción entre *retórica* e *ideología*, sin duda excesiva, aunque útil a la hora de analizar ciertas manifestaciones de *populismo*, al que descalifica al afirmar: ...*si mediante operaciones retóricas lograron constituir identidades populares amplias que abarcaron a diversos sectores de la población, de hecho constituyeron sujetos populistas, y no tiene sentido desestimar esto como mera retórica. Lejos de ser un parásito de la ideología, la retórica sería de hecho la anatomía del mundo ideológico.* Afirmación llena de ¡retórica idealista!. No es de extrañar que Laclau afirme también que ...*los mismos mecanismos retóricos —metáfora, metonimia, sinécdoque, catacresis— se convierten en instrumentos de una racionalidad social ampliada.* La *retórica* (verborrea muy *argentina* por cierto, dicho sin ánimo de faltar) de Laclau es la manifestación *literaria* de su *ideología,* una de cuyas expresiones teórico-prácticas más genuinas en su defensa del *populismo,* del que se supone ha logrado la hazaña intelectual de aprehender *conceptualmente* su *especificidad.* Todo ello sin referencia a la realidad social generadora del *populismo,* que es sencillamente velada, ocultada, o negada. Lo cierto es que el *popu-*

lismo en Laclau, tomando ideas de aquí y allá a conveniencia, como veremos más adelante, pretende subsumir lo *diverso* en un sujeto *universal* (*pueblo*, los de *abajo*, la *gente común*) mediante una *narrativa retórica* que excluye las contradicciones y diferencias entre los distintas clases y grupos sociales, para constituirse en encarnación de lo *único*, (*nación, patria, pueblo, líder*), que es el gran *identificador*. De ahí las habituales *retóricas* apelaciones al patriotismo, la dignidad nacional, etc. parte esencial y común del *discurso* de las formaciones *populistas*. Y las sorprendentes alianzas, o coincidencias programáticas, con partidos *nacionalistas* de derechas, como ha ocurrido con Syriza en Grecia, particularmente tras su abandono de toda *radicalidad*, recluida ahora al nombre del partido. La gran coartada es que toda política es necesariamente *populista*.

Otros estudiosos, como Raimundo Frei, sociólogo de la Universidad de Chile, e investigador del Programa de las Naciones Unidas para el Desarrollo, señalan que el término *populismo* ha quedado reducido a una simple adjetivación/descalificación, perdiendo todo valor conceptual, cargándose de imprecisión y ambivalencia, lo que posibilita que cada uno pueda llevar el agua a su molino, reduciendo la discusión a una cuestión formal, muchas veces bajo la forma de debate *lingüístico*. Más compleja es la propuesta *radial* de Kenneth M. Roberts[10], politólogo de la Cornell University, para quien lo que caracteriza al *populismo* son cinco rasgos fundamentales:

1. Estilo de liderazgo personalista y paternalista.

2. Coalición política heterogénea y multiclasista.

3. Proceso de movilización política, superando las formas institucionalizadas de mediación.

4. Una ideología ecléctica

5. Un proyecto económico que utiliza métodos redistributivos o clientelistas, con el fin de crear una base material para el apoyo de las capas populares.

Claro que esta *adición* de distintas características definitorias del *populismo* se ve ensombrecida por las numerosas excepciones a la regla. Tal vez por eso, la mayoría de los estudiosos del *populismo* se inclinan por centrar su análisis solo en alguno de sus aspectos centrales, tales como su carácter de movimiento social multiclasista, discurso político, forma de intervención social del Estado, estrategia política, liderazgo, etc. Todo ello demuestra la dificultad de encontrar una definición comúnmente aceptada de *populismo* dada su naturaleza difusa, ambigua, e interesada (la propia definición es parte de la lucha *ideológica*) que distorsiona el análisis de un fenómeno capaz de provocar burdas descalificaciones y fervorosos entusiasmos. Tal vez porque tanto unos como otros olvidan el aspecto fundamental del *populismo,* su carácter *instrumental* al servicio del sistema *inmunológico* del capitalismo.

Pese a ello, Frei y Cristóbal Rovira Kaltwasser, también sociólogo chileno y Doctor en Ciencia Política de la Humboldt-Universität zu Berlin, distinguen tres fases en la aparición y formación del *populismo* moderno:

- **Primera fase**: como *movimiento* político, generalmente de carácter agrario y preindustrial.

- **Segunda fase:** como *instrumento* para la modernización latinoamericana en el periodo de transición de una economía agraria a una industrial, mediante líderes carismáticos que ocupan el Estado para promover la industrialización económica y establecer un orden político que venza las resistencias terratenientes y oligárquicas a la participación democrática controlada por el partido/líder que representa la nación como integración del pueblo en el sistema. Tiene, por tanto, aspectos progresistas inseparables de su carácter instrumental de control de las clases populares, pero también reaccionarios.

- **Tercera fase**: como una *lógica* de acción política, que busca satisfacer las necesidades del pueblo en países con carencias serias institucionales en la representación democrática que propicia el surgimiento de líderes capaces de hablar en nombre del *pueblo* y de criticar a las *elites* establecidas, proyectando un *difuso* ideal de progreso al cual pretenden conducir a la sociedad. El *populismo* es una respuesta a la falta de encuadramiento institucional de las clases populares, con predominio de los sectores campesinos y/o indígenas, que busca *superar* políticamente la lucha de clases y establecer su hegemonía sobre una demanda supraclasista (*patria, cultura, costumbres ancestrales, etnia,* etc.) con una fuerte carga moral *pseudoreligiosa* (elites políticas corruptas, oligarquía usurpadora, bancos usureros, etc.) pero sin cuestionarse el sistema socioeconómico que origina esos *vicios.*

Movimiento, instrumento, lógica de acción política, lo cierto es que los diversos *populismos* modernos (tercera fase) no se pueden abordar seriamente sin un análisis profundo que tenga en cuenta los distintos aspectos socio-estructurales y culturales del país donde surgen y se desarrollan, a fin de comprender, definiciones académicas aparte, el papel político que juegan en cada momento histórico concreto. La dificultad del empeño hace que varios estudiosos, entre los que se encuentra Laclau, se hayan centrado en el aspecto *político* del *populismo,* elevándolo a la categoría de *hecho político* por excelencia. Sin embargo, aunque puedan fallar en sus conclusiones, aciertan en el *enfoque* general. En efecto, lo importante del *populismo* es su dimensión *político/instrumental*; es decir, el papel que juega en el marco concreto de la *lucha de clases.* O si se quiere, el carácter *instrumental* de su acción *política*. Como veremos, en la práctica, el *populismo* es un *instrumento* político de *reconducción* de la protesta popular para *salvaguardar* el sistema socioeconómico, así como para garantizar su *supervivencia* al vencer las resistencias oligárquicas a su libre desarrollo. La importancia, o predominio, de cualquiera de estos aspectos determinará el carácter concreto de *populismo* en cada situación histórica concreta. Es decir, los aspectos de *progreso social* y mejora de la situación de amplias capas populares no son los que definen el papel del *populismo bueno,* de izquierdas, ya que este aspecto *social* está presente, en mayor o menor medida, en los *populismos malos,* de *derechas*, como ha ocurrido con los fascismos, sino el *encuadramiento* de las demandas del *pueblo* dentro de los parámetros del sistema capitalista, a ser posible en el marco democrático liberal, aunque sea *atemperado* a las exigencias de *permanencia* del *populismo* en cuestión. La oportunidad y posibilidad de éxito del *populismo* estriba en que sea capaz de extraer su fuerza *política* de la *insatisfacción* popular, manteniendo las demandas, convenientemente *encadenadas,* dentro del sistema socioeconómico capitalista. Entonces será tolerado primero y apoyado después, para ser finalmente destruido cuando ya no resulte *útil*. Salvo que sea capaz de *institucionalizarse*. Un caso ilustrativo de esto último es el del *populismo* más exitoso de nuestro tiempo: el *peronismo,* motivo de sesudos estudios y serias polémicas intelectuales, cuya permanencia ha fascinado a más de un prestigioso profesor, empezando por el propio Laclau. De todo ello es particularmente gráfica y sugerente la metáfora de Frei y Rovira: *...el populismo se asemeja a la situación cuando un amigo llega tarde y ebrio a una comida. Él no respeta los buenos modales en la mesa, habla fuerte e incluso coquetea con las mujeres de los invitados. Por cierto que el dueño de casa se molesta por el* *comportamiento de su invitado, pero no lo puede echar y, por lo tanto, intenta controlar la situación para que todos se sientan cómodos.* El punto central es que el invitado ebrio pertenece al grupo y su actuar se caracteriza —entre otras cosas— por la revelación de una serie de verdades incómodas.[11]

La emoción, instrumento populista

Esta metáfora introduce otro de los elementos esenciales del *populismo,* sin el cual su acción política resulta imposible: la *emoción.* El *populismo* es un *instrumento político* cuyo surgimiento está relacionado con el fracaso de las *élites* en situaciones de crisis, y que se distingue por la activación y potenciación de *emociones primarias* de *defensa* e *identidad colectiva* (por ejemplo, las *cartas* de los dirigentes de Podemos leídas en un acto en Getafe, los poemas y canciones de Monedero en los mítines, la defensa de lo *nuestro* frente a los *invasores* emigrantes, el *orgullo nacional* ante la crisis, etc.). El esquema es sencillo y bastante eficaz: *emoción* frente a *razón.* La primera *une* a base de *amortiguar* lo que *separa;* la segunda *separa* para alcanzar una *unidad* superior. Por eso, el carácter *performativo* del *populismo* se relaciona directamente con lo *afectivo,* que es puerta de entrada al *psicoanálisis,* con el inefable Lacan como maestro de ceremonias, en las tesis de Laclau. La incorporación de Lacan, y su *objet petit a,* le es necesaria a Laclau para dotar de sustento *emocional* a una *totalidad* popular que integra demandas particulares contradictorias y/o antagónicas. Unidos por amor el *líder,* como cantan en Corea del Norte. El *líder* es el medio a través del cual se produce la identidad política *populista.* La dimensión *emocional,* siempre presente en la *política,* como en toda actividad humana, se convierte en *conditio sine qua non* del *populismo,* el mecanismo *desracionalizador* necesario para anular el *potencial* revolucionario de la movilización popular. De esta manera, a base de anular su capacidad de cuestionamiento *radical* de las clases populares, el discurso *populista construye* el *pueblo* (hasta entonces *plebe*) a partir de la movilización reivindicativa *encadenando* las demandas para que no prime el interés especifico de una parte.

Pero el *pegamento* de la *emoción* es inestable, se agota con rapidez, ya que la tensión *emocional* es un derroche de energía destinado a dar respuesta inmediata durante un breve periodo de tiempo, para dejar paso a la *primacía* de la razón que permite plantearse la acción a largo plazo. De ahí la necesidad de mantener los mecanismos *emocionales* vivos mediante la movilización continua del *pueblo* en torno a *nichos emocionales* como temor, odio, indignación, basados en la dicotomía amigo/enemigo. En esta tarea juegan un papel importantísimo tanto los medios de comunicación de masas como, y cada vez más, las redes sociales que permite la difusión exponencial de las *emociones* bajo la forma de consignas o textos muy breves donde no cabe el razonamiento profundo. Es una radicalización de la clásica distinción del filósofo jurídico nazi Carl Schmitt (1888-1985) entre amigo y enemigo, como condición *sine qua non* de lo político.[12]

Por eso, como veremos más adelante, el *populismo* necesita *construir* una entidad colectiva llamada *pueblo* a base de negar sus diferencias de *clase* con el mecanismo primario de las *emociones* que conectan directamente con los sentimientos de frustración, indignación y rechazo. Y en lo político propiciar la necesaria *reforma* y/o *regeneración* del sistema, protegiéndole de los peligros latentes de *ruptura* y *transformación.* Cuando se plantea el dilema entre *ruptura* o *reforma,* el *populismo* actúa como un *instrumento* (nuevo o renovado) de la *reforma*: trata de sustituir políticamente el *reformismo* viejo, caduco y/o ineficaz. En pocas palabras: el *populismo* es una forma emergente de *re-*

formismo en épocas de crisis y de movilizaciones populares que pueden poner en peligro el sistema socioeconómico. Lo que no significa que el *populismo* sea una *creación* maquiavélica de unos militares iluminados, o profesores de universidad, al servicio de las clases dominantes, aunque finalmente termine convirtiéndose en un arma muy eficaz contra el mismo *pueblo* sobre el que se apoyaba. Ahí están los distintos *fascismos* padecidos en Europa el siglo pasado, muchos de ellos autodenominados *socialistas*. Cuando ya no es útil, el *populismo* se deja de lado por *fatiga emocional*. Entonces las *élites populistas* y parte de sus redes clientelares (que son los principales beneficiados por la redistribución *populista* de la riqueza) procuran mantenerse en el poder mediante la deriva autoritaria. Sin menospreciar los indudables efectos *positivos* de distribución de la riqueza y atención social del *chavismo*, sobre todo la extraordinaria labor realizada por los médicos cubanos en las zonas más deprimidas y abandonadas del país, y que hasta los opositores más *centrados* reconocen, me gustaría reproducir la valoración del fenómeno *populista* en Venezuela del nada sospechoso filósofo esloveno Slavoj Žižek: *A muchas personas favorables al régimen venezolano de Hugo Chávez les gusta destacar, frente al llamativo y a veces bufonesco estilo caudillista de Chávez, el amplio movimiento popular de la organización espontánea de los pobres y desposeídos que sorprendentemente le devolvieron al poder después de haber sido depuesto por un golpe respaldado por Estados Unidos. El error de esta concepción está en pensar que lo segundo puede darse sin lo primero: el movimiento popular necesita identificarse en la figura de un líder carismático. La limitación de Chávez se encuentra en otra parte, en el mismo factor que lo capacita para desempeñar su papel: el dinero del petróleo. Es como si el petróleo fuera siempre una bendición dudosa, si no directamente una maldición. Gracias a este recurso puede continuar haciendo gestos populistas sin tener que pagar su verdadero precio, sin tener que inventar algo verdaderamente nuevo en lo económico. El dinero hace que sea posible llevar a cabo políticas inconsistentes (tomar medidas anticapitalistas de tipo populista y dejar básicamente incólume el edificio capitalista): no actuar sino posponer la acción, el cambio radical. (En contra de su retórica antiestadounidense, Chávez tiene gran cuidado en que los contratos entre Venezuela y Estados Unidos se lleven a cabo.*[13]

Para resultar *funcional* el *populismo* necesita la *indefinición* programática y la ausencia de un *modelo* claro de sociedad, a fin de mantener la unidad *discursiva* que contribuya a la necesaria *construcción* del *pueblo,* evitando que sus componentes heterogéneos entren en conflicto y se rompa la *cadena equivalencial.* Su política es la del *mínimo común denominador,* que consiste en la anulación discursiva y programática de los elementos *particulares.* Proceso que se concentra y resuelve en el *líder* capaz de expresar, defender y simbolizar los anhelos del *pueblo,* por encima del *pueblo,* y llegado el momento, sin el *pueblo.*

Otro aspecto, que desarrollaré más adelante, del *líder* como agente articulador de las demandas populares es la tendencia *natural* a subordinar los intereses específico de sectores sociales a las necesidades contingentes de la *hegemonía populista.* Un ejemplo, que vale más que mil discursos, es lo ocurrido en Bolivia, donde grupos indígenas se han enfrentado al gobierno de Morales a cuenta del proyecto de carretera que atraviesa un parque natural en la Amazonia, lo que ha significado la pérdida de apoyo al presidente de tres de las cinco grandes agrupaciones indígenas que lo auparon en el poder en 2006. En este caso, y sin hablar de las supuestas garantías constitucionales de los pueblos indígenas violadas, lo que ha primado han sido los intereses de los productores de coca del Chapare, de los que Morales sigue siendo su máximo dirigente.

Populismo versus democracia

¿Quiere decir esto que *necesariamente* el *populismo* es incompatible con la democracia, o que propugne su *limitación* para defender al *pueblo* del enemigo interior y exterior?. En absoluto, al menos en Europa. En realidad, el *populismo* siempre aparece al principio como una fuerza *regeneradora* de la democracia *pervertida* y *corrompida* por las élites (*casta*), y *cautiva* de la *partitocracia*. Se presenta ante la ciudadanía con un discurso *moralista,* que no pone en cuestión la naturaleza *limitada* de la democracia liberal capitalista, ya que no se plantea, sino todo lo contrario, la *transformación* socioeconómica de la sociedad, tanto en los aspectos económicos (sistema productivo y distributivo), políticos (sistema institucional) y sociales (igualdad de partida). El *populismo* se relaciona con la democracia liberal de una manera *ambigua,* pues en su discurso ataca las instituciones democráticas representativas precisamente por su falta de *representatividad,* al estar excluidas de la acción política amplias capas populares, en unos casos, o ser *traicionadas* por intereses de los representantes, en otros. Pero nunca por ser una forma de *dominio,* cuyas limitaciones no son fruto de la *perversión* de políticos o burócratas (aunque puedan agravarlas y hacerlas intolerables), sino de las exigencias del propio sistema socioeconómico, tal como he explicado en *Democracia Ampliada.*[14] Como dice Flavia Freidenberg, Directora del Instituto de Iberoamérica de la Universidad de Salamanca, el *populismo* es una forma de incorporación política de amplias capas sociales, que permite atender algunas necesidades perentorias de la *gente común.*[15]

Por eso, el *populismo* permite la incorporación de nuevos sujetos sociales al sistema político, bien porque estuvieran excluidos, como ocurre en

América Latina, bien porque se habían *automargi-nado* como en Europa. Ese aspecto *positivo,* indispensable, por otra parte, para el desarrollo económico capitalista, tanto en su fase industrial como desarrollada, no representa ningún cuestionamiento básico del sistema productivo. Antes bien, como veremos a la hora de analizar el libro de Laclau, es la condición necesaria, aunque no suficiente, para que tal cuestionamiento no se produzca, particularmente en épocas de crisis o estancamiento.

Al contrario de la concepción marxista de los trabajadores como *clase universal,* que actúa de sujeto *emancipatorio* de toda la sociedad, el *populismo* propone una *disolución* de las clases y sus intereses en el *pueblo,* primando el interés superior de la *totalidad construida* por el propio discurso *populista* sobre los intereses específicos de la clase *emancipadora* trabajadora, a la que no se reconoce tal papel. Como veremos, la negación de un sujeto social (*clase*) privilegiado de la emancipación, en función de su lugar y papel en el sistema productivo, es condición necesaria para que se construya el *pueblo* y el *populismo* aparezca como la articulación política *imprescindible* para afrontar las contradicciones internas de la sociedad, particularmente en épocas de crisis. La *hegemonía,* citada a menudo en el libro de Laclau, es, por tanto, la forma que adopta esta negación de un agente privilegiado (y por lo tanto dirigente) en el proceso emancipador. Laclau, en el fondo, sigue fuertemente condicionado por su visión y experiencia latinoamericana, en concreto del *peronismo,* al que terminó apoyando, y por la teorización gramsciana de *hegemonía* que interpreta *sui generis.* Como veremos, la lógica del *objeto petit a* (Lacan) y la lógica *hegemónica* (Gramsci) no es que sean semejantes para Laclau, ¡son *idénticas*!. El notable teórico marxista, y político comunista italiano, se convierte por arte y gracia de Laclau, pero no solo de él, en el primer posmarxista de nuestro tiempo.

El populismo realmente existente

Donde el *populismo* ha tenido una presencia importante, hasta el extremo de ser motivo de estudios especializados, ha sido y es en América Latina, donde se ha caracterizado por implantar políticas redistributivas ordenadas a promover el consumo interno mediante la mejora económica de los sectores populares que demandan mejores condiciones de vida.[16] Acción gubernamental que supuso, a su vez, la incorporación política de dichos sectores en una alianza interclasista controlada, dirigida y dominada por la burguesía industrial. Ese aspecto *progresista* suponía de facto la utilización de las clases obreras urbanas emergentes en su lucha contra el dominio oligárquico, mayoritariamente de carácter agrario, y en favor de un modelo de desarrollo económico *moderno,* al tiempo que controlaba dicha movilización para que no superara el marco del sistema capitalista, tal como señala Flavia Freidenberg. Este fenómeno ha sido estudiado por autores como Octavio Ianni, Fernando Henrique Cardoso, Enzo Faletto o Guillermo O'Donnell, entre otros.

Desde otro punto de vista, autores como el profesor de Investigación en la Unidad de Políticas Comparadas del Consejo Superior de Investigaciones Científicas (CSIC), Ludolfo Paramio[17] hacen hincapié en las *disfunciones* representativas de los partidos tradicionales, incapaces de adaptar su acción política a las nuevas realidades económicas y sociales, lo que unido a la corrupción rampante hace que las clases populares, cada vez más decepcionadas y frustradas, dirijan su atención hacia nuevos liderazgos *populistas,* cuyo discurso *antipolítico* encuentra eco en una ciudadanía asqueada, al tiempo que moviliza a sectores de la población *marginados* como fuerza de choque en las movilizaciones contra el gobierno. La crisis de representación y la debilidad institucional son los contextos más favorables para la emergencia de esos líderes *populistas.*[18]

Es cierto que el *populismo*, si vamos a los hechos empíricos (para lo que necesitamos una teoría que los identifique) ha adoptado, y adoptará, múltiples formas, cada una con sus características específicas, a veces en la frontera de la diferencia. Pero deben tener ciertos rasgos comunes definitorios, como ocurre, por ejemplo con los vertebrados, o las plantas criptogramas. Si en beneficio de la diversidad e indefinición renunciamos a establecer dichos rasgos comunes definitorios, nos negamos la posibilidad de un análisis serio del *populismo* y su *funcionalidad*. Y abrimos la puerta a su concepción *idealista* del fenómeno, que aparece como resultado del *discurso* y no un producto político generado por el sistema social en periodos de crisis o transición. El *populismo*, a lo largo de la historia, ha sido una forma política de respuesta a los problemas sociales creados por las *disfunciones* institucionales y representativas del sistema socioeconómico. De ahí que expresen, a su manera, la realidad social, sus contradicciones, su cultura, etc. Claro que los nuevos idealistas lo llamarán *reduccionismo*, desdeñando o negando la posibilidad de realizar un análisis *científico* de la sociedad y sus mecanismos de cambio y trasformación.

Cierto, es posible sostener que no existe un *populismo*, concebido como una entidad política concreta y definida, sino más bien *contenidos populistas*, que pueden darse, en mayor o menor medida, en todas las opciones políticas existentes; o emerger de un movimiento de masas que finalmente se constituye como partido nuevo. Por eso puede hablarse de aspectos, tendencias, presupuestos o planteamientos *populistas* tanto en los partidos conservadores, liberales, socialdemócratas, socialistas o comunistas. Peter Worsley, citado con admiración por Laclau, no considera al *populismo* un *tipo* de organización política, o una ideología, que pueda ser comparado con otros tipos de organización o ideología, sino como una *dimensión* de la cultura política, un *síndrome*, lo que impediría identificar contenidos universales del *populismo*. Como veremos, esta es la gran *coartada* para justificar (y en su caso apoyar, como hizo Laclau con el gobierno de Ernesto Kirchner primero, y su mujer Cristina después) ciertos populismos considerados *buenos, o* de izquierdas.

Para resumir, y retomando lo dicho al principio, podemos (con perdón) salir de este marasmo y fijar la imagen de lo que considero una opción política *populista* recurriendo al recurso *taxonómico* de enumerar algunos de sus rasgos constitutivos. Como hemos visto, la tarea no es fácil debido a los numeroso atributos que caracterizan el *populismo* en diferentes épocas históricas, sistemas sociales diversos y culturas políticas distintas. Por ejemplo, el *caudillismo,* siempre presente, juega un papel secundario en las sociedades económicamente desarrolladas, con una larga experiencia de lucha social y asentada tradición democrática, mientras que es fundamental en países de escaso desarrollo económico y fuerte presencia de capas sociales excluidas del juego político. Pero, a riesgo de resultar reiterativo, es necesario acordar los rasgos más relevantes antes de pasar a analizar el concepto de *populismo* defendido y argumentado por Ernesto Laclau. Estos serian:

- Sustitución de conceptos ideológicos por las *retóricas* discursivas. De ahí que aludan constantemente a elementos poco definidos intelectualmente como, por ejemplo, la palabra *pueblo.*

- Apelación a la *emoción* en vez de a la razón.

- Definición *performativa* de un *enemigo* interno, divisor entre la inmensa mayoría (los de abajo) y una minoría (los de arriba o *casta*).

- Pretensión de representar al *pueblo* en su *totalidad* frente a los intentos de señalar las diferencias de clase, negando y combatiendo el papel histórico de la *lucha de clases*. De ahí que los *populistas* no conciban que el *pueblo* quiera otra opción política distinta a la de ellos.

- Generación de redes *clientelares* y de nuevas que sustituyen a la viejas en el reparto de la riqueza.

A lo que habría que añadir otros rasgos del *populismo,* tal como señala el sociólogo Gino Germani (1911-1979), antiperonista furibundo (lo asimilaba al fascismo) y profesor, entre otras, de la Universidad de Harvard:[19]

- Negación de la división *izquierda/derecha,* sustituida por *arriba-abajo, gente común-casta.*

- Rechazo de las ideologías definidas por su contenido de *clase.*

- Carácter *multiclasista* del movimiento.

- Liderazgo *carismático,* y vinculación directa de las masas con el *líder.*

- Componente de intenso de *nacionalismo.*

Hay otros aspectos habituales en el *populismo,* aunque también se dan, en mayor o menor medida, en partidos tradicionales de derechas, como la *demagogia,* el *electoralismo,* la *xenofobia,* el *racismo,* o la actual *islamofobia,* que hoy se manifiesta en Europa con claridad a través del rechazo indiscriminado de los emigrantes musulmanes.

En cualquier caso, más allá de describir los rasgos principales de todo *populismo,* lo que me interesa es desentrañar su carácter *instrumental,* ya que como hemos visto el *populismo* es *indefinible* por su misma naturaleza: exige la ausencia de contenido concreto, y precisa de cierta inconcreción en la formulación programática que atienda las demandas populares, y en consecuencia de su resolución práctica, para no romper la famosa *cadena equivalencial* de la que se nutre y que le justifica. La lógica *equivalencial* que articula las demandas no satisfechas necesita anular, o *vaciar* de contenido, todas aquellas que ponen en cuestión, o van más allá, el *mínimo común denominador* aglutinante *multiclasista.* Por eso, su papel siempre juega a favor de la *supervivencia* del sistema socioeconómico, aun cuando sea a base de *trastocarlo* inicialmente en aspectos que no ponen en cuestión su naturaleza. De ahí que el *populismo* se mantenga a condición de no *realizarse*. Lo que exige la permanencia, como factor aglutinador y amortiguador del desencanto, de la *devoción* al *líder populista*, que vela por los intereses populares frente al boicot oligárquico, *devoción* que necesita potenciarse por todos los medios propagandísticos posibles, fundamentalmente por el contacto directo con el *pueblo*, sin *mediadores* políticos.

Lo que aquí me interesa no es tanto encontrar una *definición* universalmente válida, si es que tal cosa pudiera ser factible, del *populismo*, sino desentrañar qué es lo que entiende y defiende Laclau cuando habla de *populismo*. Y qué papel *instrumental* juega en la praxis política, particularmente en Europa. Por lo que ya es hora de entrar a analizar las tesis de Laclau expuestas, con abundante *retórica* y no poca imaginación, en su libro *La razón populista*, que es todo un encendido canto a la *sinrazón*.

II. LACLAU Y LA COARTADA DEL POPULISMO

La estructura del sistema social en un país desarrollado es de gran complejidad, mucho más allá de la simple oposición burguesía-proletariado, propia del pasado industrial. La estructura de clases, debido al desarrollo económico, se ha diversificado y hoy puede hablarse de distintos estamentos sociales de acuerdo al lugar que ocupan en el sistema social, su relación con los medios de producción, y la obtención de la riqueza: oligarquía, élites extractivas, administradores estatales, alta burguesía empresarial y agraria, media y pequeña burguesía, autónomos y falsos autónomos, empleados de servicios, trabajadores de los sectores primario, secundario y terciario, militares, religiosos, etc. Es más, la creación de riqueza ya no se reduce a la producción de bienes materiales, tangibles, sino que se extiende a la generación *virtual* de programas informáticos, plataformas sociales, inteligencia artificial, etc., que caracteriza a la Revolución Digital. El trabajo ha dejado de concentrarse exclusivamente en fábricas para desplegarse por la sociedad, e integrarse en la vida privada, *deslocalizándose* gracias a las posibilidades de Internet. Junto a la definición de *clase* por el lugar que ocupa dentro del sistema productivo, cobra cada vez más relevancia la *distribución* y *participación* en la riqueza, fundamental en una sociedad de consumo. Surgen así las llamadas *nuevas clases medias,* base de acción principal del dominio *ideológico* del capitalismo, e instrumento *democrático* de dicho dominio en el Estado de derecho. Es decir, la ciudadanía no se reconoce tanto como una *clase* en función de su lugar en la estructura productiva, como por su capacidad para adquirir bienes de consumo y niveles cada vez mayores de bienestar social. Todo lo cual exige la mayor *movilidad* social hacia *arriba,* lo que choca con el incremento notable de la *desigualdad,* que *tira* para *abajo* de amplias capas sociales, mientras las *relaciones de producción* dominantes se mantienen, en lo fundamental, constreñidas a fases más propias del capitalismo industrial, impidiendo el pleno desarrollo de las fuerzas productivas.

Tal complejidad de *clase* y de la *dinámica* social origina una *nebulosa* de contradicciones que expresan los distintos intereses en pugna, y la *percepción* de dichos intereses por la ciudadanía. Contradicciones de distinto nivel e intensidad (principales, secundarias, complementarias) que varían en el tiempo, dando origen a nuevas contradicciones según se resuelve en un sentido u otro. Tal diversidad y complejidad hace más difícil la actividad política que o bien se fragmenta en numerosos partidos políticos, o bien tiende a polarizarse en dos grandes propuestas (bipartidismo) que deberán integrar, en un afán universalizador, las diversas demandas y contradicciones. De ahí que los grandes partidos tengan inevitablemente varias tendencias conviviendo en un precario equilibrio. Pondré un ejemplo, algo esquemático sin duda, pero que nos puede dar una idea bastante aproximada de todo lo dicho: Supongamos una gran empresa industrial y su entorno. Cada uno de los participantes en la actividad empresarial, y sus destinatarios, tendrán expectativas diferente, algunas veces contradictorias y otras complementarias, de lo que esperan conseguir con la actividad de la empresa:

- El *empresario,* obtener buenos beneficios.

- La *dirección* administrativa, una planta eficiente y provechosa.

- Los *trabajadores*, buenas condiciones de trabajo y el salario mayor posible.

- Los *vecinos*, que la planta no contamine el ambiente.

- Los *consumidores*, buenos productos, útiles y a precios razonables.

- Los *bancos*, obtener un buen rédito de su financiación.

- El *Estado*, recaudar los mayores impuestos.

- Los *parados*, una oportunidad de trabajo

- Los *proveedores*, el incremento en sus suministros.

- Los *comerciantes*, aumento de las ventas.

El *empresario* puede ignorar algunas de estas expectativas y demandas, pero no todas, por cuanto no siempre son compatibles. Por ejemplo, la *dirección* busca obtener beneficios máximos con costos mínimos, lo que puede perjudicar las expectativas otros grupos como los *trabajadores,* cuya lucha en defensa de sus intereses puede poner en peligro dichos objetivos. Por lo tanto, el *empresario* deberá ignorar los intereses de algunos grupos y favorecer a otros. Como es lógico, el *empresario*, al tomar sus decisiones, provoca un conflicto de intereses, lo que le obliga a resolver las contradicciones bien mediante la imposición de su voluntad, bien mediante pactos. En cualquier caso, la resolución es finalmente *política*, en el sentido de que se resuelve mediante la *correlación de fuerzas* y no sólo por la autoridad que otorga la *propiedad*. Es el *abc* de la lucha sindical. Pero ni el *empresario* ni los *trabajadores* están solos, aislados del resto de la sociedad. Sus conflictos se dirimen en el marco completo y complejo del sistema social, ya que afectan a las expectativas del resto de los sectores. Esa es la razón de que la lucha de clases sea una batalla por la *hegemonía*. Y que, tras la Segunda Guerra Mundial, con la amenaza del bloque soviético en expansión, las luchas de intereses entre trabajo y capital se *amortiguara* en un gran pacto social llamado Estado del Bienestar, posible gracias al gran crecimiento económico del último tercio del siglo pasado. La educación, la sanidad y los servicios sociales, universales y gratuitos, que interesan a la inmensa mayoría de los ciudadanos, son la base de la nueva *hegemonía* del capitalismo, la razón de ser de su pujanza y dominio incontestado... hasta ahora. Este consenso o pacto social se pone en cuestión cada vez que surge alguna de las sucesivas crisis, y se quiebra cuando el Estado de Bienestar es atacado por las políticas de *austeridad* implementadas por el neoliberalismo para salir de la Gran Crisis de 2008. Entonces es posible articular una nueva mayoría social para su defensa, como ha ocurrido en España con las famosas *mareas*. La *transversalidad* de estas manifestaciones de rechazo a los *recortes* es el caldo de cultivo del *populismo,* que eleva dicha *transversalidad* a la categoría de *objeto* político, más allá de los intereses de *clase* vinculados al sistema productivo. Como veremos, el *populismo* es el resultado tanto de un amplio descontento y movilización *transversal* ciudadana, como de la ausencia de *hegemonía* de los trabajadores en dicha movilización. *Hegemonía* que solo se puede alcanzar si está articulada en torno a una propuesta de *transformación* social. Las dificultades saltan a la vista: el mismo concepto de *clase trabajadora* ha perdido la *nitidez* y concreción de antaño, cuando la *clase obrera* industrial era mayoritaria, para englobar una *constelación* de segmentos de la producción, una parte de los cuales lo último que desean es ser considerados *obreros*. No es de extrañar, por tanto, que la cuestión de la *hegemonía* sea fundamental en toda acción política, y eje de la propuesta *populista*. O que sirva de fundamento teórico a las tesis de Laclau. Valga todo lo dicho a modo de introducción al análisis de la propuesta *populista* del profesor argentino.

Populismo y psicología de masas

Despachados por insuficientes, o erróneos, los intentos de definir y clasificar el *populismo*, Laclau pasa a plantear el asunto desde un enfoque alternativo. En primer lugar, afirma que desde una visión del *populismo* concebido como irracional e indefinible resulta imposible su estudio, lo que le lleva abordar su análisis cambiando la pregunta conceptual de *¿qué es el populismo?* por otra más operativa: *¿a qué realidad social y política se refiere el populismo?*; y, a su vez, por: *¿de qué realidad o situación social es expresión el populismo?*. Es decir, Laclau parte de considerar el *populismo* como un epifenómeno, lo que, en su opinión, permite encarar la raíz del problema desde un punto de vista tanto sociológico como político. Pero pronto el camino se tuerce. Por ejemplo, al contraponer la *vaguedad* del concepto a una lógica política, dominada por un alto grado de determinación político-institucional, surgen una serie de preguntas básicas: la *vaguedad* de los discursos *populistas*, ¿es consecuencia, en algunas situaciones, de la *vaguedad* e indeterminación de la misma realidad social?. Y en ese caso, ¿no sería el *populismo*, más que una tosca operación política e ideológica, un acto *performativo* dotado de una racionalidad propia; es decir, que el hecho de ser *vago* en determinadas situaciones es la condición para construir significados políticos relevantes?. Finalmente, el *populismo* ¿es realmente un momento de *transición* derivado de la inmadurez de los actores sociales, destinado a ser suplantado en un estadio posterior?, o más bien ¿constituye una *dimensión* constante de la acción política, que surge necesariamente (en diferentes grados) en *todos* los discursos políticos, subvirtiendo y complicando las operaciones de las ideologías presuntamente más *maduras* y elaboradas?. Para iniciar la respuesta a tales interrogantes pone el ejemplo de Juan Domingo Perón cuando, en 1945, adoptó una postura nacionalista, y aseveró que la opción argentina se reducía a la elección entre Braden (el embajador estadounidense) y él mismo, lo que simplifica el espacio político en una de las clásicas *dicotomías* del discurso *populista*. Y Laclau se pregunta con evidente retórica: *¿no es esta lógica de la simplificación y de la imprecisión, la condición misma de la acción política?*. Es decir, Laclau señala nada más empezar su libro, cuál es uno de los objetivos principales de su trabajo, aunque sea bajo la forma de una pregunta que responderá cabalmente a lo largo de *La razón populista*. Uno está tentado de responder, adelantándonos a la argumentación esgrimida profusamente por el profesor argentino, que, efectivamente, esa es la *condición* de la acción política, ¡pero no de *toda* acción política!, sino de la que trata de *enmascarar* la naturaleza de *clase* de los conflictos sociales, evitando que la dinámica de la lucha haga posible que se llegue a cuestionar la raíz de su origen, evitando así la contestación *radical* del sistema social. Y eso es precisamente lo que pretende el *populismo* cuando fallan los partidos tradicionales. De ahí que ningún movimiento o partido *populista* haya trasformado realmente la sociedad capitalista, salvo ciertas *concesiones* a las demandas populares más urgentes; necesarias, por otra parte, para su triunfo y mantenimiento en el poder. Ni hayan hecho avanzar, política, económica e institucionalmente, el socialismo.

En todo caso, y pese a que la argumentación de Laclau persigue un objetivo claramente reivindicativo del *populismo,* me parece encomiable su intento de rescatarlo de su posición *marginal* en el discurso de las ciencias sociales. Marginación posible porque, desde el comienzo, ha habido un fuerte elemento de condena *ética* en la consideración de los movimientos *populistas*. No sólo ha sido degradado, también ha sido denigrado. Y con bastante eficacia, por cierto, al menos en las sociedades desarrolladas donde el *populismo* ha sido claramente un movimiento reaccionario y, generalmente, antidemocrático y violento. Quizás por eso, Laclau comienza abordando el tema desde la perspectiva de la *psicología de las masas,* tal como hicieron los primeros estudiosos a principios del siglo pasado. Y, aunque el *populismo* ha existido siempre que el *pueblo* ha jugado algún papel en el acceso y mantenimiento del poder, es en la edad moderna cuando adquiere mayor relevancia. Pero el *populismo* no puede ser analizado desde una perspectiva *psicológica,* donde solo cabe la descalificación *ética,* sino desde su carácter *político,* ya que es una respuesta a situaciones de crisis, como lo son el liberalismo, el conservadurismo, o el socialismo. Se supone que para un *científico* social lo relevante es el papel *político* que juega el *populismo* en un momento histórico concreto, lo que debe verificarse en base a los datos empíricos y no los discursos *performativos.* Por ejemplo, Laclau debería responder a la cuestión clave del papel jugado realmente por el *peronismo* en Argentina, y no en lavarlo de sus excrementos *morales.* Pero el entusiasta *kirchnerista* de última hora se cuida muy mucho de hacerlo.

El debate histórico-sociólogo sobre la *psicología de las masas,* desarrollado por los primeros estudiosos europeos del fenómeno de su irrupción en escena, resulta para Laclau fundamental a la hora de entender las distintas valoraciones de fenómenos políticos *aberrantes* como el *populismo.* Y para ello recurre al libro *Psicología de las multitudes,*[20] del psicólogo y sociólogo francés Gustave Le Bon (1841-1931), uno de los fundadores de la psicología social. El tema de las *masas* y su *psicología* fue también tema de apasionados debates y sesudos trabajos de *investigación* por otros sociólogos y pensadores como McDougall, Kurt Lewin, Emile Durkheim, Alfred Adler, y el inevitable Sigmund Freud. Laclau es como los cangrejos, avanza retrocediendo... ahora hasta el S. XIX. Más adelante le llegará su turno a Ferdinand de Saussure, Wittgenstein, Lacan, Bataille, Claude Lévi-Strauss, Adorno, Roland Barthes, Horkheimer, y tantos otros. Para terminar debatiendo con los actuales posmarxistas, en cuya corriente de pensamiento político se inscribe.

Antes de entrar en este tema, sin duda apasionante, con sus *juegos* de lenguaje y piruetas lingüísticas incluidas, me gustaría precisar mi posición sobre la famosa *psicología de masas*, cuyo solo enunciado se presta a variadas especulaciones pseudocientíficas. En primer lugar, las *masas,* conjunto de personas agrupadas para un fin o en una determinada circunstancia, no tienen *psicología* porque carecen de un cerebro colectivo o masificado. La *psicología* siempre es *individual,* aunque existen *comportamientos* colectivos, consecuencia de una *resonancia psicológica* producida en determinadas circunstancias, y que supera el comportamiento *individual,* al que dota de una nueva dimensión *emocional,* que no deja de ser un mecanismo atávico de *supervivencia* de nuestra especie social y cultural. Nada nuevo bajo el sol. Los ritos religiosos tal vez sean la primera forma de manipulación *interesada* de este fenómeno. Ocurre algo parecido a la formación de *armónicos* en una orquesta, creados por la interacción sonora de los diversos instrumentos. Pero nadie diría que una orquesta es ella misma un *instrumento* musical. ¿Por qué, entonces, Laclau se detiene a analizar la *psicología de las masas,* otorgando categoría científica a un concepto tan poco riguroso?. Sencillamente, porque lo necesita para introducir a Freud y el psicoanálisis en su construcción teórica. Si las *masas* tiene una *psicología* tienen también un *subconsciente.* El resto se lo deja a Lacan. ¿Y la neurología?. ¿Qué pasa con las ciencias cognitivas?. Simplemente, se dejan de lado porque ya se sabe que el cerebro es incapaz der dar cuenta de la mente, campo solo asequible al *psicoanálisis.* Y ahí los debates dejan de ser *racionales* para convertirse en *literatura:* la realidad es un *relato,* y el *populismo* el relato político por excelencia.

Naturalmente, presupuestos aparentemente tan disparatados se basan en concienzudas y profundas disquisiciones intelectuales, apoyadas en una vuelta a los orígenes hegelianos la mayor parte de las veces. No siempre el disparate científico es huérfano de una amplia cultura filosófica. Y hablando de la *cultura*, la posibilidad de un *comportamiento* de masas de debe precisamente la existencia de un conjunto articulado de ideas y valores, comúnmente aceptados, que *modulan* nuestra percepción de la realidad y condicionan nuestra actividad personal y social. Es lo que llamamos *cultura*, cuyo análisis, en sus aspectos más importantes desde el punto de vista *político*, he realizado en mi libro *Evolución, Cultura y Socialismo*, del que cito uno de los párrafos más significativos:

> *Y lo mismo que es muy difícil, o imposible en algunas personas, desaprender lo que hemos aprendido durante nuestro desarrollo, también es muy difícil liberarse de los aspectos más significativos de la cultura dominante, que, como todo proceso de aprendizaje, ha generado sus estratos ocultos, ideas fuerza o atractores culturales, como Dios, inmortalidad, propiedad privada, familia, justicia, patria, honor, etc.. Las ideas fuerza dan consistencia al conjunto cultural pese a las inevitables variaciones que ocurren por cambios y transformaciones de la sociedad, o por la experiencia personal. Esta malla de ideas fuerza o atractores es muy resistente, y es parte esencial del mecanismo de Subyugación Ideológica que garantiza la pervivencia del sistema social frente a sus contradicciones internas y sus disfunciones, como las crisis. La capacidad de las ideas fuerza es tal que permanecen muchas de ellas incluso cuando cambia el sistema social, y pasan a integrarse en una nueva cultura en forma-*

ción aunque hayan cambiado los sistemas socioeconómicos que las sustentan.[21]

Otra forma de encarar el tema de la *cultura* pude ser pertinente para nuestro objetivo de desenmascarar el trasfondo ideológico del *populismo bueno* de Laclau. Me refiero a la teoría evolucionista de los *memes*, neologismo acuñado por Richard Dawkins en su libro *El gen egoísta*[22] por su semejanza fonética al término *genes*, y al que se han dedicado diferentes científicos y filósofos. Entre nosotros, para Jesús Mosterín la *cultura* de un individuo en un momento determinado sería el conjunto de los *memes* presentes en el cerebro de ese individuo. A su vez, la noción de *cultura de grupo* es descrita y diseccionada por el autor mediante distintas nociones, definidas en función de los *memes* comunes presentes en los cerebros de los miembros del grupo.[23] Sin entrar a discutir la corrección y rigor científico del análisis de Mosterín, y admitiendo que el mismo concepto de *meme,* popularizado hoy en Internet junto al concepto de *viralidad*, es más un hallazgo lingüístico feliz que una realidad contrastada empíricamente, puede ser útil para describir los fenómenos *culturales* de propagación ideológica.

Volviendo a lo nuestro, lo que el *psicoanálisis* ignora, cuando no desprecia, del cerebro y la ciencia neurológica, le sirve a Laclau para ignorar, aunque por lo menos no desprecia, la base *económica* del sistema productivo y las relaciones sociales en que se materializa (estructura de la propiedad, clases sociales, sistemas de dominación, etc.). Si la ciencia, en palabras del académico, físico, historiador de la ciencia José Manuel Sánchez Ron (Madrid, 1949), consiste en investigar los fenómenos que se dan en la naturaleza y establecer para ellos sistemas con capacidad predictiva, un enfoque científico de los estudios sociales debe analizar los fenómenos y encuadrarlos en un sistema que permita predecir su evolución dentro del carácter específico de las *emer-*

gentes leyes sociales. Algo bastante difícil si en la *caja de herramientas* se encuentran *instrumentos* analíticos basados en *pseudociencias* como el *psicoanálisis,* aunque sea en la sofisticada y *deslumbrante* versión *lacaniana.*

Todo lo cual no significa que se niegue la evidencia del comportamiento *social,* que no es igual a la simple suma de los comportamientos *individuales.* O si se quiere, que los individuos tiene un comportamiento no solo *individual* sino también *social,* lo que permite hablar de una *cultura* y *comportamiento de masas.* Solo hay que pensar en los aficionados a un equipo de futbol, los participantes en un acto religioso multitudinario capaces de tener *visiones colectivas,* o el más prosaico de un ejército en guerra. En todas estas manifestaciones de comportamiento de *masas,* la *solidaridad* intergrupal y los mecanismos de *supervivencia,* exacerbados *culturalmente,* pueden llegar a ser tan fuertes que anulen todo sentido de *empatía,* que también es un mecanismo evolutivo de *supervivencia,* y permitan la realización de las mayores atrocidades en nombre de la patria, la religión, la etnia, o el equipo deportivo.

Igualmente, en determinadas circunstancias *extremas* e inesperadas puede llegar a producirse ese mismo efecto de *resonancia* entre personas reunidas por diversos motivos y con *ideologías* distintas, pero cuyas mentes se sincronizan espontáneamente. Un ejemplo son las avalanchas provocadas por el pánico ante un peligro, real o figurado, inminente. El mecanismo psicológico es de la misma naturaleza, pero a un nivel superior dada la dimensión *cultural* de todo acto humano, del que se produce en el reino animal con una estampida de búfalos, o las espectaculares evoluciones de las bandadas de estorninos que dibujan en el cielo gigantescas figuras para disuadir a los depredadores. Esos comportamientos *multitudinarios* en la terminología de Le Bon, no son producto de una *psique de las masas*, que exigiría un *cerebro colectivo*, entidad propia de la literatura *fantástica*. Salvo que se proponga que la *psique* es una entidad *espiritual* autónoma separada de la actividad cerebral, aunque la exija para manifestarse, como el *alma* necesita del cuerpo. La *psicología de las masas* es, en el mejor de los casos, *literatura* más o menos original y sugestiva, aunque se base en la existencia de *comportamientos* sociales, lo mismo que la *ciencia ficción* puede utilizar hechos y presupuestos científicos.

El *comportamiento social* es una de las características fundamentales de la especie humana que, a diferencia de otros *comportamientos sociales* en el reino animal, se caracteriza por ser *consciente*, aunque no necesariamente siempre *racional*. Esta característica del *comportamiento social*, fijada genéticamente y modulada *culturalmente*, es consecuencia de la *pulsión* altruista, cooperativa y solidaria de los individuos, sin la cual la *supervivencia* y *evolución* de la humanidad no sería posible. En cuanto que ser *social* y *cultural*, el individuo se inscribe (agrupa) en un *colectivo* que va de la *célula primaria,* la familia, al clan, la tribu, y la nación. Y que incluye, alcanzado cierto nivel de complejidad social, otros colectivos como clase, gremio, cofradía, secta, etc. El *cemento* de todo colectivo es el *interés* común, percibido *culturalmente*. A su vez, la importancia de un colectivo social radica en su *universalidad*; es decir, en su capacidad por integrar otros intereses *externos* a la hora de promover los suyos. Así, la *Nación* se configura en las sociedades desarrolladas como el colectivo *universal* más potente, pese a que incluya diversos colectivos con intereses distintos o contrapuestos, como trabajadores y empresarios. En países menos desarrollados, tanto económica cono institucional y culturalmente, la *religión* juega un importante papel *universalizador*, no siempre ejercido con la *cari-*

dad que se le presupone. Si, como suele narrar la *ciencia ficción*, un día la Tierra fuera invadida por alienígenas, sin duda el interés de *supervivencia* de la humanidad se convertiría en el *universal* superior. La dinámica dialéctica de los *universales* expresa la pugna de intereses inherente a una sociedad dividida. Marx estudió y describió la pugna principal en el capitalismo, la forma concreta de lucha de clases, y asignó al *proletariado* la categoría de clase *universal*, cuyos *intereses* contenían los de la humanidad en su conjunto: el fin de la explotación y la división clasista de la sociedad. Como iremos viendo, Laclau rechaza las ideas de Marx, aún admitiendo sus logros intelectuales, ya que comprende que son incompatibles con los presupuestos del *populismo*. En cualquier caso, y sin necesidad de *marcianos*, el desarrollo evolutivo de la sociedad humana avanza hacia su *universalidad* gracias, principalmente, a la *globalización* capitalista y la Revolución Digital que ha creado la *interconexión* social más amplia de la historia. Como consecuencia, y tras la dramática experiencia de las dos guerras mundiales, se han creado organismos *supranacionales* como la ONU y sus agencias, el Tribunal Internacional de la Haya, y más de 300 instituciones de cooperación, como el FMI, BM, OCDE, OMC, GATT, OIT, etc. Y en lo *cultural*, la supremacía *teórica* de los Derechos Humanos como referencia mundial para la acción política. Un proceso de *universalidad* lento, con retrocesos, y demostrada ineficacia en muchas ocasiones al servir de instrumento *particularista* en defensa del capitalismo. Pero que señala una *tendencia* hacia la *gobernanza* mundial por la que lucharon grandes pensadores como Albert Einstein, Bertrand Russell, o Karl Jaspers, entre otros. Evidentemente, y de acuerdo con todo lo dicho, tal cosa exige la construcción de un nuevo tipo de sociedad sin intereses contrapuestos, donde prime la cooperación sobre el beneficio.

Comprender los mecanismos de *agregación* y *comportamiento* social en función de los *intereses* de *clase* es vital para desentrañar la naturaleza *política* del *populismo*. Po ejemplo, las clases trabajadoras (que incluye el *núcleo estratégico* obrero) tiene intereses específicos que solo pueden ser satisfechos plena y duraderamente *trasformando* la sociedad capitalista. Esa es su *universalidad*. Pero la percepción de esos *intereses* particulares y su *universalidad* están modulados *culturalmente*, de forma que puede *manipularse* con el objetivo de *subordinarlos* a un interés *superior,* que incluya a todos los estamentos de la sociedad, como es la Nación. Recordemos lo que ocurrió en los prolegómenos de la Primera Guerra Mundial, cuando los partidos socialistas y socialdemócratas de la II Internacional traicionaron su espíritu internacionalista de clase y apoyaron las hostilidades, cada uno en defensa de su Nación, para desespero del socialista francés Jean Jaurès (1859 - 1914). Su decidido combate contra la guerra y el chovinismo nacionalista le costó la vida en un atentado tres días después de que se iniciaran la confrontación bélica.

Pero no nos adelantemos, y sigamos con Gustave Le Bon, y su *psicología de las muchedumbres.*

Las masas y la barbarie

Que en todo proceso revolucionario se cometen excesos, cuando no crímenes, tanto por el desorden inicial como organizados posteriormente, es criticable y condenables. De ahí que sea preferible la vía pacifica de transformación social, aunque, desgraciadamente, no siempre sea posible. Lo que no resulta admisible es aprovechar tales sucesos para calificar a las *masas de bárbaros patológicos*, como hace Gustave Le Bon, y tantos otros, alarmados por los procesos revolucionarios del XIX. En este sentido, la critica de Laclau es pertinente, y su defensa de las *masas* como agente político justa.

Lástima que para fundamentar su crítica tenga que recurrir a Freud. Sin embargo, tiene su lógica, como veremos mas adelante.

La irrupción de las *masas* como fenómeno político diferencial en las sociedades desarrolladas de los siglos XIX y XX ha sido una de las preocupaciones fundamentales de los pensadores, desde Le Bon, pasando por Hippolyte Taine (1828 - 1893), o nuestro José Ortega y Gasset (1883 -1955) en su popular libro *La rebelión de las masas*.[24] En términos generales, todos los sociólogos de la época, alarmados por la actividad creciente de las *masas* y su papel en la política, hasta entonces reservada a las élites, ha sido calificada como una *patología*, una *regresión* bárbara, la anulación de toda racionalidad, que solo puede anidar en el individuo. Esto es algo sobradamente conocido por cualquier estudioso de sociología, y Laclau no hace sido desmenuzar el fenómeno tomando como base los trabajos de Le Bon y Taine. Sin embargo, sus justificadas críticas, le sirven para argumentar sus posiciones teóricas, tomando como fuente interpretativa a Freud y el *psicoanálisis*, fundamentalmente en las versiones más elaboradas e imaginativas de Lacan. Esta base argumental descalifica toda la arquitectura teórica de Laclau, y su intento de dignificar el *populismo* rescatando las *masas* de la burda descalificación con que son etiquetadas por sociólogos y politólogos. Y es así, porque la *pseudociencia* del *psicoanálisis,* en cualquiera de sus versiones, es uno de los grandes *timos* intelectuales de nuestro tiempo, respetable tan solo por la abundante literatura que ha originado y su innegable influencia en movimientos artísticos como el *surrealismo*. Una *pseudociencia* que, eso si, ha reportado cuantiosos beneficios a sus *gurús*, hoy felizmente en vías de extinción, salvo en Argentina y EE.UU. La neurología y la psiquiatría ha situado las *fantasías* más o menos ingeniosas del *psicoanálisis* en su sitio. La ciencia es el mejor, por no decir único, disolvente del *pensamiento mágico* disfrazado de científico. Pero de todo esto hablaremos *in extenso* más adelante, porque Laclau recurre en numerosas ocasiones a las teorías de Freud y Lacan para fundamentar sus disquisiciones.

Volviendo a las *masas,* la base de su manipulación, sugestión, y embrutecimiento estriba, según Le Bon, en que las *imágenes* que evocan las palabras son *totalmente independientes de su significado real.* Esa separación entre *imagen* y *significado* es una presunción sin base científica. Es evidente que toda *imagen* es lo es en cuanto que tiene un *significado,* de lo contario solo sería *ruido.* No existen *imágenes vacías,* porque la *imagen* es una forma concreta de *significado,* aunque puede contener un alto grado de ambigüedad, ¡salvo en las *señales* de trafico, que solo son formas y colores y no significan nada para quien no conoce el código de circulación!. De no ser así, la *comunicación* resultaría imposible. Ciertamente, cuanto se trata de *significados* generales y abstractos, la *imagen* puede dar origen a *malentendidos.* Pero incluso en estos casos debe existir cierto grado de *certeza* socialmente aceptada. Por ejemplo, la frase *esto es un vaso* tiene que ser *cierta* para un grupo social, pese a que puedan existir diferencias en la *interpretación* concreta de lo que entendemos genéricamente por *vaso.* Por eso se puede utilizar en sentido *metafórico* sin dejar de ser *cierto.* La cosa se complica con frases como *todos los hombres nacen libres,* que en una sociedad esclavista solo es *cierta* si se considera que los esclavos no son plenamente humanos, como pensaba Aristóteles, quien en el su libro *Política,* capítulo XIII, afirma: *el esclavo carece totalmente de facultad deliberativa.*[25]

La manipulación de las *masas* consiste precisamente en eso: negar la realidad o partes de ella, como por ejemplo que no existen las clases, que la democracia liberal nos hace a todos iguales, que el puesto en la escala social es responsabilidad individual, que la Nación está por encima de los intereses particulares o de clase, etc. Aquí, de haber *patología* o *barbarie* no se encuentra en las *masas* sino en las *élites* manipuladoras, que pueden hacerlo en la medida en que la *cultura* política de las masas es pobre (ya se encarga la clase dominante de que siga siendo) y que su *experiencia* política suele ser muy frustrante. Las *masas* se convierten en sujetos de la política pero sin *cultura* política, lo que permite tanto el carácter dominantemente *emocional* y primario de su acción, como la manipulación y utilización por los modernos *demagogos*.

Pese a su crítica, Laclau parece dar por buenas las afirmaciones de Le Bon, al señalar que se refieren a la *inestabilidad* de la relación entre *significado* y *significante* (en palabras de Le Bon, la *relación entre palabras e imágenes*). Y el proceso de *sobredeterminación* mediante el cual una cierta palabra condensa en torno de sí una pluralidad de *significados*. Si bien señala que para Le Bon esta asociación de imágenes no constituye un componente esencial, sino una *perversión* del lenguaje. Y establece una clara frontera que separa lo que el lenguaje realmente es de su *perversión* por parte de las *masas* o *multitud* (término que recupera Antonio Negri). Pero basta con echar una mirada al diccionario de la lengua (RAE) para comprobar algo tan evidente como cotidiano en el hablar de la gente: una *palabra* puede tener distintos *significados*. Pero eso no significa ninguna *separación* entre *forma* y *contenido*, sino que es en el *lenguaje* (contexto en sentido amplio) donde se establece el *significado* concreto. O, dicho de una manera más rigurosa, es nuestro cerebro el que otorga un *significado* concreto a cada palabra dentro del *lenguaje*, tanto en función su *interpretación* del *sentido* de la frase, como del ámbito *cultural* y las vivencias personales de cada uno, ya que el *lenguaje* es una *capacidad* evolutiva del cerebro humano que nos permite llevar a cabo el intercambio de *información* necesaria para la práctica social. Eso puede dar origen a *malentendidos,* que generalmente se disipan en la práctica, o tras las aclaraciones pertinentes. Pero también puede servir al *demagogo* para confundir y manipular.

Resumiendo, la separación entre *imagen* y *significado* es falsa, como lo es entre luz y onda electromagnética, y presupone la separación entre *mente* y *cerebro* (la *imagen* seria una *creación* cerebral, y el *significado* una creación mental o *psicológica*). Como ya he señalado en *Evolución, Cultura y Socialismo,* intuitivamente es natural pensar que las *ideas* son una *cosa,* pero la neurología ha aclarado definitivamente esta suposición *idealista.* El *pensamiento* es una propiedad *emergente* de las neuronas de la corteza superior cerebral, capaces de organizarse en *mapas* y *redes,* una especie de *tapiz* cuatridimensional (o tal vez de más dimensiones), con *estratos ocultos* (formados por neuronas que ni perciben el mundo exterior ni actúan sobre él, y se comunican únicamente con otras neuronas), que va cambiando sus *formaciones* en función de los *inputs* que recibe, tanto del exterior como de los nódulos e hilos con los que lo dibuja. No hay *idea,* pensamiento y cultura, más allá del cerebro. Un texto escrito no es más que un conjunto de manchas hasta que el cerebro transforma su información en lenguaje. Es más, el *pensamiento* puede inducir nuevas redes, mapas o tapices. Por eso podemos provocar *ideas* en otros (también emociones y sentimientos). O hacerlo modificando los estados cerebrales mediante electrodos, implantes o pastillas. La moderna psiconeurología se basa en este hecho. Cuánta palabrería han disipado el electroencefalograma, la tomografía axial computarizada (TAC), la tomografía por emisión de positrones (TEP), y la resonancia magnética (RM), técnicas de imagen que han permitido a la ciencia neurológica y a la psiquiatría científica conocer, aunque todavía de una manera incipiente, el funcionamiento del cerebro humano en tiempo real, y cómo se produce la *percepción*, la *memoria*, el *pensamiento* y el *lenguaje*. Basta una pequeña lesión cerebral en el área adecuada para ver como *significantes* y *significados* se trastocan... tal vez de manera más creativa. El error parte de considerar que el *pensamiento* tiene entidad propia, autónoma, sea ésta *materia* (partículas con masa) en la visión *fisicista*, sea *energía* (campos electromagnéticos) en la *espiritista*. Pero todo *pensamiento* es una configuración específica de neuronas que se *objetiviza* (exterioriza) cuando se transcribe mediante el habla, la escritura o la imagen. Mente y cerebro son *inseparables*. La mente es el cerebro en actividad. Dicho someramente: los estados mentales son estados cerebrales.[26]

Obviamente, con las palabras (orales o escritas) se puede mentir, engañar, confundir, etc., pero también informar, trasmitir cultura y conocimientos científicos. Cuando hablamos de *democracia*, para cada individuo la palabra puede tener un contenido diferente, en función del momento histórico, el contexto en que se dice, la *cultura* y experiencia personal de quien la escucha. Pero eso no significa que *democracia* sea una *imagen* separada de los distintos significados. La capacidad de *abstracción* es una cualidad evolutiva de los humanos que permite una comunicación social superior y, en ese sentido, generar *cultura*. Diferenciar y separar *forma* y *contenido*, *imagen* y *significado*, es útil en los estudios lingüísticos, pero resulta peligroso para sustentar teorías políticas, salvo que su núcleo argumental sea el *psicoanálisis* mezclado oportunamente con buena dosis de *idealismo* filosófico de raíz hegeliana. De ahí lo disparatado de la frase de Le Bon citada por Laclau: *No ha sido la verdad, sino el error, el factor principal en la evolución de las naciones, y la razón de que en la actualidad el socialismo sea tan poderoso es que constituye la última ilusión aún vital... Las masas nunca han te-*

nido sed de verdad. ¡Pero es justamente lo contrario!. El problema es que la *verdad* de un empresario suele ser diferente a la de su empleado. No puede separarse su *significado* de su contenido de clase, al menos en lo que respecta a las relaciones de producción.

Toda *afirmación* del *lenguaje,* aunque sea una manifestación del llamado *sentido común* (parte, no lo olvidemos, de la *cultura* dominante), debe ser validada por la experiencia. De hecho las *palabras* del *lenguaje* cambian (evolucionan) de *significado* por la práctica social de los hablantes y sus relaciones, en un continuo reajuste de *significados* que incluye tanto la aparición de nuevos términos para nuevas *realidades* como su *metamorfosis* hasta poder llegar a significar lo contrario del sentido original. Otra cosa es la evolución *formal,* generalmente una *degeneración* de formas previas (latín-latín vulgar-castellano). Es la práctica social de comunicación la que va *modelando* el *lenguaje* y sus *significados*, al tiempo que el *lenguaje* incide sobre la práctica social en un *feedback* continuo. Pensamos y actuamos, actuamos y pensamos. Como el vigía del barco que grita *tierra a estribor*, reorientando con ello el curso de la nave. El *lenguaje* no crea nada *externo* a si mismo, sirve para *describir* la realidad, aún cuando sea de manera difusa, confusa, o inconcreta, y *orientar* la acción colectiva (uno no se da *órdenes* a si mismo, salvo que intente animarse o padezca ciertas patologías como la esquizofrenia) en función de objetivos o metas. Así ocurre con la *consigna:* encamina la acción hacia un fin, al tiempo que lo formula. En cierto sentido, el *lenguaje* es siempre *teleológico*. No ha surgido evolutivamente para *distraernos* con *fantasías* más o menos estimulantes y entretenidas (eso vendría luego), sino para posibilitar el necesario *intercambio* de *información* para la *supervivencia* de la especie humana, ligado a su carácter *social*. Las formas de vida *grupal* de los primeros *Homo* fue necesaria para defenderse de los predadores en ausencia del refugio en las copas de los árboles, consecuencia de la extensión de la sabana y la paulatina desaparición de la selvas lluviosas y espesas tras la fractura orográfica del Gran valle del Rift, hace unos 6 millones de años. El desarrollo de las *relaciones sociales* ha sido determinante en el proceso de *hominización*. En primer lugar, porque el fortalecimiento de los *vínculos* entre los individuos permitió afrontar la situación de seria *vulnerabilidad* de los individuos, al no contar con el refugio natural arbóreo; en segundo lugar, porque gracias a esos *vínculos grupales* se pudieron organizar mejor en las tareas perentorias de obtención de recursos alimenticios, superando las limitaciones de la dieta herbívora, o a base de pequeños roedores e insectos, y accediendo a la gran reserva proteínica y energética de la carne de grandes mamíferos; en tercer lugar, pudieron defenderse mejor de los depredadores, y atender el cuidado de las crías. A todo esto hay que añadir un hecho fundamental, ocurrido hace un millón y medio de años: el control del fuego por el *Homo erectus*, lo que, en palabras de Acarín Tusell, *supuso un gran avance económico y cultural, mediante el fuego se pueden cocinar alimentos y hacerlos digeribles, o conservarlos durante más días. El fuego ayudó a ahuyentar a depredadores y a endurecer maderas para elaborar lanzas. Compartir los alimentos alrededor del fuego debió de consagrar la tendencia al comensalismo, a la vida comunitaria, al intercambio de información y con ello la generación de cultura. Gracias al fuego aquellos individuos pudieron expandirse fuera de África, colonizaron Eurasia, desde Irlanda hasta China, y afrontaron con éxito el rigor de la vida en un clima frío.*[27] El fuego permitió cocinar los alimentos y hacerlo más fácilmente digeribles, aumentado así su capacidad nutritiva, lo que significó una mayor energía disponible para la actividad cerebral, induciendo un desarrollo de las capacidades *culturales* del cerebro humano, el avance de la *tecnología,* el cada vez mayor dominio de la naturaleza, librando a la especie humana del dominio absoluto de las fuerzas de la selección. Nos podemos imaginar a los miembros de una tribu sentados alrededor del fuego, compartiendo experiencias tras la caza, intercambiando información sobre la recolección, planeando la siguiente migración, evocando a los muertos, escuchando los consejos de los más ancianos. Las rudimentarias formas de *lenguaje* de *señas* (mímica) y *signos*, junto con el *lenguaje oral,* inicialmente a base de sonidos guturales articulados y exclamaciones, fueron evolucionando mientras el cerebro desarrollaba sus capacidades lingüísticas, aumentando el vocabulario y la sintaxis, que se convirtió a partir de entonces en el principal *instrumento cultural.*[28] Un *instrumento* que se enriquecía mediante los *intercambios* entre distintas tribus. *Lenguaje,* primero oral, luego pictórico, y finalmente escrito. La *cultura* se convierte en el nuevo mecanismo de la evolución humana. Como dice el antropólogo R. Foley, *el hombre, animal portador de cultura, puede cambiar y abarcar todos los aspectos de la humanidad desde la tecnología hasta la política, pasando por la estética.*[29]

Es evidente que este proceso prodigioso, que convierte a un primate en humano, es una *respuesta* evolutiva que necesita el *lenguaje.* Por ejemplo, y siguiendo con Acarín Tusell, *el originario invento de un instrumento cortante obtenido de la rotura de piedras parece que debe considerarse un salto tecnológico mucho más complejo, que requiere cierta capacidad para el pensamiento con imágenes, inducción imaginativa, además de sentir la necesidad y el deseo de fabricar aquel utensilio, cuya imagen se ha conceptualizado previamente en el cerebro.* Un cerebro desarrollado durante el propio proceso de humanización, que ya era *un 40% mayor que el de los australopitecinos, por lo que cabe suponer que tenían mayor capacidad para integrar las observaciones y acumular experiencia elaborando conclusiones y proyectos... de no ser así difícilmente se hubieran organizado en comunidades sólidas, con expediciones exploratorias en busca de alimento, planificado turnos de vigilancia, vadeado ríos peligrosos o establecido formas de protección para las crías y las hembras en precariedad maternal... El lenguaje verbal, gramaticalmente complejo y de representación simbólica, es una herramienta cultural de primer orden, sin éste no se habría podido inventar la agricultura, ni construido ciudades, ni por supuesto transmitido el conocimiento deductivo, o formulado la ley de la gravedad universal, por poner algunos ejemplos. Sin lenguaje no podríamos estructurar ni transmitir experiencias y recuerdos, o plantear las construcciones filosóficas de los humanos modernos.*

Tomemos otro ejemplo, esta vez de desarrollo *tecnológico*. Podemos imaginarnos a los primitivos *Homo,* obligados a escudriñar detenidamente el entorno para prevenir ataques de depredadores y en busca de nuevas formas de acceder a los alimentos de elevado contenido proteínico, inicialmente obtenidos de la carroña en competencia con otros animales. Esa necesaria *curiosidad,* unida al desarrollo cerebral, cuya *plasticidad* neuronal les permite un desarrollo incipiente de pautas *culturales* de conducta, hace que empiecen a observar los sucesos desde otra perspectiva: ven como, en determinadas circunstancias, hay piedras que se rompen al chocar contra algo duro (desprendimientos de rocas, torrentes, etc.) lo que origina lascas y trozos de bordes afilados. Esa *imagen* de piedra rota con bordes afilados se llenó de significado, se *conceptualizó,* mas allá de la percepción *fotográfica.* Las lascas y trozos afilados de piedra podían servir para defenderse, acceder a partes más profundas de la carne, desollar los cadáveres, etc. El *uso* de ese instrumento creado por la naturaleza se vinculo al fenómeno que lo creaba, lo que hizo posible la gran revolución tecnológica hace 2,5 millones de años. Somos un organismo *biológico*, moldeado mediante los mecanismos evolutivos comunes, pero con una diferencia sustancial: tenemos una capacidad intelectual *operativa* muy desarrollada, un cerebro *tecnológico* que *amplia* las capacidades del cerebro *natural*, y nos capacita para *fabricar* objetos *útiles*, más allá de la inteligencia *natural* de otros primates, como la que le posibilita a un chimpancé interpretar su entorno y manipular ciertos objetos como ramitas para acceder al alimento. El cerebro de aquellos *Homo* estaba dotado evolutivamente de la capacidad para el *pensamiento* con *imágenes*, la *abstracción*, la *inducción* imaginativa, la capacidad para establecer *relaciones causales* y dotar a las *imágenes* de significado *cultural*, flexible, cambiante, capaz de adaptarse y evolucionar con la experiencia. Lo que conllevaba la novedosa y sorprendente capacidad para *integrar* las observaciones, *acumular* experiencias, elaborar *conclusiones* y crear *proyectos*, anticipando el posible resultado *futuro*. Todo lo cual exigía un *lenguaje verbal simbólico* que permitiera trasmitir, al modo como lo hacen los genes en el plano biológico, la *cultura*. Una hazaña evolutiva, que el *Homo sapiens sapiens* llevará a los niveles *culturales* actuales.

Este es el marco conceptual *científico* en el que debemos entender la relación *imagen y significado*, mas allá de narrativas propias de estados *precientíficos* del siglo XIX, cuando todavía no se habían desarrollado campos de conocimiento tan importantes como la neurobiología, la psicología evolutiva, la biolingüística etc.. Ya he hablado sobre *lenguaje* y *aprendizaje* humanos en *Evolución, Cultura y Socialismo*, al que me remito. Solo señalar que resulta sorprendente la posición de Laclau, al que se le supone un conocimiento de las ciencias cognitivas. La concepción *idealista* del *lenguaje* tergiversa los avances de la lingüística al ignorar, o menospreciar, la ciencia neurológica y la biología evolutiva. No es de extrañar que se refugie en la *literatura pseudocientífica,* o el pensamiento *mágico.* Un buen ejemplo es la referencia a las *regiones profundas de nuestro inconsciente,* lo cual es tanto como adentrarse en el *corazón de las tinieblas.* Un mundo *fantasioso* donde podemos colocar a gusto las *pulsiones* que más nos gusten. O que mejor venga a nuestros *oscuros* propósitos de explicar lo que nos parece inexplicable y despreciable. Un recurso, hay que reconocerlo, que Le Bon utiliza porque carecía de conocimientos científicos sobre el cerebro y su actividad. Pero Laclau carece de esa justificación, lo que convierte en un recurso *ilegítimo* recurrir a esas *regiones profundas del inconsciente* habitadas por *imágenes* con vida propia, confundiendo *pulsión* con *hábito.* Este último, producto de la respuesta *repetitiva* ante estímulos físicos o *culturales,* genera *redes* y *mapas* neuronales más o menos consolidados y estables en función de las sucesivas experiencias individuales, pero también de la *utilidad* para el *grupo,* aun cuando no satisfagan al individuo. Todo *hábito* es siempre individual, pero se conforma socialmente, y varia por lo tanto con la evolución del grupo, que perseguirá los *hábitos* nocivos hasta erradicarlos o neutralizarlos. La pregunta es por que Laclau insiste en las teorías de un meritorio sociólogo, que aportó análisis valiosos, pero lastrado por el nulo conocimiento científico de la actividad cerebral. Como veremos mas adelante, lo hace para fundamentar su defensa del *populismo,* aprovechando que el marxismo no se ha ocupado seriamente del *lenguaje,* salvo para señalar su *relación* con la *mente;* y eso de una forma *simplista,* cuando no de un *reduccionismo* vulgar.

En fin, el resto de las disquisiciones de Le Bon sobre *repetición, contagio,* que llega a equiparar a los microbios, capaces de generar *locura,* no dejan de ser los intentos de un sociólogo burgués, alarmando por el papel de las *masas* en la historia reciente, para descalificarlas. Para Le Bon no hay duda, un hombre cuando se convierte en *masa desciende varios rangos en la escala de la civilización. De manera aislada, puede ser un individuo cultivado; en una masa, es un bárbaro, esto es, una criatura que actúa por instinto. Posee la espontaneidad, la violencia, la ferocidad, y también el entusiasmo y el heroísmo de los seres primitivos, a quienes además tiende a parecerse por la facilidad con la cual se deja impresionar por las palabras y las imágenes –que no tendrían ningún efecto en cada uno de los individuos que componen las masas– y se deja inducir a cometer actos contrarios a sus intereses más obvios y a sus hábitos más conocidos.* En pocas palabras, el *individuo* degenera al convertirse en parte de un *grupo*. Es el *individualismo extremo,* que se corresponde con los presupuestos básicos el capitalismo *liberal.* Una clara manifestación de *apofenia cotidiana,* que percibe pautas, conexiones o patrones de conducta donde en realidad no existen. Salvo en la mente del que la formula.

Una formulación insostenible hoy en día incluso para los actuales *neoliberales* con menos complejos. Si la humanidad hubiera renegado de su carácter eminentemente *social,* y se hubiera aferrado a un *individualismo* estricto, sencillamente se habría extinguido. Pero eso no parece preocuparle a Le Bon, asustado por la Revolución de Octubre, las *revoluciones obreras* en ciernes, y las *aberraciones* del fascismo. Naturalmente, esa *descalificación* de las *masas* resulta insostenible para un *populista* de nuevo cuño como Laclau, por lo que necesita a Freud y Lacan para superar los presupuestos *individualistas* de Le Bon sin renunciar a las *regiones profundas del inconsciente.* Regiones que explicarían tanto el *populismo bueno* (de izquierdas) como el *malo* (de derechas), liberando a las *masas,* convertidas en *pueblo,* de su descalificación peyorativa.

Masa y razón individual

Tras Le Bon, viene el historiador y filósofo francés Hippolyte Taine (1828-1893). Se anuncia el abandono progresivo de los supuestos del primero, pero desde el análisis más crudo e intransigente formulado por Taine, que *anticipa lo que se convertirá en el presupuesto indiscutido de los teóricos de las masas: concretamente, que la racionalidad pertenece al individuo, y que éste pierde muchos de sus atributos racionales cuando participa de una multitud. Se complace en comparar el comportamiento de las masas con formas inferiores de vida, como las plantas o los animales, o las formas primitivas de organización social.*

Continua Laclau analizando el debate sobre la hipnosis que se estaba desarrollando en la psiquiatría francesa en la última década del siglo XIX, entre las escuelas de Salpetrière y Nancy, en un estudio detallista, innecesario para a mis propósitos. Laclau se centra en Jean-Martin Charcot (1825-1893), para quien los fenómenos hipnóticos tienen una base estrictamente *fisiológica*, frente a la escuela de Nancy que es más *psicológica*. Pero ambos parten de la concepción *patológica* del fenómeno de las *multitudes*. Su descalificación *clínica* se da en el marco de la experiencia del terror jacobino, las revoluciones democráticas de 1848, y la proclamación de la Comuna de Paris en 1871 tras un asedio de cuatro meses. La ideología burguesa, asustada, intenta desacreditar a las *masas* como *bárbaras* por naturaleza, y ensalzar al *individuo* como única posibilidad de raciocinio. Es la misma cantinela actual del neoliberalismo: individuos votando si, movimientos sociales no. Margaret Thatcher lo expresó con su proverbial desenfado: *¿quién es la sociedad? No existe tal cosa. Lo que existe son hombres y mujeres individuales, existen las familias. No hay Estado que pueda hacer nada sino es a través de las personas, y las personas se preocupan primero de sí mismas.*[30]

Avanza Laclau en su estudio sobre la *psicología de masas* abordando las ideas del criminalista y psicólogo Scipio Sighele (1868-1913), cuyo influyente libro *La Folla Delinquente* (*La multitud delincuente*) es ya de por si toda una declaración de principios.[31] En su libro, Sighele distingue dos tipos de *criminales:* los *criminales natos*, que pueden ser *individuos* o, como aquí interesa, *grupos* organizados como *sectas* o *bandas* de delincuentes, y cuyas motivaciones criminales tienen raíces antropológico biológicas; y los *criminales ocasionales*, fruto de la influencia de aspectos *ambientales* en su biografía. Un enconado debate que, como señala Laclau, se resolvió a favor de la escuela de Nancy, frente a la de Charcot y su modelo *fisiológico*, devolviendo el enfoque *psicológico* al estudio de las *masas* y su comportamiento.

Para Laclau, *cualesquiera que fueran sus defectos, la psicología de las masas había tocado algunos aspectos de crucial importancia en la construcción de las identidades políticas y sociales, aspectos que no se habían tratado apropiadamente antes. La relación palabras/imágenes, el predominio de lo "emotivo" sobre lo "racional", la sensación de omnipotencia, la sugestibilidad y la identificación con los líderes, etcétera, constituyen rasgos reales del comportamiento colectivo. Y* añade retóricamente: *¿por qué los psicólogos de masas finalmente fracasaron? No resulta difícil hallar la razón: por su sesgo ideológico antipopular; porque enmarcaban sus discursos dentro de dicotomías crudas y estériles –el individuo/la masa; lo racional/lo irracional; lo normal/lo patológico.* No fue porque ignoraran o desconocieran los avances en neurología, iniciados con los descubrimientos sobre la estructura del sistema nervioso realizados por Santiago Ramón y Cajal (1852-1934), por lo que recibió el premio Nobel de medicina en 1906, y se aferraran a un visión *idealista* y *psicologista* de la realidad social. El problema era su *sesgo* *ideológico antipopular.* Por eso, para Laclau basta con *introducir cierta souplesse en estas oposiciones rígidas, con permitir que cada uno de estos polos contamine parcialmente al otro, para que surja un panorama completamente diferente, ya que, en ese caso, el comportamiento de las masas descrito por los teóricos de las masas no sería un catálogo de aberraciones sociales, sino de procesos que, en diferentes grados, estructuran cualquier tipo de vida sociopolítica.* Y, ¿cómo realizar esa *souplesse* (flexibilidad)?. ¿Recurriendo a las ciencias de la conducta o a la sociología biológica y la antropología evolutiva?. No, eso sería demasiado *materialista.* Laclau recurre a las aportaciones del neurólogo austriaco interesado en los fenómenos *misteriosos* de la mente, Sigmund Freud (1856-1939) que desde Viena predicaba la buena nueva del *psicoanálisis.* Un médico que en su estudio de un caso de neurosis obsesiva, conocido como *Hombre de las Ratas*, realizado en 1909, asocia rata con pene porque las ratas propagan enfermedades venéreas. ¡Que sería del *psicoanálisis* sin el pene!. Y busca el origen de la patología en su sexualidad infantil. El Dr. Freud ignora las neuronas pese a ser neurólogo, y las sustituye por el pene, uno de los *pilares* de su teoría y, al parecer, en la vida de sus pacientes. Quién piensa en la vulgar y tediosa neurobiología, llena de lagunas y falta de explicaciones científicas convincentes, cuando se tiene una brillante especulación llena de figuras tan sugestivas como el *Complejo de Edipo* (*Electra* en las mujeres), el *miedo a la castración*, o la imperiosa necesidad de *matar al padre*.

Pero no nos precipitemos, que tenemos Freud para rato. Antes, Laclau repasa algunos antecedentes del proverbial (y rentable) descubrimiento del *subconsciente* y la *represión sexual*. Principalmente, las aportaciones del sociólogo, criminólogo y psicólogo social Gabriel Tarde (1843-1904), y del psicólogo William McDougall (1871-1938). Para el primero, las *multitudes* son incapaces de pensamiento racional y las asimila a los salvajes y a las mujeres, como hacían la gran mayoría de los psicólogos sociales. Lo que, por cierto, se utilizaba por los políticos para justificar a la negación del voto a las mujeres. En su libro *Les foules et les sectes criminelles* (1893), Tarde señala que el comportamiento de caminantes en la misma calle, personas en el mismo vagón de un tren, o los que comparten mesa en un restaurante son grupos sociales *virtuales*, que se hacen *reales* cuando un evento repentino los funde en una emoción única, como el descarrilamiento del tren, una explosión de dinamita en la calle, el incendio en el restaurante. Para Tarde surge entonces *el primer grado de asociación que denominamos multitud. A través de una serie de grados intermedios uno se eleva de aquel conjunto transitorio y amorfo a aquella multitud organizada, jerárquica, duradera y regular que podríamos denominar corporación, en el sentido más amplio del término.* Esta visión, que Laclau califica como distintas *lógicas sociales*, pasa por alto, o no considera suficientemente, la naturaleza de una *multitud,* término que solo puede aplicarse a un conjunto de individuos sin un interés o intereses específicos comunes, pero formando parte del cuadro general de una misma *cultura*, a diferencia de una *aglomeración* circunstancial de gente en un especio determinado. En la *multitud* o *masa* no se anulan ciertos lazos de *unión social,* como la etnia, la patria (grande o pequeña), la ideología (tanto religiosa como política), el oficio o el espectáculo. Los seres humanos tenemos genéticamente fijadas distintas respuestas ante situaciones de peligro: huir, luchar, defender, cooperar. Egoísmo y altruismo son impulsos siempre presentes en la acción humana. La dimensión *cultural* del *Homo sapiens* modula, e incluso puede llegar a anular, estos instintos o respuestas reflejas de supervivencia, que se originan en las áreas mas primitivas del cerebro. Eso explica determinados comportamientos tanto *individuales* como de *grupo*. Ante una catástrofe natural, por ejemplo, tendremos casos de *sálvese quien pueda* y casos de *cooperación y solidaridad*. Cuando en una *multitud* se produce una avalancha, suele ser mayoritaria la reacción *egoísta*, ya que no esta en juego la supervivencia del *grupo*. La cosa cambia cuando esto ocurre, y el interés de supervivencia del *grupo* es lo que está en juego, como es el caso de la guerra. Entonces prevalecen los mecanismos de *cooperación y solidaridad* en defensa del *grupo*, sea éste una etnia, una secta, unos hinchas deportivos, los trabajadores de una fabrica, la patria o la nación.

Añade Laclau que existe un rasgo común compartido tanto por las *multitudes* como por las *corporaciones*: el fundamento del *grupo* lo brinda la presencia de un *líder*. Un aspecto sin duda importante a la hora de hablar de *masas* o *multitudes*. Como veremos más adelante, el *líder* es consustancial en la formación del *populismo*, pero también lo es, aunque sin la importancia, dimensión y trascendencia de otros tipos de *grupos y corporaciones*. De hecho, los hay que rechazan frontalmente el liderazgo, como los anarquistas, o lo combaten como una forma aberrante culto a la personalidad. La inevitabilidad del *líder* no tiene fundamento, aunque su persistencia en las sociedades modernas demuestra lo lejos que estamos de un desarrollo pleno de la humanidad.

Pero sigamos con Tarde. Para él, la *multitud* es, junto con la familia, el más antiguo de los *grupos* sociales. Representa el pasado, que debe ser superado por el *público*, que es donde debe fundamentarse el futuro de nuestras sociedades. Y añade: *Así se ha formado, mediante la acción conjunta de tres inventos que interactuaron entre sí, la imprenta, el ferrocarril, el telégrafo, el formidable poder de la prensa, este prodigioso teléfono que ha ampliado increíblemente la antigua audiencia de oradores y predicadores. Por ello no puedo con-*

cordar con un vigoroso escritor, el Dr. Le Bon, con que nuestra era sea la "era de las multitudes". Es la era del público o los públicos, que es algo muy diferente.[32] Lo que le sirve a Laclau para sostener que *la implicación principal, central para nuestro análisis del populismo, que trae aparejada esta transformación de los grupos sociales* (es que) *mientras las multitudes eran presentadas por los teóricos de masas anteriores como tendientes a la disolución de las diferenciaciones propias de la organización racional de la sociedad y a la absorción del individuo por una masa indiferenciada, esta lógica de homogeneización opera, de acuerdo con Tarde, no sólo en el caso de las multitudes, sino también en el de los públicos.* Una deducción un tanto gratuita y bastante benevolente. Porque para Tarde, *sin examinar si las multitudes nacidas de un público son algo menos brutales que aquellas previas a todo público, resulta evidente que la oposición de dos públicos, siempre preparados para unirse traspasando sus fronteras no resueltas, representa un peligro mucho menor para la paz social que el encuentro de dos multitudes enfrentadas... lo que demandan las multitudes furiosas es una o más cabezas. La actividad del público, sin embargo, es menos simplista, ya que se orienta tan fácilmente hacia un ideal de reformas o utopías como hacia ideas de ostracismo, persecución y expoliación.* Como se ve, y el mismo Laclau reconoce, incluso en el caso de los *públicos,* el odio juega un rol central. Lo que no le impide sacar algunas ideas de contexto para utilizarlas en la fundamentación de sus teorías sobre el *populismo,* como la transformación de la *multitud* en *público,* y el papel del *líder.*

En cuanto al psicólogo de los *instintos,* William McDougall distingue entre *multitud* y *grupo* altamente *organizado:* la primera degrada los logros de los individuos, reduciendo su inteligencia; el último los realza. Para decirlo con sus propias palabras: *...el carácter psicológico de la*

*multitud simple o desorganizada... es excesiva-
mente emocional, impulsiva, violenta, inconstan-
te, inconsistente, irresoluta y extrema en la acción, desplegando sólo las emociones más
ordinarias y los sentimientos menos refinados;
extremadamente sugestionable, descuidada en la
reflexión, precipitada en los juicios, incapaz de
otra cosa que las formas simples e imperfectas
de razonamiento; fácilmente influida y conduci-
da, carente de autoconciencia, desprovista de
amor propio y de sentido de responsabilidad, y
apta para ser arrastrada por la conciencia de su
propia fuerza, de manera que tiende a producir
todas las manifestaciones que hemos aprendido
a esperar de cualquier poder irresponsable y absoluto. Por el contrario, el grupo más organizado... puede elevar el comportamiento de una
multitud temporaria y desorganizada a un plano
más elevado, a saber, la presencia en las mentes
de todos sus miembros de un propósito común
claramente definido.*[33] Para Laclau, la comunión
de ideas y pasiones *homogeneizantes*, que señalan tanto Tarde como McDougall, *opera no sólo
en el caso de las multitudes, sino también en el
de los públicos. Esta noción de equivalencia –
desarrollada, desde luego, de un modo que va
más allá de la teorización de McDougall y Tarde– es central para el concepto de populismo.*
¡La *equivalencia*! Este es uno de los *meollos* de la
justificación *populista* de *Laclau*.

Pero la separación de *multitud* y *publico* o
grupo altamente organizado es una distinción académica, especulativa, basada en el *comportamiento*.
Solo tiene sentido si se aplica a la *motivación*, a la
finalidad que lleva a un número grande de personas
a reunirse en un espacio. No se trata de una diferencia de carácter *psicológico* sino de *interés*. Por
ejemplo, el que moviliza a un número grande de gente para escuchar un concierto, presenciar un evento
deportivo, acudir a una manifestación reivindicativa,

participar en una ceremonia religiosa... o tomar la Bastilla. Que lo hagan de forma *tumultuosa, violenta* o *respetuosa,* tiene sin duda importancia, pero no cambia la naturaleza de la *multitud,* que es siempre *publico,* particularmente en nuestro tiempo. En el *comportamiento* de la *multitud,* salvo en el caso de la *avalancha,* hay componentes emocionales y racionales, cono en todo acto humano. El predomino de uno sobre el otro dependerá de un buen número de factores, incluso fortuitos, si bien la dimensión *emocional* es fácilmente excitable por la actuación del líder o el ídolo. Las *multitudes* se forman y disuelven en función de los objetivos y *motivaciones* que llevan a la gente a reunirse, siguiendo en esto el instinto natural, el *apetitus societatis* del que hablaba el filósofo escocés y padre de la sociología moderna, Adam Ferguson (1723-1816).[34]

Puestos a especular, la *multitud* podría tener un carácter más espontáneo y efímero que el grupo; o un *pegamento* más difuso y menos específico; o.., pero dejemos lo haga Laclau, que es un experto en jugar con las palabras.

Quien conozca la historia de la lucha obrera sabe que suele empezar de manera más o menos espontánea, bajo impulsos *emocionales*, una *multitud* que se reúne para protestar por un abuso patronal, o ante una situación inesperada, como ocurrió en los albores de la revolución industrial con la introducción de los telares mecánicos: la ira de los obreros por la pérdida de puestos de trabajo se volvió contra las maquinas. Sin embargo, en el desarrollo de la lucha surge la necesidad de organizarse permanentemente y, por lo tanto, se impone la *racionalidad* necesaria para planificar la lucha y la formulación de objetivos. Elemental, querido Ernesto.

No creo necesario detenerse más en el análisis que Laclau hace de los presupuestos teóricos de Gabriel Tarde y Willian MacDougall. Nos espera una pieza mayor.

Bajo el influjo de Freud

Laclau sigue escarbando en los psicólogos de masas y filósofos interesados por el tema del XIX y principios del XX, ignorando el pensamiento materialista y revolucionario de otros pensadores, cuya influencia en ese periodo fue fundamental para entender los procesos de participación de las *masas* en la lucha política y sindical, como el filósofo y revolucionario francés Pierre-Joseph Proudhon (1809-1865), el abogado y político socialista alemán Ferdinand Lassalle (1825-1864), el pensador y político Wilhelm Liebknecht (1826-1900), uno de los fundadores del Partido Socialdemócrata de Alemania junto con el escritor August Bebel (1840-1913), o el mas importante de todos, Karl Marx (1818-1883). Curioso, sobre todo si tenemos en cuenta los variados, y en algunos casos pintorescos, intentos de reconciliar a Marx con Freud, como los realizados por el Institut för Sozialforschung de Frankfurt, fundamentalmente por el filósofo, psicólogo social, psicoanalista y escritor Erich Fromm (1900-1980) quién pese a todo escribió: *es innecesario decir que Marx es una figura de significación histórica mundial, con quien Freud no puede ni siquiera compararse.* Esfuerzos realizados también por Adorno (1903-1969), Horkheimer (1895-1973), Herbert Marcuse (1989-1979), o Habermas (Düsseldorf, 1929), y actualmente por el esloveno Slavoj Žižek (Liubliana, 1949), al que Laclau reserva un sitio destacado al final de su libro. Intentos de reconciliación o integración que, pese a su innegable influencia intelectual, no han tenido ninguna repercusión histórica, salvo en el mayo del 68, que tuvo a Marcuse como uno de sus referentes, junto a Mao y Bakunin. No es de extrañar, por que el *psicoanálisis*, pese a su indudable atractivo intelectual, ha sido incapaz de aportar una sola prueba *científica* de sus postulados. algo que , sin embargo, no parece preocupar a los pensadores *psicoanalistas,* ya que la propia teoría contiene su *coartada*. Por ejemplo, si un paciente no reconoce su *complejo de Edipo*, o su contrapartida femenina, el *complejo de Electra* desarrollado por Carl Jung, es porque lo *reprime*. Nadie escapa fácilmente del *sillón* del psicoanalista.

La cada vez más alambicada palabrería del *psicoanálisis* se disipa cuando entran en escena el electroencefalograma (EEG), la tomografía axial computarizada (TAC), la tomografía por emisión de positrones (TEP), y la resonancia magnética (RM). Técnicas que han permitido a la ciencia neurológica y a la psiquiatría científica conocer, aunque todavía de una manera incipiente, el funcionamiento del cerebro humano y como se produce la percepción, la memoria, el pensamiento y el lenguaje.

Para alguien como yo, que piensa que el *psicoanálisis* es en lo teórico una *pseudociencia,* y en la practica un *timo* que puede durar años, o incluso toda la vida (lo que no excluye que pueda tener efectos provechosos, pero de la misma forma que el *placebo* y el *confesor*), seguir con la farragosa descripción de los conceptos *psicoanalistas* de Freud (mas tarde de Lacan) aplicados a la psicología de las *masas*, no tiene sentido. Sin embargo, dado el papel central que cumplen en la defensa del *populismo* por Laclau, conviene detenerse en analizarlos. Para ello, utilizaré las palabras de otro argentino, éste bastante más riguroso y convincente que aquel. Me refiero al científico y filósofo Mario Bunge (Buenos Aires, 1929). Su refutación del *psicoanálisis* es de una contundencia y claridad admirables. Creo que se merece una larga cita:

> *El psicoanálisis viola la ontología y la metodología de toda ciencia genuina. Ciertamente, sostiene que el alma («mente», según la traducción estándar al inglés de las obras de Freud) es inmaterial y puede actuar sobre el cuerpo, como se muestra en los efectos psicosomáticos.*

Sin embargo, el psicoanálisis no supone ningún mecanismo mediante el cual una entidad inmaterial pueda alterar el estado de otra material; simplemente afirma que se da el caso. Además, esa afirmación es dogmática, puesto que los psicoanalistas, a diferencia de los psicólogos, no realizan ninguna prueba empírica. Concretamente, ningún psicoanalista ha montado jamás un laboratorio. El propio Freud diferenció enfáticamente el psicoanálisis tanto de la psicología experimental como de la neurociencia.

Podría quedarme aquí, pero creo que merece la pena seguir leyendo:

Para conmemorar el primer centenario de la publicación de La interpretación de los sueños, de Freud, el International Journal of Psychoanalysis publicó un informe realizado por seis analistas de Nueva York (Vaughan et al., 2000), que supuestamente informaron de la primera prueba experimental del psicoanálisis en un siglo de existencia. En realidad, no se trató de ningún experimento, puesto que no se contó con ningún grupo de control. Por tanto, esos autores no tenían derecho a concluir que las mejoras observadas se debieron al tratamiento; pudieron haber ocurrido simplemente de forma espontánea. Así pues, los psicoanalistas no emplean para nada el método científico, puesto que no saben de qué se trata. Al fin y al cabo, no tienen formación científica; en el mejor de los casos, son médicos generalistas.

El psicoanalista francés Jacques Lacan -un héroe del postmodernismo- admite esta idea y sostiene que el psicoanálisis, lejos de ser una ciencia, es simplemente una práctica retórica: *l'art du bavardage*... *En suma, el psicoanálisis no está cualificado para considerarse una ciencia. Contrariamente a la creencia general, no es siquiera una ciencia fallida, puesto que prescinde del método científico e ignora los contraejemplos. Se trata simplemente de charlatanería psicológica... esta variedad particular de pseudociencia produce una notable habilidad para autoengañarse, al transformar toda excepción a cierta tesis A en un caso de otra tesis B específicamente diseñada para proteger a A (su sueño no tuvo un simbolismo sexual explícito porque lo tuvo latente; usted no se percata de que alberga la pulsión de muerte porque la está reprimiendo; su crítica al psicoanálisis no es más que un ejemplo del fenómeno de resistencia, y así sucesivamente)... Por ejemplo, tal como dijo Peter Medawar, la pulsión de muerte del psicoanálisis va a contracorriente de toda la biología. La hipótesis de la sublimación ha sido refutada por incontables casos de artistas, científicos y tecnólogos felizmente casados. Otras hipótesis psicoanalíticas podrían ponerse a prueba, experimental o estadísticamente, si alguien se tomara la molestia de hacerlo. Por ejemplo, el conveniente dogma de que pagar por el tratamiento psicoanalítico tiene un efecto curativo podría ponerse a prueba fácilmente estableciendo dos grupos homogéneos de pacientes, uno de los cuales paga mientras que el otro recibe el tratamiento de forma gratuita. Pero reconozco que podría resultar difícil encontrar psicoanalistas dispuestos a participar en este experimento o en cualquier otro: están demasiado ocupados atendiendo a sus pacientes o escribiendo ficción. La gente corriente, como nosotros, debe pagar por sus errores, en tanto que los psicoanalistas nos hacen pagar por los suyos... El estatus metodológico del psicoanálisis es semejante al de la parapsicología: ninguno de los dos tiene un pasado ni un futuro científicos. Desde luego, hay diferencias. Los parapsicólogos, por ejemplo, hacen experimentos -aunque con frecuencia estén mal diseñados y nunca hayan tenido éxito- en tanto que resulta difícil encontrar un psicoanalista experimental. Los parapsicólogos utilizan la estadística -si bien a menudo de manera incorrecta- en tanto que los psicoanalistas no la emplean. Los parapsicólogos no explican nada, con excepción de lo que los científicos consideran coincidencias, mientras que el psicoanálisis lo explica todo, desde los lapsus hasta las guerras. Por último, pero no por ello menos importante, la parapsicología es recatada y aburrida, en tanto que el psicoanálisis es atrevido y entretenido. Pero ambos reprueban todas las pruebas de cientificidad.*

Tras estas letales palabras, Bunge entra en terrenos más serios:

Para comenzar, el psicoanálisis, al igual que la parapsicología, supone el dualismo psiconeural, es decir, la perspectiva de que la mente (o alma, Seele, como Freud prefería llamarla) es inmaterial y, además, puede actuar sobre el cuerpo... Este dualismo choca de lleno con la cosmovisión que subyace a las ciencias empíricas, ninguna de las cuales admite entidades inmateriales con poderes causales. También está en conflicto con la psicología. Más aún, mantiene el estudio del afecto (el tema central del psicoanálisis) en un nivel precientífico, aunque sólo sea porque ignora que las emociones son funciones del sistema límbico... El dualismo mente-cuerpo que subyace al psicoanálisis ha hecho algo más que bloquear el estudio científico de la mente. También ha retrasado el desarrollo de la medicina psicosomática, la cual finalmente ha comenzado a marchar con paso firme. De hecho, esta rama del conocimiento y la práctica es la ciencia con el nombre más largo: ni más ni menos que psico-neuro-endocrinoinmunología. Esta ciencia no explica las llamadas «somatizaciones» como efectos de la mente sobre la materia, sino como efectos de ciertos procesos cerebrales sobre los sistemas endocrino, visceral, inmunitario y muscular. Esto no es difícil de entender, ya que el cerebro u órgano de la mente (y, además, de muchas otras cosas) está íntimamente relacionado con el resto del cuerpo. En la perspectiva científica, toda acción mente-cuerpo es un proceso que comienza en algún sitio del cerebro y viaja a través de los nervios hacia otra parte del cuerpo. En segundo lugar, desde el punto de vista de su relación con la experiencia, las conjeturas psicoanalíticas son de dos tipos básicos: comprobables e incomprobables. Por ejemplo, la hipótesis de que todos los humanos son innata y básicamente agresivos es comprobable, pero ¡ay!, también falsa, según lo han probado innumerables psicólogos y antropólogos sociales. En cambio, la hipótesis de la represión es imposible de poner a prueba. La razón de ello es que cualquier cosa supuestamente reprimida -por ejemplo, un trauma infantil, el complejo de Edipo o la envidia del pene- es empíricamente indistinguible de algo que no existe (después de todo, el propio concepto de represión se inventó para «explicar» por qué ciertos síntomas que, según la teoría, «tenían» que presentarse rehusaban hacerlo). Ahora bien, por definición, una proposición incomprobable no es científica. En consecuencia, la parte incomprobable del psicoanálisis, que constituye una gran porción de éste, y también la más entretenida, no es científica... En cuanto a las fantasías psicoanalíticas comprobables, se las puede agrupar en dos clases: las que han sido puestas a prueba y las que todavía están en el limbo. Abordaremos las primeras e ignoraremos las segundas. Una de las pocas conjeturas psicoanalíticas que han sido puestas a prueba es la hipótesis de que la personalidad adulta está determinada por la enseñanza temprana de ir al baño. Una educación estricta tiene como resultado individuos con una personalidad «anal» -quienes se preocupan por todo y son muy puntillosos-, en tanto que una educación permisiva daría como resultado tipos «orales», relajados y expansivos. Los estudios minuciosos no han encontrado ninguna correlación entre las dos variables (Sewall, 1952). Además, la partición de los tipos de personalidad en «anal» y «oral» es tosca -tanto en lo conceptual como en lo estético-, dado que ignora rasgos de la personalidad tan importantes como la tendencia prosocial o antisocial, el autoritarismo y la sumisión, por no mencionar el escepticismo y la credulidad. La propiedad misma de ser «oral» o «anal» es imaginaria. El uso de estos conceptos dice más del analista que de sus pacientes... Tras casi un siglo de psicoanálisis, ha habido muy pocos experimentos controlados dirigidos a poner a prueba esta doctrina y, con un par de excepciones, esos escasos experimentos fueron realizados por personas que no eran *psicoanalistas. Por lo que sé, sólo una de las hipótesis comprobables del psicoanálisis ha sido confirmada: la que afirma que existen procesos mentales inconscientes. Sin embargo, esta conjetura no fue inventada por Freud; ya era conocida por Hume y se había difundido entre los alumnos de Freud gracias a la obra de E. von Hartmann Die Philosophie des Unbewussten (La filosofía del inconsciente, 1870). Además, dos conocidos psicólogos de esa época, H. v. Helmholtz y W. Wundt, escribieron sobre la inferencia inconsciente. Pero, por supuesto, nadie ha descubierto que «el» inconsciente sea el culpable de todos los pecados que le atribuyen los psicoanalistas. Además, la idea misma de inconsciente es confusa sin un concepto neuro- psicológico preciso de conciencia... A los psicoanalistas no se les entrena como investigadores científicos ni ellos muestran interés alguno en comprobar sus creencias: son creyentes en la fe verdadera, no escépticos. Se ocupan de tratar a infortunados pacientes, de leer o de hacer aportaciones a la literatura psicoanalítica. Los psicólogos no analíticos se dedican a trabajar en proyectos científicos o a tratar a pacientes con los métodos más eficaces... La hipótesis teológica del alma inmaterial -tanto si se la imagina dividida en el yo, el superyó y el ello como si no- es, en el mejor de los casos, imposible de poner a prueba. Además, es incongruente con el monismo psiconeural, inherente a la psicología fisiológica, la psicología del desarrollo y la psicología evolucionista. La autoproclamada autonomía del psicoanálisis frente a las ciencias y su requerimiento de disfrutar del privilegio de no cumplir con los mismos controles experimentales a los que está sometida la psicología, lo coloca automáticamente fuera de la ciencia... los tratamientos psicoanalíticos son, en el mejor de los casos, ineficaces (véase, por ejemplo, Eysenck y Wilson, 1973; Prioleau, Murdock y Brody, 1983; Van Rillaer, 1980; Wolpe, 1981). En cambio, los tratamientos científicos de las mismas enfermedades - por ejemplo, mediante la terapia de la conducta, la prescripción de fármacos o la neurocirugía- son eficaces en un elevado porcentaje de los casos (sobre la terapia de la conducta, o conductual, véase Wolpe, 1958) ... la eficacia ocasional de un tratamiento médico no prueba su solidez, debido a la existencia del efecto placebo, que es particularmente potente en la psicoterapia debido a que el paciente puede ser entrenado para pensar del mismo modo que el psicoterapeuta... La única manera en que el psicoanálisis puede evitar este estigma es la adquisición de otro nombre, de sostener, como hacen Lacan y sus discípulos, que el psicoanálisis no desea convertirse en una ciencia porque pertenece a la psicología «humanística» o, incluso, retórica. Aplaudiríamos esta retirada si los lacanianos se abstuvieran de atender a pacientes psiquiátricos. Pero aun así, tendríamos que criticar sus incursiones en las humanidades y las ciencias del hombre, donde los mitos psicoanalíticos, en una versión u otra, son a menudo un sustituto fácil de la investigación rigurosa.*[35]

Pero Laclau hace *tabula rasa* de todos los avances científicos, y proclama que el libro de Freud, *Psicología de las masas y análisis del yo* (1921), fue sin duda el progreso más radical que se había realizado hasta entonces en la psicología de las *masas*. El propio título debería haberle puesto sobre aviso. En la cultura contemporánea hay cientos de campos de conocimientos donde se enfrentan ciencia y magia: la lógica y la teología, la matemática y la numerología, la astronomía y la astrología, la química y la alquimia, la psicología y el *psicoanálisis* (recuérdese la crítica clásica de Ernest Nagel al *psicoanálisis*), etcétera. Por eso la posición intelectual de Laclau resulta más sorprendente en el S. XXI, cuando existen resultados científicos bastante sólidos de la biología evolutiva, las neurociencias cognitivas y la psicología. Y los mecanismos neurales de lo *mental* están, aunque todavía de manera insuficientemente, sólidamente establecidos. Ya no se puede ignora el órgano mismo de la mente: el cerebro. En fin, armados con los instrumentos de la ciencia descritos por Bunge, podemos adentrarnos en el tenebroso mundo freudiano del *inconsciente* para entender la razón de la sinrazón del *populismo*.

Empieza Laclau por señalar que la psicología social de los predecesores de Freud había estado más interesada en describir los cambios que experimenta el *individuo* al formar parte de una *multitud* que en la naturaleza del lazo social. La *sugestión* constituía el objetivo de todos los esfuerzos para determinar la naturaleza de este lazo. Freud propone dejar de lado la *sugestión* y apelar a la *libido* como categoría clave para explicar la naturaleza del vínculo social. Éste sería un vínculo *libidinal* y, como tal, estaría relacionado con todo lo referido al *amor*. Y Laclau precisa, citando a Freud: *su núcleo consiste, por supuesto, en el amor sexual, pero el psicoanálisis nos ha demostrado que no deberíamos separar el amor sexual de, por un lado, el amor a uno mismo, y por otro, el amor a los padres e hijos, a los amigos y a la humanidad en general, y también la devoción a objetos concretos e ideas abstractas. Aunque las pulsiones tienden, en las relaciones entre sexos, hacia la unión sexual, en otras "circunstancias son desviados de su objetivo o se les impide alcanzarlo, aunque siempre preservando lo suficiente de su naturaleza original para mantener reconocible su identidad.*[36]

Más adelante, Lacau señala que los lazos emocionales que unen al *grupo* son, obviamente, pulsiones de amor que se han desviado de su objetivo original, y que siguen, de acuerdo con Freud, un modelo muy preciso: el de las *identificaciones*, que Freud vincula al *complejo de Edipo*. Eh aquí uno de los conceptos fundamentales de su teoría del *subconsciente*. El *psicoanálisis* no ha resuelto de manera satisfactoria ningún problema *psicológico*, pero ha creado un gran problema: contaminar intelectualmente áreas enteras de las llamadas *humanidades,* incorporando sus fantasías a la cultura de *masas*, alimentado el idealismo de raíz religiosa, con la hábil transustanciación del viejo concepto de *alma,* como señala Bunge. Ello, desde luego, no significa negar que experimentemos procesos mentales *inconscientes* o que suprimamos ciertos deseos de manera *inconsciente*, cuando están asociados a experiencias traumáticas, tal como ha demostrado el psicólogo y profesor inglés Chris Frith.[37]

Continua Laclau relatando las tres formas principales de *identificación*: primera, con el padre; segunda, con el objeto de la elección amorosa; la tercera puede surgir, según Freud, *a raíz de cualquier nueva percepción de una cualidad común compartida con alguna otra persona que no es objeto de las pulsiones sexuales. Cuanto más significativa sea esta cualidad común, más exitosa podrá ser la identificación parcial, y así, corresponder al comienzo de un nuevo lazo.* Esta tercera forma de *identificación* es la que puede hallarse en el lazo mutuo entre los miembros del *grupo*. Y Freud agrega -de un modo claro, aunque problemático- que la cualidad común sobre la cual se basa esta identificación *descansa en la naturaleza del lazo con el líder*. ¿Cómo debería ser concebido el *lazo* con el *líder*?, se pregunta Laclau. Sencillo, responde Freud: en términos de las diversas formas de *enamoramiento*. Una de ellas, el es amor *tierno*. Y señala: el amor de un hijo/a a su madre/padre, una vez que se ha establecido la *represión de la pulsión sexual original*, es de esta naturaleza *tierna*. Así que, el *grupo* se forma y mantiene por *amor* al *líder*. Seria muy bonito si fuera cierto. El problema es que hay grupos sin *líder*, o si se quiere con *liderazgo* compartido. Y *líderes* que fracasan como tales, sin que desaparezca el *grupo* mientras encuentra un repuesto, como ocurre con los partidos políticos, o las sectas religiosas. La necesidad de que la *sexualidad* este en la base de todo lleva a Freud a identificar el sentimiento de afecto al *líder,* que naturalmente debe existir, aunque no necesariamente al principio (el líder puede ser fruto de la necesidad coyuntural del *grupo,* sin que eso signifique que sea *amado*), con el *lazo* que une al grupo. No aparece por ninguna parte aspectos tan prosaicos como intereses compartidos (materiales y espirituales), objetivos comunes, y otros *amores colectivos* como la *patria*. No menos increíble es la necesidad freudiana de *reprimir* la pulsión sexual para que aparezca la *ternura* como lazo de *unión*. Por ejemplo, el *lazo* familiar de un bebé, cuando la sexualidad, ligada al desarrollo endocrino y el sistema límbico, tarda años en desarrollarse, como cualquier sexólogo de educación científica sabe. Qué importa, para el *psicoanálisis,* y para Laclau, la vida futura del individuo estará dominada por esta dualidad *amor/ternura*, que puede, o bien *sobredeterminar* al mismo objeto, o bien tener sus dos polos *investidos* en objetos diferentes. La *investidura* en el objeto de amor significa que la *libido* narcisista se transfiere al objeto. Esta situación surge *en muchas formas de elección amorosa, en las que el objeto sirve para sustituir un ideal del yo propio no al-*

canzado. Se ama en virtud de perfecciones a que se ha aspirado para el yo propio, y que ahora le gustaría procurarse, para satisfacer su narcisismo, por este rodeo. El *objeto* se ha puesto en el lugar del *yo ideal.* Amo al líder porque es lo que no soy. Lo demás es materialismo y economicismo grosero.

¿Qué tenemos aquí, aparte de mucha palabrería y mayor fantasía? Sencillamente, el dualismo psicofísico. Freud revivió la noción de un alma inmaterial (él habla de alma aunque piadosamente se suele traducir por mente) al tiempo que introducía un gran número de fantasías descabelladas y rechazó el método experimental. La tesis de que hay *mentes* además de cuerpos es posiblemente la más antigua de las filosofías. Es parte esencial de las prácticas chamanísticas y de la mayoría de las religiones, y fue incorporada a la filosofía por Platón y su mundo de las *ideas.* Descartes le dio un nuevo giro al expulsar a todos los espíritus del cuerpo, dejando este último en manos de la ciencia; sí bien conservó para la teología y la filosofía los derechos exclusivos sobre el *alma inmortal.* La cuestión, por tanto, es si debemos tomar en consideración la posibilidad de establecer una teoría seria del *populismo* sobre bases tan *literarias,* por decirlo suavemente. Salvo que se parta de la afirmación, igualmente *literaria,* de que todo es un *relato.* Es como si quisiéramos explicar los movimientos de los astros, sus mecanismos y efectos, mediante la astrología, ignorando a Galileo, Newton y Einstein.

Nada sorprendente, porque el pensamiento *dualista* está muy arraigado. Resulta tan familiar que no somos conscientes su profundo absurdo. En efecto, como dice Lee Smolin, Físico del Instituto Perimeter de Física Teórica, *si aceptamos que el universo es todo cuanto existe, ¿cómo es posible que exista algo fuera de él capaz de mantener con dicho universo una relación de isomorfismo?.*[38] Se trata de una manifestación más del pensamiento *exterior* al tiempo, de carácter religioso, que parte de la existencia de un mundo imaginario, donde se encuentran las verdades universales e inamovibles, como proponía Platón Las descripciones y explicaciones científicas formuladas desde el pensamiento exterior al tiempo tienen que remitirse finalmente a algo que es exterior al mundo. Lo que es todo menos un pensamiento científico. Volviendo a Lee Smolin, *La biología evolutiva de raíz darwiniana es el prototipo del pensamiento inscrito en el tiempo, dado que su núcleo duro consiste en comprender que los procesos naturales que adquieren envergadura y desarrollo en el tiempo pueden conducir a la creación de estructuras auténticamente novedosas. De hecho, hasta pueden llegar a surgir leyes nuevas a medida que aparecen las estructuras que habrán de regirse por ellas. La dinámica evolutiva no precisa de vastos espacios abstractos.* Donde se lee *biología evolutiva,* puede decirse, con nuevas *leyes emergentes,* de la *evolución* de la sociedades humanas. Conviene retenerlo para no perderse en las abstracciones *populistas.*

Más adelante, Laclau subraya la idea de Freud de la formación del *grupo* en términos de *vínculos equivalentes,* forjados entre las personas como resultado de su *amor* común hacia el *líder.* Y se pregunta: *Cómo concebir entonces esta oposición entre dos modelos de agrupamiento social: uno basado en la "organización", mediante la cual la sociedad adquiere las características secundarias del individuo, el otro basado en el vínculo libidinal con el líder? ¿Se aplican a diferentes tipos de grupo? ¿O constituyen más bien lógicas sociales que, en diversos grados, influyen en la constitución de todos los grupos sociales? Pienso que esta segunda hipótesis es la correcta.*

El párrafo resulta clarificador y muestra la confusión mental de su autor, una de las consecuencias del *psicoanálisis.* Laclau ignora, supongo que no por desconocimiento, las propiedades *emergentes* de un *grupo,* propias de todo sistema complejo no lineal, como es el *grupo* o la sociedad. Todo *grupo* posee una serie de propiedades *emergentes* que no solo no se hallan presentes en ninguna de las partes que lo integran, sino que tampoco pueden *reducirse* al estudio de dichas partes. Propiedades que surgen de una forma que tampoco resulta predecible. Es decir, son leyes que poseen un alto grado de *incertidumbre.* Por ejemplo, una *avalancha,* el comportamiento *grupal* más *irracional* e *instintivo,* como las que ocurren con alarmante frecuencia en la peregrinación anual a la Meca, es *imprevisible,* de lo contrario no ocurriría, pero resulta mas *probable* que en una romería. Existe siempre un *umbral* o masa critica de personas para que un *grupo* pueda tener un comportamiento determinado, con un grado de *incertidumbre* asumible a la hora de pronosticarlo. El *individuo* no cede al *grupo* características, secundarias o no, de su psicología, como si el *grupo* fuera algo *externo,* sino que al actuar en *grupo* modifica o modula aspectos de su psicología, provocando un comportamiento *colectivo* que trasciende el comportamiento *individual.* Hasta el extremo que una persona de natural *pacífico* y amistoso puede volverse muy agresiva. Esta modulación del comportamiento *individual,* en función de que actúa en grupo, es posible por el fenómeno de *resonancia* ya mencionado.

El *líder* es el que sabe generar y mantener esa *resonancia,* cuyo efecto fortalece la cohesión del *grupo.* Digo esto porque Laclau precisa que *la necesidad de un líder fuerte se encuentra sólo a mitad de camino, el líder sólo será aceptado si presenta, de un modo particularmente marcado, los rasgos que comparte con aquellos que se supone que debe liderar. En otras palabras: los liderados son, en gran medida, in "pari materia" con el líder -es decir, este último se vuelve "primus inter pares". Y a esta mutación estructural siguen tres consecuencias capitales.* Y señala como Freud, en el epílogo de *Psicología de las masas y análisis del yo*, insinúa esa posibilidad cuando compara el Ejército y la Iglesia Católica. Mientras que en el Ejército un soldado se volvería ridículo si se identificara con el comandante en jefe, la Iglesia requiere del creyente algo más que la identificación con otros cristianos: *También debe identificarse con Cristo y amar a todos los otros cristianos como Él los ha amado. En ambos casos, por lo tanto, la Iglesia exige completar la posición libidinal dada por la formación de la masa. La identificación debe agregarse allí donde se produjo la elección de objeto, y el amor de objeto, ahí donde está la identificación.* Y señala un rasgo significativo para su teoría del *populismo: si el líder lidera porque presenta de un modo particularmente marcado rasgos que son comunes a todos los miembros del grupo, ya no puede ser, en su pureza, el dirigente despótico, narcisista. Por un lado, como participa en la sustancia misma de la comunidad que hace posible la identificación, su identidad está dividida: él es el padre, pero también uno de los hermanos. Por otro lado, como su derecho a dirigir se basa en el reconocimiento, por parte de los otros miembros del grupo, de un rasgo del líder que él comparte, de un modo particularmente pronunciado, con todos ellos, el líder es, en gran medida, responsable ante la comunidad.* Y Laclau, a punto de terminar su capítulo dedicado a Freud, anuncia que *no estamos lejos de la peculiar combinación de consenso y coerción que Gramsci denominó hegemonía.* Pobre Gramsci, vinculado a la teoría freudiana. Ya se sabe que los muertos lo soportan todo.

Pero hablaremos más tarde del concepto gramsciano de *hegemonía*, que no es otra que el de *hegemonía* leninista, adaptada a una sociedad de capitalismo más desarrollado que el existente en Rusia. De momento, lo que salta a la vista es el pobre apoyo brindado por las disquisiciones de

Freud al papel del *líder* en la visión *populista* de Laclau.

Consciente de ello, termina con una amplia cita de Freud, donde se brinda una serie de posibles situaciones y combinaciones sociales. Reconozco que la cita es justa, y que demuestra una indudable intuición teórica en el fundador del *psicoanálisis*, así que yo también la reproduzco:

> *Nos quedaría aún mucho por investigar y describir en cuanto a la morfología de los grupos [...]. Habría que prestar atención a los diferentes tipos de grupos, más o menos permanentes, que surgen de manera espontánea, así como estudiar las condiciones de su génesis y de su descomposición. Sobre todo habría que ocuparse de la diferencia entre los grupos que poseen un líder y los que no lo tienen. Averiguar si los grupos con líder son los más originarios y completos, y si en los otros el líder puede ser sustituido por una idea, algo abstracto, respecto de lo cual los grupos religiosos con su jefatura invisible, constituirían la transición; si ese sustituto podría ser proporcionado por una tendencia compartida, un deseo del que una multitud pudiera participar. Esta abstracción podría encarnarse a su vez de manera más o menos completa en la persona de lo que podríamos denominar un líder secundario; en tal caso, del vínculo entre idea y líder resultarían interesantes variedades. El líder o la idea conductora podrían volverse también, digamos, negativos; el odio a determinada persona o institución puede producir el mismo efecto unitivo, y generar ligazones afectivas similares a la dependencia positiva. Cabe preguntarse, además, si el líder es realmente indispensable para la esencia del grupo, y cosas por el estilo.*

¡Luego el *líder* no es siempre necesario!. Eso aparte de poder ser principal y secundario, incluso una *idea*. Sin duda, Freud no era *populista*, y manejaba la lógica discursiva con mayor pericia que su discípulo. En fin, no parece claro que es lo que pretende demostrar o fundamentar Laclau con estas citas del creador del *psicoanálisis*. Desde luego, queda mucho por investigar y describir en cuanto a la morfología de los grupos y el papel del líder. Pero hay que hacerlo siempre desde un punto de vista *científico* si queremos que el estudio de la sociedad y su evolución tenga el rigor necesario. Por ejemplo, teniendo en cuenta las necesidades de *cooperación* basadas en el *interés* de clase o sectorial, básicamente material, pero también *cultural,* en la formación del *grupo*. Y cuya raíz evolutiva se encuentra en el sentido *altruista* y *comunitario,* determinante para la supervivencia del *animal* humano, sin la cual su gran *vulnerabilidad* en un medio hostil y desconocido, cuando los humanos primitivos abandonaron la selva y se adentraron en la sabana, le habría puesto en peligro. Desgraciadamente, uno de los errores en que más fácil se suele caer, incluso los científicos, no digamos los *politólogos*, es el de pensar que basta con colocarle una etiqueta a algo para explicarla o comprenderla.

Como decía el gran filósofo y científico estadounidense Charles Sanders Peirce (1839-1914), no es posible explicar los hechos mediante una hipótesis que tenga un carácter más extraordinario que los hechos mismos. Todo análisis hecho desde presupuestos *acientíficos* del *psicoanálisis*, por muy ingenioso y atractivo que sea, está condenado al fracaso. Y cumple un papel negativo en todo proyecto de transformación social. Laclau oculta bajo la alfombra los avances científicos que perturban sus argumentos.

Tendremos ocasión de contemplar numerosos ejemplos.

III. PUEBLO Y LENGUAJE

Tras afirmar que gracias a Freud se puede establecer una matriz teórica unificada desde la que partir para elaborar su concepto de *populismo*, y establecer una cuanto menos curiosa precaución sobre la limitación de dicho marco, ya que *tiene una aproximación predominantemente genética hacia su objeto de estudio,* Laclau afirma: *Por ello sus categorías obviamente requieren una reformulación estructural si van a ser útiles como herramientas del análisis sociopolítico.* ¡Acabáramos!. Tanta cita para reconocer que el *psicoanálisis freudiano* necesita reformularse si quiere ser útil. No negaré la necesidad de tal *revisionismo.* Al fin y al cabo, Freud era neurólogo, poseía una base práctica médica, y no comulgaba con la visión *idealista* de la naturaleza humana. No sabemos como habría evolucionado su pensamiento sobre el *inconsciente* de haber conocido los avances actuales en la ciencias de la conducta, por lo que toda especulación al respecto carece de sentido. Lo que sorprende es que Laclau hable de *aproximación predominantemente genética,* cuando el padre del *psicoanálisis* siempre consideró la genética como algo secundario, desvinculando el estudio de la *psique* de los procesos neuronales. En todo caso, rechazó la concepción *mecanicista* en boga del factor genético.

Freud tenía formación científica y conocía las teorías de Darwin sobe la evolución de las especies. Reconocía la determinación *filogenética* de los humanos. Nunca dejó de tener en cuenta este aspecto, aun cuando en sus elaborada teoría *psicoa-*

nalista pasase a segundo plano. Hacia el final del siglo XIX, Freud comienza a poner en duda sus ideas. *Ya no creo más en mi neurótica*, llega a decir en una carta a su amigo Fliess, fechada en Viena el 21 de septiembre de 1897. Desde entonces introduce el concepto de *fantasía* dentro de su teoría de las neurosis. *Fantasías* creadas con el propósito de bloquear los recuerdos de experiencias sexuales infantiles. Lo que le lleva a afirmar que *en el mundo de las neurosis, la realidad psíquica es la decisiva*.[39] Freud las denominó *fantasías originarias*: observación del comercio sexual entre los padres (*escena primordial*), seducción por una persona adulta, y amenaza de la castración. Tales *fantasías originarias* se encuentran en todos los seres humano. Son esquemas *inconscientes*, que trascienden lo individual y se transmiten *hereditariamente*. Este concepto de trasmisión hereditaria es una muestra de genetismo primitivo de Freud, que nunca llega a desaparecer, y que puede interpretarse como la base *materialista* de sus teorías *dualistas*. Freud concebía estas construcciones *fantaseadas* como formaciones creadas en los tiempos originarios de la familia, e incluidas en el patrimonio genético. Así, afirma que *las vivencias del yo parecen al comienzo perderse para la herencia; si se repiten con la suficiente frecuencia e intensidad en muchos individuos que siguen unos a otros generacionalmente, se trasponen, por así decir, en vivencias del ello, cuyas impresiones son conservadas por herencia... Cuando el yo extrae del ello la fuerza para su superyó, quizá no haga sino sacar de nuevo a la luz figuras, plasmaciones yoicas más antiguas.*[40]

Pasemos por alto, al menos de momento, el que no existe ningún *yo* ni ningún *ego* agazapados en el laberinto del cerebro a la manera de un Minotauro, ni región del córtex ni vía de procesamiento neural que ocupe una posición privilegiada en relación con nuestra personalidad, como tampoco existe ningún inmutable *centro de gravedad narrativo*, en feliz la expresión del filósofo y escritor estadounidense, Daniel Dennett (Boston, 1942). Pese a ello, la idea de los *subyoes* ha perdurado. Por ejemplo, el científico cognitivo y profesor de psicología de la University of Maine, Colin Martingdale (1943–2008) habla de que *todos poseemos un cierto número de subyoes ejecutivos, y la única forma de que nos las arreglemos para realizar cualquiera de nuestras actividades corrientes es permitir que uno de esos subyoes tome las riendas del comportamiento consciente en un momento determinado.*[41] Bueno, es una manera divertida de verlo, como lo es la película *Inside Out,* que reproduce en cierta forma la idea de los *subyoes.* No es de extrañar que personas con menor preparación en el tema utilicen estos conceptos *retóricos (*Lacan *dixit)* para sus especulaciones. Pero volvamos a lo nuestro.

Resulta bastante significativo que Freud, cuya profunda inteligencia y audacia intelectual esta fuera de toda duda, pensase que *los seres humanos que hoy nacen traen consigo, en calidad de organización heredada, cierto grado de inclinación a trasmudar pulsiones egoístas en pulsiones sociales.*[42] Se acerca a la comprensión evolutiva del carácter innato de la capacidad *cultural,* aunque se equivoca al pensar que el *egoísmo* y *sociabilidad* son incompatibles, fruto de una *trasmutación.* También muestra un pensamiento avanzado cuando señala acertadamente *la acción recíproca entre predisposiciones congénitas y vivencias accidentales.* Pero abandona toda pretensión científica cuando sostiene que la *amenaza de castración* actúa como una eficaz mecanismo reflejado en la prohibición del incesto, instaurador del orden humano. Una sociología basad en tales presupuestos solo puede dar resultados tan *fantasiosos*, por utilizar la terminología freudiana. Pensar que la ley y el orden humano se basa en la *amenaza de castración* hace que la historia de la humanidad sea un *misterio...* solo descifrable por el *psicoanálisis.*

En resumen, el neurólogo Freud no niega el factor genético en el comportamiento humano. Acertadamente, presupone la existencia de un conjunto de inclinaciones *innatas*, pero señala que serán las experiencias *vitales* las que determinarán el futuro de cada individuo. El fundamento *biológico* que Freud confirió a algunos de sus conceptos no es más que el intento de explicar la aparente *universalidad* de ciertas conductas, puestas al descubierto durante su trabajo clínico, y teorizadas después. Pese a todo ello, Freud seguía manteniendo que los incidentes acaecidos durante de la niñez, en los que estaban involucrados los padres, eran los que provocan la patología de los impulsos *edípicos* universales.

En fin, el debate sobre el *genetismo* de Freud puede resultar muy interesante pero nos alejaría del objetivo. Así que prosigamos adentrándonos en las farragosas páginas de *La razón populista*. No es fácil, porque tengo que reconocer que cunado leo cosas como *la producción discursiva del vacío,* con la que empieza su segunda parte, me entran ganas de cerrar el libro y dedicarme a lecturas más provechosas. Superada la tentación, no sé por cuanto tiempo, me adentro en el laberinto de frases alambicadas, algunas de las cuales me recuerdan al Heidegger más *oscuro,* y su *das Sein des Seiendes* (¿El ser del ser? ¿el ser del Ser?, ¿el Ser del ser?, ¿el Ser del Ser?) que ha hecho correr ríos de tinta interpretativa. Un aliciente intelectual.

Es el momento de recurrir a la lingüística para ampliar la *caja de herramientas populista.* Y, como era de esperar, comienza utilizando al fundador de la moderna ciencia del lenguaje, Ferdinand Saussure (1857-1913). Laclau escarba en las teorías semánticas del genial suizo, y en particular su distinción estructural entre el componente material (acústico) de las palabras, al que denomina *significante,* y su componente mental (idea o concepto) al que denominó *significado*. Ambos, *significante* y *significado* conforman un *signo,* que no vincula el nombre con una cosa, lo que le permite distinguir teóricamente entre lenguaje y habla. Ahora bien, si para Saussure *significado* y *significante* son entidades *mentales,* su marco teórico necesariamente debe suponer la ruptura entre el plano lingüístico y el mundo externo a la mente. Es importante señalar que para Saussure el vínculo entre el *sonido* y el *pensamiento* en el *signo* lingüístico produce *forma* y no *sustancia.* Finalmente, para explicar las diferencias entre las lenguas, propone los principios de *arbitrariedad* y *linealidad.* Eso sí, una vez establecido el vínculo entre un *sonido* (o secuencia de sonidos) con una *idea,* no se puede deshacer, como tampoco se puede sustituir un *signo* por otro. Y esto vale tanto para el individuo como para la comunidad lingüística. Saussure diferencia dos modalidades de uso del lenguaje: *sincrónica* y *diacrónica.* La evolución del lenguaje es un proceso lento que ocurre cuando una comunidad de hablantes de la misma lengua van cambiando lentamente tanto el significado de un término como su forma. Así, un vocablo puede haber significado en el pasado lo contrario que en el presente. Por eso Saussure afirma que no es posible describir adecuadamente un lenguaje aislándolo de la comunidad hablante, y del efecto del tiempo sobre el lenguaje. Se trata de un proceso *evolutivo* que elimina los términos o vocablos inútiles, o inadecuados, en el proceso de intercambio de información que permite a la sociedad humana desarrollarse. Finalmente, pero no menos importante, Saussure hacía hincapié en la necesidad de no simplificar los procesos involucrados en el lenguaje, pese a que su propuesta de *signo* adolece de lo que el mismo previene.[43]

El *estructuralismo* lingüístico de Saussure sirvió de base para el desarrollo posterior de la ciencia del lenguaje, y la aparición de diversas escuelas estructuralistas, como La Escuela de Ginebra, El Círculo Lingüístico de Praga, y la Escuela de Copenhague, con aportaciones tan *significativas* (dicho sin segundas) como las del filósofo austriaco Ludwig Wittgenstein (1889-1951), y sus *Juegos del Lenguaje*.[44] Sin duda Laclau conoce bien las teorías lingüísticas de Saussure por lo que le resulta fácil extraer las *ideas* que le interesan para su discurso *populista*. Por ejemplo, la afirmación de que en el lenguaje no existen términos positivos, sino sólo diferencias, ampliando este concepto a la realidad física, de forma que una acción es lo que es sólo a través de sus diferencias con otras acciones posibles y con otros elementos *significativos*, tanto *palabras* como *acciones,* que le servirán para proponer la *construcción* discursiva de la *realidad*. Claro que para fundamentar tal pretensión, que es uno de los ejes de su teoría del *populismo,* necesita superar la *restricción* saussureana de las sustancias *fónica* y *conceptual*, y desarrollar la totalidad de sus implicaciones ontológicas. Lo resuelve echando mano de algunas aportaciones de las escuelas de Copenhague y Praga. Estamos a un paso de afirmar, como termina haciendo, que el lenguaje no solo transmite información y actúa en la mente del interlocutor, lo que parece una obviedad, sino que el mismo crea la *realidad*. Y lo que es cierto en el lenguaje también lo es para cualquier elemento *significativo*, es decir, *objetivo*. Una acción es lo que es sólo a través de sus diferencias con otras acciones posibles, y con otros elementos significativos –palabras o acciones–, que pueden ser sucesivos o simultáneos. A su vez, los tipos de relación entre estos elementos *significativos* son dos: *combinación* y *sustitución*. Una vez que las escuelas de Copenhague y Praga radicalizaron el formalismo lingüístico, fue posible ir más allá de la restricción saussureana a las sustancias *fónica* y *conceptual,* y desarrollar la totalidad de las implicancias ontológicas que se derivan de este progreso fundamental. Toda referencia lingüística puramente *regional* fue, en gran medida, abandonada.

A este respecto, es significativa la afirmación de Laclau de que, dada la centralidad que recibe la categoría de *relación* en su análisis, queda claro que el horizonte teórico difiere de otros enfoques contemporáneos, particularmente de ciertos enfoques *holísticos* como el *funcionalismo*, o la perspectiva *estructuralista* de Lévi-Strauss. Desde su perspectiva, no existe un más *allá del juego de las diferencias*.

No parece intelectualmente muy correcto tratar de justificar su tesis de que la *diferencia* define la *objetividad*, que es tanto como decir que el *lenguaje* crea la realidad objetiva, en base a los principios lingüísticos de Saussure, cuyas limitaciones formales pueden achacarse al conocimiento de su tiempo sobre genética y neurolingüística. Limitación que no debería tener Laclau. El notable, y todavía no suficientemente explicado científicamente, hecho de que seamos capaces de operar con cosas *virtuales* en nuestra mente, no es razón suficiente para volver a la concepción *mística* del pensamiento y el lenguaje. El cerebro, al crear imágenes *virtuales* de los objetos y actuar mentalmente sobre ellas, como lo hacían con las manos los primeros *homínidos*, posibilitó el desarrollo de la *inteligencia* y de la *tecnología*. Esa *dialéctica* entre *inteligencia* y *tecnología* es la base de la civilización, con toda su riqueza *cultural* (que incluye también el libro de Laclau). No es aconsejable, por muy elevadas que sean las *elucubraciones mentales,* olvidar que el *lenguaje* es una *actividad* cerebral, como lo son las emociones, los sentimientos, el cálculo, la creación artística, etc., que en los humanos alcanza un elevado grado de *abstracción*, lo que le permite crear *cultura,* que es lo que nos define como especie. Ni perder de vista que el *lenguaje* es resultado de la historia (*histéresis*), de la evolución biológica de una capacidad adquirida en un proceso desarrollado durante millones de años. No hay *lenguaje* sin cerebro. Elemental ¿verdad?. No lo parece para los que siguen pensando que todo es *lenguaje*, el cerebro incluido, lo que indica tener muy poco cerebro. El *lenguaje* evoluciona con la sociedad de hablantes, con las vicisitudes históricas, pero la capacidad y necesidad del *lenguaje* es parte del genotipo humano.[45] La lingüística, sin el apoyo de la neurología, se convierte en pura especulación, más o menos sofisticada. Nada grave, salvo que dichas *fabulaciones* se quieran convertir en *política.* Lo que nos lleva a los famosos *significantes vacíos* y *flotantes,* pilares, junto con el concepto de *hegemonía,* de la teoría *populista* de Laclau.

Significantes vacíos, mentes huecas

Tras anunciar Laclau que va a presentar las categorías de *significantes vacíos* nos adentramos en un campo de frases sin sentido, términos ambiguos, construcciones gramaticales enrevesadas. Todo un bosque de palabras donde es fácil perderse. Citaré un párrafo para que el lector sepa a lo que nos enfrentamos: ... *si tenemos un conjunto puramente diferencial, la totalidad debe estar presente en cada acto individual de significación; por lo tanto, la totalidad es la condición de la significación como tal. Pero en segundo lugar, para aprehender conceptualmente esa totalidad, debemos aprehender sus límites, es decir, debemos distinguirla de algo diferente de sí misma. Esto diferente, sin embargo, sólo puede ser otra diferencia, y como estamos tratando con una totalidad que abarca todas las diferencias, esta otra diferencia - que provee el exterior que nos permite constituir la totalidad- sería interna y no externa a esta última, por lo tanto, no sería apta para el trabajo totalizador. Entonces, en tercer lugar, la única posibilidad de tener un verdadero exterior sería que el exterior no fuera simplemente un elemento más, neutral, sino el resultado de una exclusión, de algo que la totalidad expele de sí misma a fin de constituirse... Pero la equivalencia es precisamente lo que subvierte la diferencia, de manera que toda identidad es construida dentro de esta tensión entre la lógica de la diferencia y la lógica de la equivalencia. Cuarto, esto significa que en el locus de la totalidad hallamos tan sólo esta tensión. Lo que tenemos, en última instancia, es una totalidad fallida, el sitio de una plenitud inalcanzable... Esta operación por la que una particularidad asume una significación universal inconmensurable consigo misma es lo que denominamos hegemonía. Y dado que esta totalidad o universalidad encarnada es, como hemos visto, un objeto imposible, la identidad hegemónica pasa a ser algo del orden del significante vacío, transformando a su propia particularidad en el cuerpo que encarna una totalidad inalcanzable... Con esto debería quedar claro que la categoría de totalidad no puede ser erradicada, pero que, como una totalidad fallida, constituye un horizonte y no un fundamento. Si la sociedad estuviera unificada por un contenido óntico determinado -determinación en última instancia por la economía, el espíritu del pueblo, la coherencia sistémica, etcétera-, la totalidad podría ser directamente representada en un nivel estrictamente conceptual. Como éste no es el caso, una totalización hegemónica requiere una investidura radical -es decir, no determinable a priori- y esto implica involucrarse en juegos de significación muy diferentes de la aprehensión conceptual pura. Aquí, como veremos, la dimensión afectiva juega un rol central...*

Y así sucesivamente. Una mezcolanza oportunista de *ideas* tomadas del estructuralismo y postestructuralismo lingüístico, junto a conceptos extraídos del *psicoanálisis*, que parece una *autoparodia*. Nada que ver con la claridad expositiva de Lévi-Strauss y su significante *cero*, descrito en *Introducción a la obra de Marcel Mauss* (1951); con la dimensión literaria de los *significantes míticos* que Barthes realiza en Mytologies (1957); o con la ingeniosa *construcción retórica* del *point de capi-*

ton de Lacan. Cuando las ideas son meras elaboraciones fantasiosas el lenguaje se vuelve oscuro, obtuso, difuso... y manipulador. Si Laclau tuviera al menos la capacidad literaria y poética de Heidegger.

Por descontado, el *concepto* de *significante vacío* es un instrumento de la *caja de herramientas* cognoscitiva válido. Sirve para describir un *significante* que no encarna un contenido *literal*, para servir como *materia prima ideológica*. La actividad política está llena de estos *significantes vacíos*, instrumento esencial de toda *demagogia* y, por lo tanto, necesario en el discurso *populista*. Palabras como *democracia, libertad, derecho,* tienen un contenido de *clase*, *significan* cosas distintas para un neoliberal y para un marxista, aunque la *ideología dominante* trate de *velar* las diferencias. Pero incluso conceptos más genéricos, y supuestamente *universales,* como *moral, felicidad, justicia,* también son inseparables de la realidad social. La lucha política consiste precisamente en dotar de contenidos específicos a dichos términos. El *lenguaje* sólo existe en virtud de una especie de *contrato social* entre los miembros de una determinada comunidad. Refleja, con mayor o menor fidelidad, la realidad de esa comunidad y sus cambios continuos, lo que exige cierto nivel de *vaciedad* en los términos que utiliza.[46]

Los *significantes vacíos* pueden explicar algunos fenómenos, pero no son los fenómenos que describen. Para pensadores idealistas, me quedo con los de antes, como el obispo George Berkeley (1685-1753); o, puestos a fantasear, podemos recurrir a los conocidos versos de Calderón de la Barca, porque al fin y al cabo: *Toda la vida es sueño / y los sueños sueños son*. A ver quien refuta eso.

En fin, al menos tenemos una definición de *hegemonía*. Algo es algo, aunque sea una *significación universal inconmensurable consigo misma*. No se puede tener todo. Más adelante, Laclau precisará su concepto de *hegemonía* mediante una aproximación interesada al dirigente comunista, fundador y Secretario General del PCI, Antonio Gramsci (1891-1937), que paradójicamente se ha convertido en la gran coartada del posmarxismo. Laclau toma del revolucionario italiano lo que le interesa, lo saca de contexto, elimina la base marxista (y también leninista) con la que Gramsci elabora su teoría, y termina eliminando todo atisbo de lucha de clases en ella. Operación factible porque Gramsci no elaboró su visión de la hegemonía de una manera clara y precisa, mediante un tratamiento sistematizado, sino que desperdigó sus ideas al respecto por varios escritos, muchos de ellos con carácter de borrador. No creo que sea mucho pedir cierta honestidad intelectual, e inscribir la visión gramsciana de *hegemonía* dentro de su proyecto revolucionario comunista.

Gramsci siempre tuvo presente, como marxista alineado con el leninismo, que la sociedad capitalista se mantiene gracias a un sofisticado sistema de dominación, que incluye los *aparatos de Estado* y su acción tanto coercitiva como de subyugación ideológica. La lucha frontal y directa entre los obreros y estos *aparatos de Estado*, como había ocurrido en Rusia, no resultaba tan *simple* en Italia. Desde la cárcel, Gramsci trató de comprender el fenómeno del ascenso primero, y el apoyo *popular* del fascismo después, incluso por parte de los trabajadores. Sus avances teóricos sobre la *hegemonía* respondían a esa nueva experiencia. Si hubiera conocido las conclusiones que Laclau saca de sus ideas se habría indignado.

Volviendo a la terminología de Laclau, la *hegemonía* en las sociedades contemporáneas es el objetivo político de la lucha por el *liderazgo* dentro de las clases trabajadoras, rompiendo la *subyugación ideológica* de la cultura dominante burguesa. Subyugación que utiliza, como uno de sus mecanismos, *significantes vacíos* como democracia, libertad, mercado, nación, etc. a los que despoja de todo contenido de clase para presentarlos como *significantes universales,* validos aquí, ahora y para siempre. Es decir, la lucha por la *hegemonía* es inseparable de la lucha por desenmascarar esos *significantes universales, particularizándolos.* Para Gramsci, la *hegemonía* es expresión y forma de la lucha de clases, aunque no les guste a los que han desterrado dicha lucha como un concepto superado del marxismo, que Lenin lleva hasta sus últimas consecuencias. A este respecto, puede ser oportuno recordar una cita de la filósofa y escritora alemana, Hannah Arendt (1906-1975), nada sospechosa de simpatía al marxismo, sino todo lo contrario:

> *Marx mismo ha sido alabado o culpado de muchas cosas de las que era por completo inocente; por ejemplo, durante décadas fue tenido en alta estima, o fue objeto de hondo resentimiento, como «el inventor de la lucha de clases», de la cual no sólo no fue el «inventor» (los hechos no se inventan) sino ni siquiera el descubridor. Más recientemente, en el intento por poner distancias respecto del nombre de Marx (aunque apenas de su influencia), otros han estado ocupados probando cuántos elementos de su pensamiento los encontró él en sus admirados predecesores. Esta búsqueda de influencias (por ejemplo, en el caso de la lucha de clases) se vuelve hasta un poco cómica cuando se recuerda que no eran necesarios ni los economistas de los siglos diecinueve o dieciocho ni los filósofos políticos del diecisiete para descubrir algo que ya estaba presente en Aristóteles. Aristóteles definió la esencia del gobierno democrático como el gobierno de los pobres, y la de la oligarquía como el gobierno de los ricos, y acentuó esto al punto de descartar el contenido de esos otros términos ya tradiciona-*

les, a saber: el gobierno de muchos y el go-
bierno de pocos. Insistió en que un gobierno
de los pobres fuera llamado una democra-
cia, y un gobierno de los ricos una oligar-
quía, aun si los ricos superaran en número
a los pobres.[47]

Pero ya volveremos sobre la *hegemonía* más adelante, porque es un tema recurrente en Laclau. Volvamos a la argumentación previa a su formulación final del *populismo*. En su apartado dedicado a la *Retórica*, tras citar a Cicerón, que señalaba la necesidad de la *retórica* cuando en un estado primitivo de la sociedad existían más cosas para nombrar que palabras disponibles en el lenguaje, por lo era necesario utilizar palabras en más de un sentido, a parte del literal, añade: *Esta escasez de palabras representaba para él, por supuesto, una carencia puramente empírica. Imaginemos, no obstante, que esta carencia no es empírica, que está vinculada con un bloqueo constitutivo del lenguaje que requiere nombrar algo que es esencialmente <u>innom-</u>* *<u>brable</u>* (el subrayado es mío) *como condición de su propio funcionamiento.*

¡Nombrar lo *innombrable*! Un concepto sin duda hermoso, atractivo, útil en una creación literaria, como hace Samuel Beckett en su novela del mismo nombre, y siempre la buena *poesía*. Laclau recurre a los llamados *operadores de confusión*, propios de la literatura fantástica, estrategias lingüísticas que van desde jugar con el punto de vista del narrador hasta la alteración de la sintaxis, pasando por el uso de metáforas, antítesis, neologismos, oxímoron, ambigüedades calculadas.[48] Un campo donde Laclau se mueve como pez en el agua, pero sin reconocerlo. Él hace sociología política. Sin embargo, no es posible escapar a la ciencia si se pretende superar el nivel *literario*. Veamos: cuando ante una *percepción* nueva o novedosa, sea de un objeto o de un fenómeno, no tenemos la *palabra* específica para *representarlo*, recurrimos a *crearla*, en las ciencias físicas, generalmente a partir del latín y griego, o a utilizar alguna palabra existente, *ampliando su significado* o *modificándolo*. Esta creación o recreación suele tener un carácter inicialmente restringido, pero se *socializa* cuando dicha *palabra* se integra en el lenguaje común. Un fenómeno sobradamente conocido. El proceso es siempre el mismo, tanto en la antigüedad como actualmente, con el vertiginoso desarrollo de las ciencias y la aparición de nuevos campos tecnológicos como la informática. Esto también es valido cuando el *pensamiento científico*, generalmente mediante el lenguaje matemático, propone la existencia de una realidad no percibida experimentalmente, y la anuncia con *palabras* nuevas o mediante el uso metafórico de otras existentes. La física cuántica es un buen ejemplo.

El método *científico* presupone que, en principio, cualquier propuesta debe ser objeto de debate, y que todo debate *científico* debe ser *validado* o sometido a *falsabilidad* posteriormente mediante la experimentación. Este método parte de dos ideas: *significado* y *verdad*. Los disparates no se pueden investigar; por tanto, no pueden ser declarados falsos. Imaginemos, por ejemplo, que intentamos calcular el tiempo necesario para volar de un lugar a otro empleando la definición del tiempo de Heidegger, como *maduración de la temporalidad*. Se podrá objetar que la filosofía ni es ni puede ser *científica*. Cierto, pero entonces debe admitirse que toda filosofía es una especulación, cuya calidad se deriva de la lógica intrínseca de sus predicados. Pero la lingüística y la sociología, que es de lo que estamos tratando, al menos aspira a cierto *estatus científico*. Poseemos, gracias al cerebro que nos ha proporcionado el legado evolutivo, la capacidad de *abstracción conceptual* (AT, o *abstracción taquigráfica*); pero dicha facultad, aunque nos proporciona grandes ventajas, también puede acarrear alguna que otra funesta consecuencia. Al necesitar las *palabras*, ya que no tenemos otra forma de expresar las *abstracciones conceptuales* de otro modo, estamos forzados a *ontologizarlo* todo; tenemos que inventar *nombres* para reflejar el conocimiento de los procesos y objetos que observamos, lo que posibilita su uso *irreflexivo* o *manipulador*. Y para evitarlo, la utilización de las palabras *significante* y *significado* debe abordarse desde una perspectiva *científica* y no *literaria*. Desde la *perspectiva científica* no se puede separar *significado* y *significante*, lo mismo que no se puede separar *mente* y *cerebro*, salvo por razones de estudio diferenciado (neurología y psicología).

Como evidencian los avances en neurología de la conducta, la formación de *palabras* ocurre fundamentalmente en zonas del cerebro situadas en el área de confluencia de los lóbulos parietal, temporal y occipital. El cerebro percibe sonidos, líneas, figuras o gestos, y los interpreta de acuerdo a su *diccionario* neuronal que, como todo diccionario, puede contener varias acepciones para una misma *palabra*. Acepciones que se enriquecen con la experiencia individual y social. Por eso el *significante vacío*, tal como lo utiliza Laclau, es una figura literaria sin más fundamento científico que el *flogisto* en química. Y, por tanto, toda teoría que parta de este concepto de *significante vacío* está tan llamada a fracasar como lo hizo el *flogisto* en el campo de la química.

De la demanda a la reclamación

Una vez establecidas las *precondiciones* necesarias para elaborar su discurso, Laclau se lanza a plantear la noción de *populismo*. Nos adentramos, una vez más, en el mundo subterráneo, oscuro, vago y contradictorio, al que nos tiene acostumbrado. Aunque esta vez con la esperanza de que sea más preciso y concreto. No parece que vaya a ser el caso.

En su apartado *Demandas e Identidades Populares,* Laclau se pregunta cuál va a ser su unidad de análisis mínima. Descarta el *grupo,* porque le llevaría a concebir al *populismo* como la *ideología* o el tipo de movilización de un grupo ya constituido. Así que se decanta por concebir al *populismo* como una de las formas de constituir la propia unidad del *grupo.* Pero esto es evidente, ya que el *populismo* es una *ideología* que actúa sobre el *grupo* para dotarle de una organicidad mayor y más estable, y encauzar sus demandas hacia una posible solución. No se entiende bien a cuento de qué viene esta disquisición. Pero más adelante nos lo aclara: *...el "pueblo"... es una forma de constituir la unidad del grupo. No es, obviamente, la única forma de hacerlo; hay otras lógicas que operan dentro de lo social y que hacen posibles tipos de identidad diferentes de la populista. Por consiguiente, si queremos determinar la especificidad de una práctica articulatoria populista, debemos identificar unidades más pequeñas que el grupo para establecer el tipo de unidad al que el populismo da lugar. La unidad más pequeña por la cual comenzaremos corresponde a la categoría de "demanda social".*

Primera perla: el *pueblo* es una de las formas posibles de constituir la *unidad* del *grupo.* Es decir, el *grupo* se unifica cuando es *pueblo.* ¿Qué era antes de unirse?. ¿Una serie de individuos aislados?. Pero entonces no puede hablarse de *grupo.* ¿Cómo puede existir un *grupo* sin cierto nivel de unidad?. Y, ¿qué significa aquí *pueblo?.* Avancemos sin que los desatinos nos perturben demasiado y demos por bueno la existencia de un *grupo* (pluralidad de seres o cosas que forman un conjunto, según la RAE) sin unidad previa, a fin de considerar la *categoría de demanda social* como la unidad más pequeña. Si al lector siente la tentación de hacer notar a Laclau que un *grupo* es un *conjunto* de *individuos,* lo que presupone cierto nivel de unidad, y una *demanda* es la petición expresa de dichos *individuos* (y, tal vez, la razón por la que se han *agrupado*), mejor que se olvide. Estas incongruencias son la salpimienta del libro de Laclau. Así que centrémonos en su concepto de *demanda* (súplica, petición, solicitud, para la RAE), porque nos reserva grandes sorpresas. Por ejemplo, Laclau utiliza el término inglés *demand*, más ambiguo, ya que puede significar tanto una *petición* como un *reclamo*. Esa misma ambigüedad en el significado es útil para su propósito, ya que es en la *transición* de la *petición* al *reclamo* donde espera encontrar uno de los primeros rasgos definitorios del *populismo*. La *ambigüedad* es el oxígeno de Laclau, como lo es para todas las teorías precientíficas o pseudocientíficas.

Para aclarar lo que quiere decir Laclau pone un ejemplo imaginario, localizado en un país del Tercer Mundo: *Pensemos en una gran masa de migrantes agrarios que se ha establecido en las villas miseria ubicadas en las afueras de una ciudad industrial en desarrollo. Surgen problemas de vivienda, y el grupo de personas afectadas pide a las autoridades locales algún tipo de solución. Aquí tenemos una demanda que, inicialmente tal vez sea sólo una petición. Si la demanda es satisfecha, allí termina el problema; pero si no lo es, la gente puede comenzar a percibir que los vecinos tienen otras demandas igualmente insatisfechas -problemas de agua, salud, educación, etcétera. Si la situación permanece igual por un determinado tiempo, habrá una acumulación de demandas insatisfechas y una creciente incapacidad del sistema institucional para absorberlas de un modo diferencial (cada una de manera separada de las otras) y esto establece entre ellas una relación equivalencial. El resultado fácilmente podría ser, si no es interrumpido por factores externos, el surgimiento de un abismo cada vez mayor que separe al sistema institucional de la población. Aquí tendríamos, por lo tanto, la formación de una frontera interna, de una dicotomi-*

zación del espectro político local a través del surgimiento de una cadena equivalencial de demandas insatisfechas. Las peticiones se van convirtiendo en reclamos.

Veamos lo que en realidad describe. Varios migrantes se constituyen en *grupo* para defender un interés común (*demanda*) que, al no ser satisfecha, les llevará a comprobar que existen otros *grupos* igualmente formados en función de sus intereses (más *demandas*). Luego, sin saberse muy bien la razón, salvo que intervenga un *populista,* se establece entre las *demandas* una relación de *equivalencia* y una *dicotomización del espectro político local,* signifique esto lo que signifique, y, ¡voila! las *demandas* se convierten en *reclamos* y se *encadenan.* Menudo cuento *intelectual.* Quién ha estado *realmente* en las luchas reivindicativas sabe muy bien como es, en lo esencial, el proceso *reivindicativo* (demanda, reclamo, petición, exigencia), tanto en el Tercer Mundo, como en el Segundo y el Primer. La lucha *sectorial* nunca está aislada de la realidad social donde se origina, por lo que es factible y necesario la mayoría de las veces para tener éxito, que las *reivindicaciones* concretas y específicas del grupo terminen inscribiéndose en la defensa de intereses comunes, y puedan adquirir una dimisión mayor de la local. El enfrentamiento, que se origina, por ejemplo, entre los obreros de una fábrica y su patrón, que pretende *deslocalizarla,* consigue el apoyo de gran parte de los afectados por el conflicto (familiares, vecinos, comerciantes), lo que hace que la lucha se amplíe y termine integrando distintas reivindicaciones. El interés de los obreros (la permanencia de la fabrica) se convierte en interés del resto. La *dicotomía* obrero/patrón, sin desaparecer, pasa a encuadrase en una *dicotomía* más amplia, la de vecinos/gobierno, cuando la lucha afecta, por ejemplo, al *orden* público, o el *derecho* al trabajo (protección de los esquiroles). Evidentemente, el conflicto adquiere entonces una dimensión *política,* lo que permite la lucha por la *hegemonía.* La dirección de la lucha por el *programa reivindicativo común* puede seguir siendo de los obreros o, *populismo* mediante, pasar a manos de otros sectores sociales que nieguen esa dirección en virtud de la *cadena equivalencial* que niega, como veremos, la primacía de los intereses de clase. Por tanto, ciertamente, el *populismo* es una de las posibles respuestas políticas al *grupo* convertido en *pueblo.*

Y por si no estuviera suficientemente claro, Laclau añade: *A una demanda que, satisfecha o no, permanece aislada, la denominaremos demanda democrática. A la pluralidad de demandas que, a través de su articulación equivalencial, constituyen una subjetividad social más amplia, las denominaremos demandas populares: comienzan así, en un nivel muy incipiente, a constituir al "pueblo" como actor histórico potencial. Aquí tenemos, en estado embrionario, una configuración populista.* A parte de la pintoresca diferenciación entre demandas *democráticas* (aisladas de qué, de quién) y demandas *populares* (articuladas con qué, con quién), lo más significativo es que la *articulación equivalencial* constituye el *pueblo.* Por mucho que se esfuerce por disimularlo, para Laclau, el *populismo* (ideología) es lo que convierte el *grupo* en *pueblo,* y lo *democrático* en *popular.* El *grupo* no consiste en un conjunto de individuos organizados en función de sus intereses, para defenderlos o conquistarlos, sino que es el *populismo* quien los *unifica* y eleva a la categoría de *pueblo.* No es que el *populismo* se dirija al *pueblo* para *conducirlo,* sino que el *pueblo* surge por obra y gracia del *populismo* y las *cadenas equivalenciales.* Sinceramente, creo que lo único sensato de todo esto es el término *cadenas.* Que la *política* actúa sobre el *grupo,* tanto como elemento organizador y cohesionador, como ofreciendo tácticas y estrategias a la lucha en función de su *ideología,* posibilitando que se *eleve* sobre la *espontaneidad* propia de la lucha por un interés inmediato, resulta evidente y ha sido teorizada por Lenin y Gramsci. Ese es el *papel* del partido revolucionario. Y esa función *política* es también la que permite actuar a otras *ideologías* como la *populista,* cuyo *papel* consiste en impedir dicha *elevación* (conciencia de clase), y encuadrar así la lucha *popular* y sus *demandas* en el marco del sistema productivo capitalista.

Sin entender como actúa el mecanismo de *Subyugación Ideológica* del que el *populismo* forma parte, *es* imposible analizar los conflictos sociales, ni plantearse la lucha por la *hegemonía* de los trabajadores. Lucha que estriba precisamente en *desenmascarar* la propuesta *populista* de *configurar* a los demandantes como un *pueblo,* erigiéndose en su portavoz y representante de forma que la lucha por demandas de *clase* se subordinen al internes *general,* y no pongan en cuestión el sistema productivo y las relaciones de producción capitalistas. El *peronismo* es el ejemplo mas flagrante. Laclau lo conoce bien porque pasó de una actitud crítica a apoyar abiertamente a Kirchner. Al parecer se había convertido en una forma de *populismo bueno.* Es decir, *lacluadista* antes de Laclau.

Mas adelante, y en una pirueta que no se como calificar, cita al historiador marxista británico (fue militante comunista) George Rudé (1910–1993), estudioso de la Revolución Francesa y del papel de las masas en la historia. Rudé siempre puso énfasis en la lucha de clases, en la historia *desde abajo,* y se caracterizó por su firme rechazo del determinismo económico.[49] Las palabras de Rudé que cita Laclau, de gran profundidad histórica, no apoyan ninguna de sus teorías. Hay que hacer un gran esfuerzo para leer, aunque sea entre líneas, las especulaciones *populistas* sobre *cadenas equivalenciales.*

Pero juzgue el lector por si mismo:

Su fracaso (los motines de trigo en la región de Paris en 1775) se debió al aislamiento de estos primeros amotinados, quienes se hallaron enfrentados [...] a la oposición combinada del Ejército, la Iglesia, el gobierno, la burguesía urbana y los propietarios agrarios... Nuevamente -y esto es de gran importancia- las nuevas ideas de "libertad" y soberanía popular, y los derechos del hombre, que luego aliarían a las clases medias y bajas contra un enemigo común, aún no habían comenzado a circular entre los pobres urbanos y rurales... El único blanco era el hacendado o campesino próspero, el comerciante de cereales, el molinero o el panadero... No se planteaba el derrocamiento del gobierno o del orden establecido, ni se planteaban nuevas soluciones, ni siquiera se buscaba una compensación por los agravios mediante la acción política. Éste era el motín por los alimentos del siglo XVIII en su forma más pura. Bajo la Revolución van a aparecer movimientos similares, pero ya no tendrán nunca el mismo grado de espontaneidad e inocencia política.[50]

Aquí lo único que hay es una descripción de los procesos históricos que precedieron a la Revolución francesa. Pero Laclau se apoya para sus tesis en el *instinto nivelador* de Rudé: ... *existe el tradicional "instinto nivelador" [...] que impulsa a los pobres a buscar cierto grado de justicia social elemental a expensas de los ricos, "les grands", y aquellos con autoridad, sin importar si son funcionarios del gobierno, señores feudales, capitalistas o líderes revolucionarios de la clase media. Es el terreno común sobre el cual, más allá de los lemas de las partes enfrentadas, el militante sans-culotte se asimila al amotinado de "la Iglesia y el Rey" o al campesino en busca del milenio... El instinto "nivelador" de la multitud puede ser fácilmente utiliza-*

do tanto para una causa antirradical, como para una radical.

Precisamente ese es el peligro del *populismo* cuando se dan las condiciones de una grave crisis del sistema: eliminar la *radicalidad*. Como alerta Rudé, el *instinto nivelador* de la *multitud*, concepto por otra parte bastante discutible (¿genético? ¿adquirido?, ¿consustancial?, ¿inducido?) puede ser utilizado demagógicamente contra los intereses de las partes *radicales* de la multitud. No contesto con ello, Laclau asimila el *instinto nivelador* de Rudé con su *significante vacío*, lo que no resulta excesivamente difícil dado la *vaciedad* del concepto. Evidentemente, las luchas populares se dirigen inicialmente contra personas e instituciones, en cuanto que expresan y representan la *negación* de sus *demandas*. Este enfrentamiento, en el siglo XVIII, no tenía claro su objetivo, ni comprendía las razones del rechazo. Primero, por estar protagonizado por distintas capas y clases sociales propias de feudalismo tardío, muy atomizadas; segundo, porque la *ideología dominante* absolutista no se cuestionaba, salvo por los enciclopedistas, poco o nada accesibles al pueblo llano. Lo que *nivela* no esta *vacío* de *significado*, sino *lleno* de ideas *manipuladoras* incardinadas en la *cultura popular*. El pueblo no entendía por qué el *Soberano,* padre y protector frente a los abusos de la nobleza, no atendía sus justas *demandas*. La Revolución fue la *Gran Clarificadora* y *disolvente* de las ideas *populares*. Solo en siglo XIX, con la irrupción de las luchas obreras y las organizaciones socialista y anarquista, se cuestiona el sistema socio-económico, mas allá de las personas e instituciones concretas que lo encarnan, antes, y como condición previa, de los procesos revolucionarios.

Surge así una nueva *percepción* (conciencia), liberada de la *ideología dominante* capitalista, bien de una manera *radical* (marxismo), bien en aspectos fundamentales (socialismo *utópico*, anarquismo), presente en capas cada vez mayores de las clases populares. En todo caso, resulta sorprendente que Laclau utilice exclusivamente los escritos de Rudé y no haga referencia a los artículos periodísticos de Marx, *el verdadero padre de la historia económica moderna y, ciertamente, de la moderna sociología, en la medida en que cualquier hombre pueda aspirar a ese título,* en palabras del historiador y pensador letón, Isaiah Berlin (1909-1997).[51] Y aunque más adelante Laclau menciona *La lucha de clases en Francia de 1848-1850,* no consigue, salvo retorciéndolo, encontrar base alguna para su propósito de fundamentar el *populismo.* Si algo despreciaba Marx era el *populismo,* bueno y malo. Veamos algunos párrafos de esta obra magistral de análisis histórico-político:

> ... *Así, en la mente de los proletarios, que confundían la aristocracia financiera con la burguesía en general; en la imaginación de los probos republicanos, que negaban la existencia misma de las clases o la reconocían, a lo sumo, como consecuencia de la monarquía constitucional; en las frases hipócritas de las fracciones burguesas excluidas hasta allí del poder, la dominación de la burguesía había quedado abolida con la implantación de la República. Todos los monárquicos se convirtieron, por aquel entonces, en republicanos y todos los millonarios de París en obreros. La frase que correspondía a esta imaginaria abolición de las relaciones de clase era la fraternité, la confraternización y la fraternidad universales. Esta idílica abstracción de los antagonismos de clase, esta conciliación sentimental de los intereses de clase contradictorios, esto de elevarse en alas de la fantasía por encima de la lucha de clases, esta fraternité fue, de hecho, la consigna de la revolución de Febrero. Las clases estaban separadas por*

un simple equívoco, y Lamartine bautizó al Gobierno provisional, el 24 de febrero, de «un gouvernement qui suspend ce malentendu terrible qui existe entre les différentes classes». El proletariado de París se dejó llevar con deleite por esta borrachera generosa de fraternidad... Una insurrección con la que simpaticen todas las capas del pueblo, se da ya difícilmente; en la lucha de clases, probablemente ya nunca se agruparán las capas medias en torno al proletariado de un modo tan exclusivo, que el partido de la reacción que se congrega en torno a la burguesía constituya, en comparación con aquéllas, una minoría insignificante. El «pueblo» aparecerá, pues, siempre dividido, con lo cual faltará una formidable palanca, que en 1848 fue de una eficacia extrema... Si han cambiado las condiciones de la guerra entre naciones, no menos han cambiado las de la lucha de clases. La época de los ataques por sorpresa, de las revoluciones hechas por pequeñas minorías conscientes a la cabeza de las masas inconscientes, ha pasado. Allí donde se trate de una transformación completa de la organización social tienen que intervenir directamente las masas, tienen que haber comprendido ya por sí mismas de qué se trata, por qué dan su sangre y su vida. Esto nos lo ha enseñado la historia de los últimos cincuenta años. Y para que las masas comprendan lo que hay que hacer, hace falta una labor larga y perseverante. Esta labor es precisamente la que estamos realizando ahora, y con un éxito que sume en la desesperación a nuestros adversarios.[52]

Juzgue el lector por si mismo si de este análisis pueden deducirse algunos de los presupuestos *populistas* de Laclau. Claro que él no es un marxista *tradicional*; a lo sumo, un erudito y polémico *pos-*

marxista de inspiración *gramsciana*. Lo que no es impedimento para citar a George Rudé para sus propósitos. Que la militancia no nos estropee una buena teoría.

Llegados a este punto, Laclau cree que ya está en condiciones de definir las bases estructurales necesarias de su de concepto de *populismo*. Estas son, utilizando sus palabras:

- *Unificación de una pluralidad de demandas en una cadena equivalencial*

- *Constitución de una frontera interna que divide a la sociedad en 2 campos.*

- *Consolidación de la cadena equivalencial mediante la construcción de una identidad popular que es cualitativamente algo más que la simple suma de los lazos equivalenciales.*

Pero, prudentemente nos advierte que *el concepto de populismo al cual llegaremos al final de esa indagación será provisional, ya que estará basado en la operación de dos supuestos simplificadores, heurísticamente necesarios. Estos dos supuestos serán sucesivamente eliminados... Sólo después estaremos en situación de presentar un concepto de populismo completamente desarrollado.* Todo lo cual acontecerá, Dios mediante, en el Capítulo 5º des que nos separa un buen número de páginas. La tentación de ir directamente a ese capítulo *esclarecedor* es grande. Sin embargo, antes son necesarias algunas aclaraciones sobre *las aventuras de las equivalencias.*

Tras describir los procesos revolucionarios en 1794, y la represión de los *sansculottes,* a fin de que las leyes del mercado funcionaran sin la presión de los trabajadores que ponían en peligro el incipiente capitalismo, Laclau nos aclara que la tensión *equivalencia/diferencia* no desapareció durante el periodo revolucionario, lo que le lleva a afirmar que *la equivalencia y la diferencia son fi-*

nalmente incompatibles entre sí; sin embargo, se necesitan la una a la otra como condiciones necesarias para la construcción (el subrayado es mío) *de lo social. Lo social no es otra cosa que el locus de esta tensión insoluble.*

Nótese como Laclau sigue considerando que la *construcción* social no se produce por un proceso evolutivo del *Homo,* genéticamente fijado, que impulsa la colaboración entre los individuos de un grupo (horda, tribu, clase, nación) para el trabajo y la defensa, sino por la *equivalencia y la diferencia,* que son aspectos de la percepción, de manera que el *locus* (en psicología, percepción que tiene una persona sobre el agente causal de su vida cotidiana) es lo *social* y no una manifestación de los *social.* Peccata minuta, si se quiere, pero si esto no es puro *idealismo precientífico,* que venga Dios y lo vea. En fin, superada la repugnancia ante una manifestación tan clara de *falacia nominal* (error de creer que la *etiqueta* misma conduce a una información explicativa, fenómeno derivado de emplear palabras comunes y adjudicarles un significado científico), sigamos para ver si es posible encontrar una formulación más precisa de sus conceptos, algo que Laclau rehúye como la peste. Por eso hay que expurgar en su largas y rebuscadas frases para encontrar pequeñas perlas de su *idealismo.* Por ejemplo, en esta larga frase, *¿Qué ocurre en ese caso con el populismo?. Si finalmente no hay separación posible entre las dos lógicas, ¿en qué sentido sería específico del populismo el hecho de privilegiar el momento equivalencial?. Y especialmente, ¿qué significaría "privilegiar" en este contexto?. Consideremos cuidadosamente esta cuestión. Lo que hemos dicho antes acerca de la totalización, la hegemonía y el significante vacío nos brinda la clave para resolver este enigma. Por un lado, tenemos que toda identidad social (es decir, discursiva) es constituida en el punto de encuentro de la diferencia y la equivalencia.* ¡Enigma resuelto!. Pero, ocurre, sin embargo, que la *identidad social* no es *discursiva*. Un obrero es un obrero aunque se perciba, piense, o le llamen, empresario de si mismo. La *identidad social* es un hecho *objetivo,* mientras que la *identificación* es un proceso *discursivo*, que puede ajustarse o no a la realidad. Discurso que puede ir a la raíz del conflicto o quedarse en la superficie, sin cuestionar el por qué del conflicto. Como señala Marx, *La dominación del capital ha creado en esta masa una situación común, intereses comunes. Así, esta masa viene a ser ya una clase frente al capital, pero todavía no para sí misma.*[53] Pero Laclau, que fue marxista en su juventud, diría que ese concepto de *clase frente a capital* esta hoy muy desprestigiado, así que no insistiré en ello.

Más adelante Laclau nos aclara el concepto *pueblo* del populismo necesita *una plebs que reclame ser el único populus legítimo -es decir, una parcialidad que quiera funcionar como la totalidad de la comunidad ("Todo el poder a los Soviets", o su equivalente en otros discursos, sería un reclamo estrictamente populista).* ¡Ahí es nada!. La consigna leninista de *Todo el poder a los Soviets* como reclamo estrictamente *populista*. ¿Provocación o simple ignorancia?. No lo sé, como tampoco entiendo de dónde se saca Laclau que una parte, los *soviets*, quisieran *funcionar* como *totalidad*, o que Lenin quisiera que lo hicieran (de hecho, abandonó en octubre la consigna para propugnar la conquista directa del poder, derrocando al gobierno provisional mediante la insurrección armada). Lo que señalada Lenin con su consigna de febrero de 1017, es que el proletariado debía elevar su *parlamento de clase a órgano estatal de poder.* Es decir, una parte de la sociedad, el proletariado, en alianza coyuntural con una fracción del campesinado, ejerce el poder para impulsar la trasformación social frente a la burguesía y su Asamblea Nacional. Aquí no hay nada de *populismo.* Todo lo contrario, su formulación es la *dictadura del proletariado,* que no aspira a ser la *totalidad* de Rusia, sino la forma estatal de dominio de una parte, aunque su objetivo final sea la creación de una *totalidad* (socialista primero, comunista después) sin clases. El *populismo* surge con Stalin, y se manifiesta claramente durante la II Guerra Mundial (*Gran Guerra Patria*), pero lo hace sobre el supuesto que la URSS es ya una sociedad *socialista*.

Finalmente, una pequeña observación sobre la diferencia que establece Laclau entre *demandas democráticas* y *demandas populares*. Las primeras pueden ser incorporadas a una formación *hegemónica* en expansión; las segundas representan un desafío a la formación *hegemónica* como tal. Y cita el caso del PRI mexicano. A parte del dudoso rigor de la terminología y su artificial separación, el ejemplo muestra su debilidad conceptual. En efecto, el PRI es un partido *populista* o, mejor dicho, se convirtió en un partido *populista* tras la revolución, al *institucionalizarla*. De forma que el *dominio* absoluto del PRI se hacía en nombre del *pueblo,* identificado con la revolución. Por eso, la lucha contra el PRI se convirtió necesariamente en una lucha *antipopulista*. El partido de la revolución *institucionalizada* actuaba de *facto* como un partido contrarrevolucionario, incluso de manera muy violenta, como la matanza en la Plaza de las Tres Culturas de Tlatelolco, bajo la presidencia de Luis Echeverría Álvarez, en 1968; o la represión del Ejército Zapatista de Liberación Nacional, en 1994, por el gobierno de Carlos Salinas de Gortari, por poner solo dos ejemplos bien distintos pero muy *representativos*. Es más, cuando el *populismo priísta* dio muestras de agotamiento e ineficacia, convirtiéndose en un *problema* para el sistema capitalista, además de un freno a su desarrollo, se alentó su sustitución por el PAN, un partido de derechas tradicional, al tiempo que crecía un partido de izquierdas, el PRD. El *populismo* ya no era necesario para contener y encauzar las aspiraciones populares, que es siempre su papel. Las vicisitudes posteriores del PRD, cuyo análisis no viene al caso, y la reconversión del PRI en un partido *homologable* como una especie de socialdemocracia a la mexicana, ponen de manifiesto claramente la naturaleza y el papel *político* del *populismo*, así como sus limitaciones. El caso más resistente de *populismo*, que merece un estudio aparte, es el *peronismo* argentino, del que Laclau debería saber bastante como para apreciar el gran *fraude* que significa el movimiento creado por el general Perón en la década de los 40 del siglo pasado, con el inestimable apoyo de su esposa Evita, Jefa Espiritual de la Nación, cuya encomiable labor en defensa de los derechos de las mujeres y los trabajadores merece reconocimiento, más allá de su *populismo de izquierdas*.

Llagados a este punto, Laclau analiza la actualidad política, en este caso francesa. Sus palabras resultan mas esclarecedoras que cien debates lingüísticos y *psicoanalistas*. Así, tras una hermosa parrafada en la que señala que el proceso de condensación (el subrayado es mío) *exige diferenciar, sin embargo, dos aspectos: el rol ontológico de la construcción discursiva de la división social, y el contenido óntico que, en ciertas circunstancias, juega ese rol. El punto importante es que, a cierta altura, el contenido óntico puede agotar su capacidad para jugar tal rol, en tanto que permanece, sin embargo, la necesidad del rol como tal, y que - dada la indeterminación de la relación entre contenido óntico y función ontológica- la función puede ser desempeñada por significantes de signo político completamente opuesto. Ésta es la razón por la cual entre el populismo de izquierda y el de derecha existe una nebulosa tierra de nadie que puede ser cruzada —y ha sido cruzada— en muchas direcciones.* Al parecer, Laclau se refiere a las categorías de Heidegger que definen lo *óntico* como el *ente* y lo *ontológico* como el *ser*.[54] Dejando a un lado la discusión metafísica sobre si se puede separar ambas categorías, o si se trata de un ingenioso ejercicio intelectual sin vinculación alguna con la realidad, lo que me interesa ahora resaltar es la diferencia entre *populismo de izquierda y populismo de derecha*, con su tierra de nadie. Y lo ejemplariza con la situación de Francia: *Tradicionalmente ha habido en Francia un voto de protesta de izquierda, principalmente encauzado a través del Partido Comunista. Éste cumplía lo que Georges Lavau[55] ha denominado una "función tribunicia", ser la voz de los excluidos del sistema. Se daba así, claramente, el intento de crear un "peuple de gauche", basado en la construcción de una frontera política. Con el colapso del comunismo y la formación de un establishment de centro en el cual el Partido Socialista y sus asociados eran poco diferentes de los gaullistas, la división entre izquierda y derecha se desdibujó cada vez más. Sin embargo, la necesidad de un voto radical de protesta permaneció, y como los significantes de la izquierda habían abandonado el campo de la división social, este campo fue ocupado por significantes de la derecha. La necesidad ontológica de expresar la división social fue más fuerte que su adhesión óntica a un discurso de izquierda. Esto se tradujo en un movimiento considerable de quienes fueran votantes comunistas hacia el Frente Nacional... Pienso que el actual resurgimiento del populismo de derecha en Europa occidental puede explicarse en gran medida siguiendo líneas similares.*

Este es un buen ejemplo de análisis político que no tiene en cuenta la realidad social, las relaciones de producción, el sistema productivo, ni el conjunto de mecanismos de organización y salvaguarda del sistema en su conjunto. Es decir, la base *material* y *cultural* de la sociedad, sin lo cual la *política* parece surgir de la nada, y *flotar* en el aire. Una visión *idealista* que, a poco que se medite, le viene muy bien al *sistema de dominación* inherente a toda sociedad clasista desarrollada (los *menos* tienen que dominar sobre los *más*, con la aceptación *democrática* de éstos), ya que escamotea la base productiva y sus relaciones sociales, que es justamente lo que hay que preservar. Partiendo de esta óptica marxista, se entiende mejor la situación en Francia, y por extensión, en otros países europeos. El PCF pierde su capacidad movilizadora de izquierdas cuando se *integra* plenamente en el sistema político (*eurocomunismo*), y abandona su razón de ser *revolucionaria*. Su acción política pierde el *horizonte* de una nueva sociedad poscapitalista, se queda sin una *narrativa* distinta de la socialdemócrata, y resulta finalmente incapaz de promover soluciones prácticas y concretas a las contradicciones del capitalismo desde el punto de vista de los intereses de las clases trabajadoras. Inoperancia que crea un *vacío* político. La renuncia del PCF a la conquista de la *hegemonía* frente a las opciones *reformistas*, razón de existir de un partido comunista, desaparece cuando confunde la vía democrática al poder con el fin de una sociedad socialista. Por eso acepta la *democracia liberal,* y no se plantea la posibilidad, ni tan siquiera teórica, de una *democracia ampliada* que exprese el poder organizado de los trabajadores, como la *democracia liberal* expresa el dominio de la burguesía. Democracia *real,* si se quiere utilizar el eslogan del 15 M, forma *estatal* alternativa necesaria para la *trasformación* socialista de la sociedad, concepto que he desarrollado en *Democracia Ampliada*.[56] La consecuencia es que debido a su inoperancia reivindicativa e irrelevancia política, deja huérfanos a los trabajadores, propiciando que ese *vacío* lo ocupe el *populismo,* en este caso de extrema derecha -el Frente Nacional- al no existir una oferta *populista de izquierdas*. Surge así la aberración política del *lepenismo obrero*, versión *tragicómica* del fascismo y nacionalsocialismo. En definitiva, el *populismo* se manifiesta como lo que es, un mecanismo *desnaturalizador* de la protesta en épocas de crisis, para evitar que desborde el marco del sistema productivo a base de combatir las formas *inoperantes* y *corruptas* de dominio del sistema capitalista. Cuando la crisis es *sistémica* y la movilización ciudadana alcanza peligrosas cotas de *desafecto*, las opciones *populistas*, viejas o nuevas, cobran fuerza. El mecanismo es el mismo en los populismo de izquierdas y de derechas: priorizar el *interés transversal (la cadena equivalencial)* en un caso, y el *interés nacional* en otro. Pero en ambos *subordinado o negando* el *interés de clase*. Y dado que los países desarrollados, y más en una asociación de naciones como es la UE, tienen mecanismos de conciliación de intereses muy sofisticados, el ascenso de los partidos *populistas* no supone ningún cambio sustancial en el panorama político, aunque puedan propiciar mejoras sociales y de *regeneración* política, tarea a cargo hasta entonces de la socialdemocracia. Eso si no caen en la inoperancia por su postura *antipolítica* como el paradigmático caso de *5 Stelle* en Italia. Mas claro resultara el caso de Podemos, cuyo papel regenerador y reformista frente al *régimen del 78*, que trata de arrebatar al PSOE, ya no es patrimonio exclusivo de su formación, sino que debe también competir con el regeneracionismo liberal de Ciudadanos. En cuanto a los *populismos de derechas* que actualmente se desarrollan en Grecia (Aurora Dorada), Dinamarca (Partido Popular Danés), Bélgica (Bloque Flamenco), Alemania (AfD y Pegida), Austria (Partido Liberal Austriaco), Suecia (Demócratas de Suecia), Noruega (Partido del Progreso Noruego), Finlandia (Auténticos Finlandeses), Holanda (Partido de la Libertad), Gran Bretaña (Partido Nacional Británico), y Suiza (Partido del Pueblo Suizo), tienen en común el rechazo a la emigración, el islamismo y la defensa de la soberanía nacional frente a Bruselas.

En todos estos casos, con las lógicas diferencias, el *significante vacío* (lleno de xenofobia y chovinismo) es la *identidad nacional* en peligro, y que una parte de la población asocia a sus problemas laborales. Esta identificación *populista* de un enemigo *exterior* aglutina a un porcentaje todavía minoritario, pero sin duda preocupante, de la población. De hecho, sus electores no esperan que esos partidos ganen las elecciones; con su voto lo que expresan es una protesta, más o menos definida, contra el sistema *político* y sus *representantes*. En el caso de que tengan posibilidades de acceder al gobierno, se crea un *cordón sanitario* para impedirlo; o los partidos tradicionales, fundamentalmente de *derechas*, pero no solo ellos, integran parte de sus propuestas *populistas*, como emigración, en sus programas. Así, el *populismo malo* termina por contaminar y pervertir la acción política.

Podríamos seguir con otros ejemplos algo mas lejanos, pero ya clásicos en los estudios políticos, como el análisis de la desintegración del *chartism* (cartismo) del profesor universitario británico Gareth Stedman Jones, donde señala que en su lucha *...la distinción no era principalmente entre las clases dirigentes y las clases explotadas en un sentido económico, sino más bien entre los beneficiarios y las víctimas de la corrupción y el monopolio del poder político.*[57] Esta formulación se ajusta como un guante al *populismo* de Podemos y su oposición a la *casta*. La explotación económica (industrial, administrativa, de servicios, agraria, etc.) ha desaparecido de su discurso. Tratan de aglutinar en una cruzada *patriótica* a todos los afectados por la *corrupción* y el *bipartidismo*, con genéricas referencias a los *recortes* que no ahondan en las razones económicas estructurales, sino solo a sus *ejecutores*. Al final la polémica política se reduce a ver quien *recorta mejor* y con más *sensibilidad social*, como se ha visto en Gracia, con el viraje *realista* de Tsipras. El fallo de la estrategia *populista* de Podemos, negándose a impulsar y vertebrar una amplia *unidad de izquierdas*, es el resultado de su obsesión por crear una *cadena equivalencial* y una *dicoto-*

mía nosotros/ellos, obviando los intereses de clase para situarse en el campo de la vieja socialdemocracia. La realidad, siempre tan tozuda, es que las *demandas*, diversas y muchas veces contradictorias, de la ciudadanía, y la pluralidad de agentes políticos que priorizan distintas *demandas* (IU y Ciudadanos a nivel estatal, Bildu, Esquerra Republicana, Bloque Gallego en las nacionalidades históricas) impiden un discurso populista bueno eficaz en una situación de crisis global. La pretensión de *construir* una *dicotomía* pueblo (con sentido común)/casta egoísta, es un intento de llevar a la práctica la elucubración teórica *populista* de Laclau, tomando como base el movimiento *transversal* del 15 M y las *mareas*. Solo ha funcionado en las candidaturas unitarias de la izquierda, que es la negación práctica de los postulados *populistas*. Por supuesto, existe un conjunto de *demandas* vinculadas al Estado del Bienestar, la corrupción y la *partitocracia*, que es posible y necesario *articular*. Pero no mediante una propuesta *populista*, ni de *derechas* ni de *izquierdas*, sino con una política de alianzas. Pero esto nos ha desviado de nuestro objetivo. Volvamos al libro *La Razón populista*.

Cuando la *plebe* se convierte en *pueblo*

Más adelante describe el proceso por el que la *plebs* (plebe) se presenta a sí misma como la totalidad del *populus* (pueblo). Y se interroga: *¿qué significa esta aspiración de una parcialidad a ser concebida como la totalidad social?*. La pregunta, de evidente carácter retórico, demuestra la falsedad del planteamiento. La *parte* no se puede identificar con el *todo*, y mucho menos en un sistema complejo no lineal como es la sociedad, precisamente porque el *todo* no es igual a la *suma* de las partes. El *todo* tiene propiedades emergentes que no se encuentran presentes en las partes ni se pueden reducir a ellas. Para poner un ejemplo de la química, los átomos de carbono se combinan de diferentes maneras a la hora de formar grafito o diamantes. Las propiedades de estas sustancias, color oscuro y consistencia blanda en uno, transparencia y la dureza en otro, no son *propiedades* de los átomos de carbono (la parte), sino que emergen de la forma particular y precisa en que se ensamblan (el todo). Lo mismo es valido para sistemas biológicos y sociales, cada uno con sus leyes *emergentes*. La diferencia esencial de la sociedad humana es que está formada por individuos *pensantes,* que se integran en ella (y en el grupo, clase, secta, tribu, etc.), desde su *percepción* de lo que *es* y la *consciencia* de lo que debe *ser.* No existe *consciencia* de la sociedad o del grupo, sino *consciencia* de pertenecer a la sociedad o al grupo. Las *consciencias* individuales se *sincronizan* cuando se forma el *grupo,* en un fenómeno que ya he descrito de *resonancia,* cuya peculiaridad *emergente* estriba en que el *grupo* adquiere una *consistencia* que es más que la suma de los individuos, lo que permite al *político* (y al demagogo) incidir en el grupo como un *todo.* Sin esto la política y la lucha ideológica carecerían de sentido. Por ejemplo, los componentes (parte) de una clase, la trabajadora (todo), *perciben* su posición en el sistema productivo en función del papel que desempeñan en ella, aunque esa *percepción* no significa necesariamente que cuestionen el propio sistema económico, ni que tengan *consciencia* (comprendan) del papel que como trabajadores pueden desempeñar en su *trasformación.* Si la clase trabajadora *percibiera* como un *todo* su realidad, la *consciencia* de *clase* se daría necesariamente en todos sus integrantes, como ingenuamente pensaban algunos marxistas de la II Internacional. La evidencia empírica de lo erróneo de ese *optimismo revolucionario* le llevó a Lenin a formular diferenciar entre *clase en* si y *clase para* si. Dicho sea a modo de introducción.

Retornando a Laclau, la pretensión de que una parte, la *plebs*, aspire a ser concebida como una totalidad, el *populus,* nos lleva al concepto de *universalidad.* Un concepto, por cierto, que Marx aplicaba a la *clase obrera* en cuanto que su *liberación* (praxis) implicaba la de toda la humanidad. No lo entiende así Laclau, ya que para él la *universalidad,* en este caso del *populus,* es una *aspiración* que el *discurso performativo* del *populismo* convierte en *realidad.* Pero sigamos, porque el asunto volverá a surgir más adelante.

Señala Laclau, tomando como ejemplo la Revolución de Octubre, y con más voluntarismo que otra cosa, que *a estas alturas debería estar claro que estamos hablando de "vacuidad" y no de "abstracción":* <u>paz, pan y tierra</u> *(el subrayado es mío) no son el común denominador conceptual de todas las demandas sociales rusas en 1917. Como en todos los procesos de sobredeterminación, agravios que no tenían nada que ver con esas tres demandas se expresaban, sin embargo, a través de ellas.*

Estas palabras, o son una simpleza, o esconden, como me temo, una interesada interpretación *populista* del bolcheviquismo.

Conviene detenerse en analizarlas.

En efecto, las consignas *pan, paz, y tierra,* fueron formuladas por Lenin con el objetivo de encabezar el proceso revolucionario desencadenado en febrero de 1917. No eran *abstracciones* conceptuales, mas allá de lo que representa todo termino genérico, ni mucho menos *significantes vacíos*; al contrario, tenían para soldados, obreros y campesinos un contenido bien concreto: reducción de la jornada laboral y control de las fabricas, tratado de paz con Alemania, y reparto de tierras de los terratenientes entre los *muzhíks. Pan, paz, y tierra* no era sólo un lema *reivindicativo,* era fundamentalmente *político,* orientado a sumar adeptos a la revolución, tal como el propio Lenin se encargó de remarcar:

Limitándonos por el momento a analizar la lucha de clases y la correlación de fuerzas de clase en la etapa actual de la revolución, debemos plantear aún esta cuestión: ¿Quiénes son los aliados del proletariado en la revolución presente?. Estos aliados son dos: en primer lugar, la amplia masa de los semiproletarios y, en parte, de los pequeños campesinos de Rusia, masa que cuenta decenas de millones de hombres y constituye la inmensa mayoría de la población. Esta masa necesita paz, pan, libertad y tierra. Esta masa sufrirá inevitablemente cierta influencia de la burguesía, y sobre todo de la pequeña burguesía, a la que se acerca más por sus condiciones de existencia, vacilando entre la burguesía y el proletariado.[58]

Y en su artículo *Las enseñanzas de la revolución* se pregunta:

...cuáles eran las aspiraciones de las masas obreras y campesinas cuando hicieron la revolución. ¿Qué esperaban de la revolución estas masas? Esperaban, como se sabe, libertad, paz, pan y tierra.[59]

Estas tres reivindicaciones eran la expresión de las contradicciones *principales* de la sociedad rusa, asumidas, por tanto, por la mayoría del pueblo ruso. Lenin les otorgó carácter *político* al ligarlas a la lucha revolucionaria contra el gobierno de Kerenski, incapaz de satisfacerlas, particularmente la de la paz, que chocaba con su *patriotismo*. Gracias a la corrección de la política centrada en la defensa de la consigna pan, paz y tierra, el número de bolcheviques pasó de unos pocos miles de militantes en marzo de 1917 a casi 250.000 en junio de 1917. Por supuesto, la satisfacción de estas tres demandas, tras el triunfo de la Revolución de Octubre, supuso tener que acometer la solución de otras contradicciones *secundarias*, y atender aquellas reivindicaciones necesarias para mantener el apoyo popular a la revolución obrera. Y hacerlo bajo la dirección *política* del partido de los trabajadores, y mediante sus organismos de poder, los soviets. Lo que generó a la revolución problemas políticos y tensiones sociales bien conocidos (que Laclau debería conocer), y suficientemente estudiados, como es el caso de la Nueva Política Económica (NEP). Se puede estar de acuerdo o no con todo ello -esa era la posición *democrática* de mencheviques y socialrevolucionarios- pero lo que no se puede es tergiversar la historia para que encaje en las definiciones previas de *significantes vacíos*.

No menos significativo es el siguiente párrafo: *Como ya mencionamos, en una lucha local, puedo estar relativamente seguro tanto de la naturaleza de mis demandas como de la fuerza contra la cual estoy luchando. Pero cuando estoy intentando constituir una identidad popular más amplia y un enemigo más global mediante la articulación de demandas sectoriales, la identidad tanto de las fuerzas populares como del enemigo se vuelve más difícil de determinar. Es aquí donde necesariamente surge el* momento de la vacuidad *(el subrayado es mío), que sigue al establecimiento de los vínculos equivalenciales.*

¿Por qué?. No existe ningún hecho histórico de lucha que avale tal conclusión. La *conciencia de* y *coincidencia ante* un enemigo común, que es la base de una propuesta *política* que busque conquistar la *hegemonía,* es el *ABC* de toda lucha, sea reivindicativa o revolucionaria, y no *vacía* nada. De hecho, llena de contenido *político* las posible ambigüedades y limitaciones inherentes a toda lucha *local* y permite desarrollar una política de alianzas en función de la correlación de fuerzas. No tiene nada que ver con *constituir una identidad popular más amplia y un enemigo más global,* salvo que, como hace el *populismo* de Laclau, *vacíe* las reivindicaciones de todo contenido de *clase*, potencialmente revolucionario, en función de esa coartada *populista* llamada *cadena equivalencial.*

Pero hay más. Tras afirmar que los *símbolos populares* son expresión de las *demandas democráticas* (supongo que quiere decir que toda demanda tiene que expresarse mediante *símbolos,* es decir palabras, escritos, acciones) señala que *el medio expresivo no puede ser reducido a lo que él expresa: no es un medio transparente.* Cuídese, por tanto, cualquier *grupo* social que plantee una *reivindicación* de creer que reivindica lo que está reivindicando. No, eso sería demasiado sencillo. Si luchas por un aumento de salario, no seas tan ignorante en creer que pides aumento de salario. ¡Por favor!. Estás en una *cadena de equivalencias,* aunque no lo sepas. Piensa como *populus* y no como un simple obrero. Olvídate de encabezar la lucha por el socialismo, agrupando a la mayor parte de las clases y grupos sociales susceptibles de ser ganados *políticamente,* y llénate de *significantes vacíos producidos por la sociedad* que, como su mismo nombre indica, no hacen daño a nadie ni ponen en cuestión nada *fundamental.* Puedes consolarte, porque eso no significa *ningún subdesarrollo ideológico o político; simplemente expresa el hecho de que toda unificación populista tiene lugar en un terreno social radicalmente heterogéneo.* La unión ya no se hace en función de programas políticos con organizaciones sociales y movimientos de lucha, sino en base a los *significantes vacíos que produce la sociedad* (¿en su conjunto?, ¿también los empresarios o la iglesia, experta ésta en *vacuidades* místicas). Si, ya sé que es una burda caricatura, pero a estas alturas de tanta disertación enrevesada y, esta si, *vacía de significado,* es difícil evitarlo.

Me excuso y sigo adelante. Porque ahora llega el *líder,* ese *padre castrador* freudiano, tan amado como odiado, que es uno de los componentes, como ya indiqué al principio, de todo *populismo* que se precie.

El *líder* y el *nombre* de la *cosa*

Laclau justifica la aparición del *líder*, cuya existencia es consustancial al *populismo,* con un argumento algo confuso, pero no carente de lógica formal. Escuchémosle: *Pero si -dada la heterogeneidad radical de los vínculos que intervienen en la cadena equivalencial- la única fuente de su articulación coherente es la cadena como tal (¡la cosa en sí!, tal vez ¡una cadena sin eslabones!), y si la cadena sólo existe en tanto uno de sus vínculos juega un rol de condensación de todos los otros, en ese caso la unidad de la formación discursiva es transferida desde el orden conceptual (lógica de la diferencia) hacia el orden nominal. Esto, obviamente, ocurre con más frecuencia en aquellas situaciones en las cuales se produce una ruptura o una retirada de la lógica diferencial/institucional. En esos casos,* **el nombre se convierte en el fundamento de la cosa** (las negritas son mías). *Un conjunto de elementos heterogéneos mantenidos equivalencialmente unidos sólo mediante un nombre es, sin embargo, necesariamente una* <u>singularidad</u> (subrayado de Laclau).

Este párrafo hará las delicias de un amante de la *cábala.* Yo, al menos, encuentro un *cabalístico* eco de las palabras del Génesis, que el argentino Borges describe con su acreditado ingenio: *Dios, cuyas palabras fueron el instrumento de su obra...,* *crea el mundo mediante palabras; Dios dice que la luz sea y la luz fue... De ahí se llegó a la conclusión de que el mundo fue creado por la palabra luz o por la entonación con que Dios dijo la palabra luz. Si hubiera dicho otra palabra y con otra en-*

*tonación el resultado no habría sido la luz, habría
sido otro.*⁶⁰

Literatura aparte, lo significativo es que
Laclau subraya el término *singularidad* después de
afirmar contundentemente que el *nombre* se convierte en el fundamento de la cosa, una especie de
divinización populista del verbo. Pero, ¿qué entiende Laclau por *singularidad?*. ¿Se refiere al concepto de física, ese momento, como en Big Bang, en
que todo lo que existe estuvo contenido potencialmente en un punto de densidad infinita, concepto
que parece derivarse matemáticamente de las ecuaciones de la relatividad general?, No parece, ya que
la *singularidad* física es previa a todo lo existente,
incluido el espacio/tiempo. ¿Se referirá entonces a
lo que define cono *singularidad* la RAE: cualidad
de lo singular, es decir único en su especie, extraordinario, raro o excelente?. Tampoco parece, ya que
habla de un conjunto de elementos heterogéneos
unidos por un nombre. Evidentemente, Laclau habla en términos lacanianos, donde la singularidad
es el significante *Uno* (S1, o *letra*).⁶¹ Esta formulación resulta fundamental para Laclau a la hora de
abordar el tema espinoso del *líder* y su determinación freudiana.

Pero antes de abordar el asunto del *líder*, y
para evitar equívocos, Laclau se interroga: *Nos hemos referido al nombre como tornándose el fundamento de la cosa. ¿Qué significa exactamente esta afirmación?*. Si el lector espera una definición
clara y precisa, es que no conoce la capacidad arbó-
rea de la lógica de nuestro profesor. Tras afirmar
que va a abordar la cuestión desde dos ángulos
(*operaciones significantes* y la *fuerza* que les hace
posibles, que a su vez puede ser reformulado como
investidura radical), se vale para ello del filósofo,
sociólogo, y psicoanalista esloveno Slavoj Žižek, y
de la igualmente filósofa, feminista y psicoanalista
lacaniana Joan Copjec. Del primero extrae su vi-

sión de cómo los *nombres* se relacionan con las *cosas*, tal como lo abordó Bertrand Russell dentro de la filosofía analítica. El tema es de amplio recorrido y abordarlo en detalle nos llevaría a un debate sobre la filosofía *analítica*, sin duda apasionante pero innecesaria para el objetivo de refutar los presupuestos teóricos del *populismo* según Laclau. Bastarán, espero, algunas formulaciones donde el trasunto *ideológico* quede más claro. Por ejemplo, Laclau critica con razón a los *descriptivistas*, siguiendo la terminología de Saussure, por establecer una correlación *fija* entre *significante* y *significado*, y se apunta al enfoque *antidescriptivista* que *supone la emancipación del significante de cualquier dependencia del significado*. De la dependencia absoluta a la emancipación absoluta. Parece un *resabio* de su época juvenil revolucionaria, o casi. ¿Por qué?. Al parecer, necesita la *pirueta lingüística* para fundamentar su teorización *idealista* de la *construcción* del *pueblo* mediante el *discurso*. Pero la correlación entre *significante* y *significado*, que expresa la relación entre el *sujeto* pensante y el *objeto* pensado, nunca puede ser *rígida* ni considerarse *acabada*. Salvo en las verdades *metafísicas,* las *Ideas* platónicas, o en el *lenguaje* matemático.

El propio lenguaje, en su evolución, utiliza *palabras* con *significados* distintos, incluso contrarios, a lo que expresaban en su origen. Y no solo al referirse a un objeto cuya comprensión va cambiando con el avance científico, como el átomo desde Demócrito a Schrödinger. Por ejemplo, la palabra *jamás* (del lat. *iam magis,* ya más), significa ahora *nunca*, pero antiguamente *siempre* y *alguna vez*. Se podrían dar numeroso ejemplos. La supuesta *emancipación* del *significante* puede tomarse, en el mejor de los casos, como una metáfora de la evolución de la palabras durante su uso. Pero me temo que Laclau se lo toma al pié de la letra. Se basa en la creencia de que las *ideas* tienen *vida propia,* independiente o mas allá de la actividad cerebral; idea que la neurología cognitiva ha demostrado errónea. Una *idea* o *concepto,* expresado mediante palabras, signos, sonidos o símbolos, no es una secreción del cerebro como la bilis del hígado, sino una determinada y específica *configuración* (mapa) *neuronal.* A partir de esta evidencia científica, demostrada experimentalmente, podemos seguir hablando sin perdernos en disquisiciones metafísicas.[62] Tampoco sirve de mucho recurrir a afirmaciones como la de Žižek, citada por Laclau: *es el nombre mismo, el significante, el que sostiene la identidad del objeto.*[63] Se confunde *identidad* del objeto, que es una *representación mental interpretativa* socialmente compartida, con el *objeto* mismo. Confusión tan cara a los psicoanalistas como el famosos *objeto a* de Lacan, formulado en la sesión del 9 de abril de 1974 (del seminario *Les non-dupes errent*): *¿que es lo que inventé yo? (...) Bueno. Responderé -puesto que se entiende que ya tengo la respuesta- responderé para poner las cosas en marcha: el objeto a.*[64] Aquí tenemos un concepto que Laclau va a utilizar profusamente a la hora de argumentar su justificación del *populismo.* El *objeto a* de Lacan remite a la noción del *objeto de deseo inalcanzable*, llamado también *objeto metonímico,* considerado el *objeto causa del deseo.* Ni que decir tiene que tal concepto, abierto a cualquier especulación *psicoanalista,* hizo furor en su momento, cono la gran aportación de Lacan a una teoría del *subconsciente,* que las ciencias cognitivas habían puesto a la defensiva. No dudó Lacan en utilizar formulas y gráficos para representar sus ideas sobre el sujeto *escindido*, representado por signo $. Incluso el álgebra tuvo su momento *psicoanalítico*: S (significante) sobre s (significado) = S (el enunciado). Con S=1, tenemos s = Raíz Cuadrada de menos 1. Es así como el órgano eréctil viene a simbolizar el lugar del goce. No en cuanto él mismo, ni siquiera en cuanto a imagen, sino en cuanto parte faltante de la imagen deseada: por eso es igualable a Raíz Cuadrada de menos 1. Tengo serias dudas si Lacan, una mente brillante y profunda por otra parte, no se estaba burlando de los fascinados oyentes. Lo mismo que cuando, en respuesta a Noan Chomsky, afirmó imperturbable que *pensamos que pensamos con nuestros cerebros, pero personalmente yo pienso con mis pies. Esa es la única manera por la que puedo entrar en contacto con algo solido. En ocasiones pienso con mi cabeza, como cuando choco con algo.* Para añadir a continuación que había *visto suficientes encefalogramas para saber que no hay indicios de pensamiento en el cerebro.*[65] Se ve que le traían al pairo las neuronas. Él, en realidad, era un *poeta surrealista.* Burla o desvarío, quién a sí piensa que piensa haría bien en acudir al *psicoanalista.* Como dijo filósofo y psicólogo Hermann Ebbinghaus (1850-1909), *lo que es nuevo en estas teorías no es verdad, y lo que es verdad no es nuevo.*

Lo que muestra el encefalograma es la *actividad* neuronal en determinadas zonas de la corteza cerebral que se origina cuando pensamos, sentimos, o percibimos. Pero no *directamente* el pensamiento, aunque esa actividad puede *traducirse* mediante un complejo sistema informático, inexistente en la época del *psicoanalista* francés. [66] Lacan, muerto en 1981, tiene cierta escusa para sostener *provocadoramente* sus teorías sobre la *psique* y el *pensamiento,* ya que desconocía los últimos y sorprendentes avances de las ciencias neurológicas. Por ejemplo, los experimentos realizados por un grupo de neurólogos de la Universidad de Utah. Ellos han demostrado que es posible leer las ondas cerebrales generadas al pensar palabras mientras eran monitoreados mediante electroencefalografía (EEG) con la implantación de electrodos en los centros del habla del cerebro, y su posterior procesamiento por un ordenador. Cuando el sujeto pensó en palabras como *calor, frío, hambriento, sediento, hola, adiós, más* y *menos,* el ordenador las reprodujo, con gran entusiasmo de los investigadores, lo que abre la posibilidad de una máquina traductora del pensamiento, una especie de diccionario del pensamiento, con importantes aplicaciones médicas. Claro que para lograrlo tuvieron que dotar previamente al ordenador de una base de datos de dichas ondas cerebrales, conseguida mediante el registro del habla y un largo entrenamiento. Pese a este importante avance, las enormes dificultades de una máquina lectora del *pensamiento*, incluso los más sencillos, son evidentes, porque la actividad *pensante* se desarrolla de forma muy compleja por el cerebro. Millones de neuronas en diferentes áreas se activan cuando realizamos la más simple tarea *mental*. Eso sin contar que cada persona genera *ondas* con diferencias significativas, pese a *pensar* las mismas palabras. No digamos si se trata de un *pensamiento* complejo conceptualmente, o vinculado a distintas experiencias y emociones, donde ocurren *transiciones de escala*. Tal vez se libren de esta *complejidad* los pensamientos binarios (si y no) o matemáticos. Ciertamente, a base de entrenamiento es posible generar ciertos tipos de pautas ondulatorias en una pantalla. La imagen de la pantalla se enviaría con posterioridad a un ordenador convenientemente programado para reconocer esas pautas ondulatorias específicas, y ejecutar una orden muy precisa. John Donoghue, neurocientífico de la Universidad de Brown, ha construido un aparato llamado *BrainGate* que permite a una persona paralítica realizar una serie de actividades físicas utilizando su *mente*. De este modo, por ejemplo, una persona totalmente paralizada podría controlar el movimiento de su silla de ruedas con el *pensamiento*.[67] Todo esto sería imposible si *significantes* y *significado* se *emanciparan*.

El mejor antídoto contra el *pensamiento mágico* es, sin duda, la ciencia, aunque resulte más aburrida.

No menos esclarecedor de las *fantasiosas* interpretaciones de Laclau es la referencia a un anuncio de coca cola: *"Coke, this is America"* no *puede ser invertido en "America, this is Coke", porque es sólo en el rol de Coca-Cola como significante puro que se cristaliza la identidad estadounidense.* El ejemplo puede ser pertinente, pero para ilustrar como funciona el cerebro y maneja su *gramática,* desarrollada mediante el *aprendizaje.* No posee un *diccionario* lingüístico fijo, sino una compleja *red neuronal* que asocia experiencias, ideas inculcadas en la infancia, significados culturales, conceptos abstractos, deducciones e inducciones, etc. Se trata de un *ecosistema* terriblemente complejo y dinámico, que funciona, como he señalado, mediante *transiciones de escala* y leyes más propias de los *sistemas caóticos,* tan deterministas como las leyes de Newton, pero con resultados de carácter *aleatorio.* Ciertamente, en una determinada *cultura* existe una *traducción* común, o mejor dicho similar, que permite al *slogan* publicitario actuar con cierta eficacia. Pero para otra *cultura* la *traducción* puede ser la diferente y el resultado contrario. Una vez mas, la *lingüística* y la teoría del conocimiento, sin la ciencia neurológica, es simple palabrería, mas o menos ingeniosa. Bastaría una pequeña lesión cerebral en el área adecuada para ver como los *significantes* y *significados* se trastocan... tal vez de manera más creativa.[68]

Creo pertinente reseñar las palabras del investigador chileno en neurociencia cognitiva, Fernando Maureira: *Para algunos autores la psicología se encuentra en un estado de pre-ciencia ya que carece del marco teórico necesario para sustentar su accionar. Por otra parte, hay quienes postulan que la neurociencia cognitiva, como la ciencia que trata de entender la relación entre la función cerebral y los estados mentales, debe constituirse como la base teórica y empírica de la psicología. De esta forma, se vuelve posible generar un vocabulario científico adecuado que permita explicar los procesos psicológicos, que se convierte en la necesidad más apremiante para elaborar un marco teórico en psicología. Resulta fundamental integrar las neurociencias cognitivas a la formación de los psicólogos como base para su futura práctica clínica. Sin duda que la neurociencia cognitiva debe convertirse en la base científica que justifique el quehacer de la psicología.*[69] Y, añado, que sitúe al *psicoanálisis* donde debe estar: en el terreno de la pura entelequia.

Cuando el significante carece de sentido

Avanzando por el *reino del nunca jamás lacaniano*, Laclau matiza la fabulosa idea de su maestro *psicoanalista* de un *significante sin significado puro, sin sentido,* y reconoce que *la noción de un "significante sin significado" es, para comenzar, inadecuada: sólo podría significar "ruido", y como tal, estaría fuera del sistema de significación. Sin embargo, cuando hablamos de "significantes vacíos" queremos decir algo enteramente diferente: que existe un punto, dentro del sistema de significación, que es constitutivamente irrepresentable; que, en ese sentido, permanece vacío, pero es un vacío que puede ser significado porque es un vacío dentro de la significación.* Si lo de Lacan era ruido (¿sonidos guturales incomprensibles?), esto resulta estrepitoso. Bueno, quizás no tanto. Veamos: reconoce Laclau que no puede existir un *significante* sin *significado*. Hasta aquí, vamos bien. La cosa se hace más *oscura* (o disparatada) cuando defiende su peculiar concepto de *vacío,* que no ya seria *ruido.* Y lo explica situando el *vacío* en el interior de un *significante.* Es decir, tenemos un *significante vacío* de contenido, que es precisamente su *significado*; luego su *significado* es que no tiene *significado.* Es decir *ruido.* ¿No es maravilloso? Y para explicarlo cita a Pascal y su concepto de *cero.* Pero el *cero* matemático no es *vacío.* Aunque la palabra *cero* provenga del sanscrito, y signifique *vacío*, es una *nota-*

ción posicional, un artilugio conceptual que le llevó siglos concebir, desarrollar y pulir a la humanidad, desde la India y la antigua Babilonia, hasta su generalización por los árabes en el s. VII. Así en el número 102, el *cero* es usado para que las posiciones 1 y 2 tengan su valor correspondiente. Sin el *cero* nuestro sistema de numeración no sería válido. Su creación significó un importantísimo avance matemático, que posibilitó el desarrollo no solo de la aritmética, sino de la geometría, el álgebra y la astronomía, que permitió, entre otras cosas, el desarrollo de la agricultura. Utilizarlo como argumento para apoyar una *fantasía* no es muy riguroso. El *cero* sirve para operaciones matemáticas, otorga un valor si está a la derecha de un número, y ninguno si se encuentra a la izquierda. No es un *significante vacío*, y por lo tanto no demuestra nada. No sirve ni siquiera a título de ejemplo. En fin, como veremos un poco mas adelante, Laclau necesita estas construcciones argumentales para fundamentar su concepto freudiano de *líder* y el papel que juega en el *populismo*.

Detrás, sonriendo, Freud.

Cuesta creer que Laclau haya escrito estas elucubraciones mentales, ya iniciado el siglo XXI. Al menos Lacan era consciente de que estaba creando un mundo onírico, sin relación con la razón, ya que trataba de analizar y comprender lo que hay *debajo de lo racional*. Ni conocía ni le interesaba la neurología, y tal vez por eso fue más consecuente que Freud, al fin y al cabo un médico neurólogo, en el desarrollo *espectral* de la fantasía *psicoanalista*.

Continua Laclau afirmando que: *nuestra noción de "discurso" -cercana a los "juegos del lenguaje" de Wittgenstein- implica la articulación de las palabras y las acciones, de manera que la función de fijación nodal nunca es una mera operación verbal, sino que está inserta en prácticas ma-*

teriales que pueden adquirir fijeza institucional. Esto es lo mismo que afirmar que cualquier desplazamiento hegemónico debería ser concebido como un cambio en la configuración del Estado. En un ataque de *sensatez,* Laclau se refiere a la *articulación* de la palabra y la acción, aunque su *cercanía* al *segundo* Wittgenstein está por ver. Laclau, al igual que los modernos *idealistas,* no niega la dimensión *material* donde se inscribe el *discurso.* Pero la cuestión es otra: se trata de dilucidar si es el *discurso* el que otorga *sentido* al *objeto,* o si es el *objeto* quien dota de *sentido* al discurso. O, dicho con sus palabras, si el *discurso populista* crea el *pueblo,* o el *pueblo* hace posible el discurso *populista.* Puede parecer una cuestión baladí pero, como veremos mas adelante, resulta fundamental. Todo este *juego de palabras,* que no *del lenguaje,* queda más claro cuando hace referencia a Marx, contraponiéndolo a Gramsci. Según Laclau, para Marx *el Estado constituye el instrumento de la clase dominante, y una "clase universal" sólo puede surgir de una sociedad civil reconciliada consigo misma, en la cual el Estado (la instancia política) debe necesariamente extinguirse. En ambos casos, la particularidad y la universalidad se excluyen mutuamente. Sólo en Gramsci la articulación de ambas instancias se vuelve posible: existe para él una particularidad -una plebs- que reivindica el constituir hegemónicamente un "populus", mientras que el populus (la universalidad abstracta) sólo puede existir encarnado en una plebs.* Una tergiversada interpretación de Marx, pero sobre todo de Gramsci, que nunca dejo de ser marxista-leninista en su desarrollo del concepto de *Hegemonía.* Desgraciadamente el político comunista italiano, muerto en la cárcel, no puede defenderse de tanto *gramsiano posmarxista* suelto. En primer lugar una *plebs* (plebe) no es una *particularidad* y *populus* (pueblo) una *universalidad,* salvo para Laclau. Ambas son *generalizaciones* referidas al conjunto de individuos de una sociedad o nación que no forman parte de la élite dirigente. O si se quiere una definición clásica, *clase social formada por el común de la gente del pueblo, frente a los nobles, los eclesiásticos y los militares.* La diferencia estriba en que *plebe* (del latín *plebs*) tiene un carácter peyorativo, de ahí *plebeyo,* y *pueblo* (del latín *populus*) no. Al menos, no tanto. No hay que olvidar que la descripción del mundo depende no sólo de él, sino también de los hablantes. Y procurar resistirnos a la tendencia a elaborar discursos con pretensiones de verdad. Como dice Alberto Moretti, profesor de Lógica de la Universidad de Buenos Aires y de Filosofía del Lenguaje en la Facultad de Humanidades de la Universidad Nacional de La Plata, *nada impide pensar el lenguaje o la comprensión lingüística como si fueran objetos o fenómenos del tipo usual, del tipo que aparece cuando hablamos del mundo, esto es, cuando nos comportamos presuponiendo la comprensión de (al menos algo de) lo que decimos.* En fin, qué decir de un *discurso* que utiliza *pleonasmos* como *universalidad abstracta.*[70] ¿Acaso el concepto *universal* no es una *abstracción taquigráfica* referida a la cualidad o comportamiento de un conjunto?.

Pero no nos pongamos quisquillosos, y sigamos. Para ejemplarizar sus tesis, Laclau recurre a un ejemplo bien elocuente: *Imaginemos un determinado barrio donde hay violencia racial y las únicas fuerzas locales capaces de organizar una contraofensiva antirracista son los sindicatos. Ahora bien, en un sentido estrictamente literal, la función de los sindicatos no es luchar contra el racismo, sino negociar los salarios y otras cuestiones similares. Sin embargo, si la campaña antirracista es emprendida por los sindicatos, es porque existe una relación de contigüidad entre las dos cuestiones en el mismo barrio. Una relación de desplazamiento entre términos, problemas, actores, etc. es lo que se denomina, en retórica, una metonimia. Supongamos ahora que esta conexión entre luchas* *antirracistas y sindicales continúa por un cierto período de tiempo: en ese caso, la gente va a comenzar a sentir que existe un vínculo natural entre los dos tipos de lucha. Así, la relación de contigüidad va a comenzar a convertirse en una de analogía; la metonimia, en una metáfora. Este desplazamiento retórico implica tres cambios principales. Primero, a pesar del particularismo diferencial de los dos tipos iniciales de luchas y demandas, se está creando entre ellas cierta homogeneidad equivalencial. Segundo, la naturaleza de los sindicatos se modifica en este proceso: dejan de ser la pura expresión de intereses sectoriales precisos y se vuelven en mayor medida -si se desarrolla una variedad de articulaciones equivalenciales- el punto nodal en la constitución de un "pueblo" (utilizando la distinción gramsciana: pasan de ser una clase "corporativa" a ser una "hegemónica"). Tercero, la palabra "sindicato" se convierte en el nombre de una singularidad, en el sentido en que la hemos definido antes: ya no designa el nombre de una universalidad abstracta, cuya "esencia" se repetiría, bajo variaciones accidentales, en todos los contextos históricos, y se convierte en el nombre de un agente social concreto, cuya única esencia es la articulación específica de elementos heterogéneos que, mediante ese nombre, cristaliza en una voluntad colectiva unificada... Esto nos muestra nuevamente que los <u>mecanismos retóricos</u>, como hemos afirmado desde el comienzo, <u>constituyen la anatomía del mundo social</u>* (los subrayados son míos).

El ejemplo ilustra mejor que todas las *pirotécnicas construcciones* lingüísticas como entiende Laclau los procesos históricos concretos. En primer lugar, es cierto que el sindicato deja de actuar *sensu estricto* como organización obrera (corporación) para la defensa de sus *intereses específicos,* cuando encabeza la lucha anti racial, lo que le originará, sin duda, problemas internos, como sabe todo el que ha participado en la lucha sindical, salvo que se inscriba en la lucha contra las *discriminaciones laborales* de la gente de color, los latinos, asiáticos, etc. Pero entonces, el *ejemplo* no *ejemplariza* nada. A lo sumo, que el sindicato haya *trascendido* su papel corporativo para convertirse en dirección *política* de clase en la lucha por la *hegemonía*. Conviene detenerse en esto porque, una vez más, Laclau utiliza *torticeramente* a Gramsci para apoyar sus ideas. Eso de pasar de clase corporativa a una hegemonía, aparte de la incorreción gramatical y el disparate de afirmar que una *clase* (conjunto de individuos en función de su lugar en el sistema productivo) pasa a ser una *hegemonía* (dirección política de esa clase) es confundir *el culo con las témporas*, como decimos en *román paladino*. Si se cita a Gramsci hay que hacerlo bien. Y yo voy a hacerlo para zanjar este asunto de una vez por todas. Y lo haré empleando las palabras del filosofo y profesor de la Universidad de Salerno, Valentino Gerratana (1919-2000), responsable de la edición *crítica* de los *Cuadernos de la cárcel* y uno de los mayores estudiosos del pensamiento de Antonio Gramsci:[71]

> *Gramsci se refiere a menudo a Lenin como el 'teórico de la hegemonía', refiriéndose a "los escritos de Lenin en defensa de la hegemonía del proletariado en la revolución democrático-burguesa... En polémica con V. Levitski, que contraponía a la idea de la hegemonía la idea del 'partido de clase', Lenin afirmaba de modo perentorio: "Desde el punto de vista del marxismo, una clase que niegue la idea de la hegemonía, o que no la comprenda, no es, o no es todavía, una clase, sino una corporación (es decir, un mero sindicato de oficio) o una suma de diversas corporaciones". Y es, añadía Lenin, "justamente la conciencia de la idea de la hegemonía" la que ha de transformar "una suma de corporaciones en una clase. No es fácil encontrar una definición más*

incisiva para subrayar la diferencia entre corporaciones y clase, y es precisamente la conciencia de esta diferencia la que sostiene toda la teoría gramsciana de la hegemonía.

... en la cárcel, en un momento de reflujo del movimiento revolucionario y de abandono por la III Internacional del concepto de hegemonía, la meditación de Gramsci lo lleva, por el contrario, a profundizar en ese concepto y a hacerlo más complejo; así podrá servirle como llave maestra para desarrollar la teoría adecuada para conceptualizar el proceso que pudiera llevar a la clase obrera a la toma del poder del Estado.

... en la carta de octubre de 1926 dirigida (por Gramsci) al Comité Central del Partido Comunista Soviético, la idea de la hegemonía del proletariado sirve de hilo conductor de la argumentación que sostiene, tanto las críticas dirigidas al grupo de oposición, como las dudas y las reservas que se refieren a la conducta de la mayoría. El leninismo es definido aquí como la "doctrina de la hegemonía del proletariado", mientras que el concepto de hegemonía aparece siempre contrapuesto al espíritu corporativo, incapaz éste de sacrificar los intereses inmediatos a los intereses generales y permanentes de la clase. En el mismo sentido, Lenin había diferenciado el concepto de clase del de corporación (o suma de corporaciones). Ese concepto de hegemonía del proletariado es igualmente válido tanto para cuando la clase obrera, excluida del poder, lucha por conquistarlo, como para cuando, después de haberlo conquistado, lucha por mantenerlo.

En la reflexión carcelaria, Gramsci confirma esta interpretación suya del leninismo y la desarrolla haciendo de ella el punto de partida de su investigación teórica. "El más grande teórico moderno de la filosofía de la praxis -como llama Gramsci a Lenin en los Cuadernos de la cárcel-, en el terreno de la lucha y de la organización política, con terminología política, en oposición a las diversas tendencias economicísticas ha revalorizado el frente de la lucha cultural y construido la doctrina de la hegemonía como complemento de la teoría del Estado-fuerza" (Quaderni, 1235). A diferencia de una tradición consolidada que atribuía a Lenin el mérito de haber revalorizado el concepto marxiano de dictadura del proletariado, para Gramsci la importancia teórica de Lenin está en otra parte: en el haber integrado este concepto (la teoría del Estado-fuerza) con la doctrina de la hegemonía. Es ésta, según Gramsci, su contribución teórica más importante, y en esta dirección hay que desarrollar la investigación.

Estando Gramsci convencido de que la fuerza por sí sola no basta para gobernar el Estado, es decir, que es insuficiente para asegurar un dominio estable de clase, se esfuerza por aclarar qué otros elementos contribuyen a mantener en equilibrio la dinámica del poder. Y es precisamente la teoría de la hegemonía, estimulada por la reflexión sobre el leninismo, la que va a ofrecerle un camino de acceso a una temática tan compleja, explorada en los Cuadernos en las más diversas direcciones. Pero, puesto que una clase no puede conocerse a sí misma si no conoce a todas las demás clases sociales, es evidente, en este sentido, que el concepto de hegemonía del proletariado, para ser aclarado hasta el fondo, tenía necesidad del soporte de una *teoría general de la hegemonía; esto es, una teoría que se pudiese referir tanto a la hegemonía proletaria como a la hegemonía burguesa; o bien, en general, a cualquier relación de hegemonía. Es éste el camino seguido en la reflexión de los Cuadernos de la cárcel.*

Este concepto general de hegemonía se constituye, en el pensamiento de Gramsci, a través de la diferenciación de las funciones de la dirección respecto de las funciones del dominio. "La supremacía de un grupo social -escribe Gramsci- se manifiesta de dos modos, como dominio y como dirección intelectual y moral. Un grupo social es dominante de los grupos adversarios, a los que tiende a "liquidar" o a someter incluso con la fuerza armada, y es dirigente de los grupos afines y aliados. Un grupo social puede y, aún más, debe ser dirigente ya antes de conquistar el poder gubernativo (ésta es una de las condiciones principales para la propia conquista del poder); después, cuando ejercita el poder, e incluso si lo tiene fuertemente empuñado, se convierte en dominante pero debe continuar siendo también dirigente". Son dos los elementos que, diferenciándose, se entrelazan al mismo tiempo y se combinan en la vida de todo Estado; que aparecen, por tanto, siempre, según las fórmulas generales usadas por Gramsci: dictadura + hegemonía, o hegemonía acorazada de coacción.

... Para Gramsci, las formas históricas de la hegemonía no son siempre las mismas, y deben variar según lo haga la naturaleza de las fuerzas sociales que ejercen la hegemonía. La hegemonía del proletariado y la hegemonía burguesa no pueden tener la

misma forma ni pueden utilizar los mismos instrumentos.

Hegemonía, en general, es sólo capacidad de guiar, en la medida en que esta capacidad se traduce en efectiva dirección política, intelectual y moral. Pero una clase que consigue dirigir, y no sólo dominar, en una sociedad basada económicamente sobre la explotación de clase, y en la cual se quiere perpetuar tal explotación, está obligada a servirse de formas de hegemonía que oculten esa situación y mistifiquen esa explotación: tiene necesidad, por tanto, de formas de hegemonía apropiadas para suscitar un consenso manipulado, un consenso de aliados subalternos. Una relación de alianza en una sociedad estructurada sobre la explotación de clase no es posible de otra forma. Diversa es la situación de la clase obrera en lucha por la propia hegemonía. Mientras la hegemonía burguesa, tratando de conciliar intereses opuestos y contradictorios, es estructuralmente incapaz de transparencia, porque debe enmascarar el antagonismo de las relaciones económicas y esconder de algún modo la realidad, el primer interés del proletariado es, precisamente, el desvelamiento de los engaños ideológicos que ocultan la dialéctica de la realidad. Ésta es justamente la marca distintiva del marxismo en cuanto filosofía de la praxis: el marxismo "no tiende a resolver pacíficamente las contradicciones existentes en la historia o en la sociedad, sino que es la teoría misma de tales contradicciones; no es el instrumento de gobierno de los grupos dominantes para conseguir el consenso y ejercer la hegemonía sobre clases subalternas: es la expresión de estas clases subalternas que quieren educarse a sí mismas en el arte de gobierno y que tienen interés en conocer toda la verdad, también la desagradable, y en evitar los engaños (imposibles) de la clase superior y, tanto más, de sí mismos"

... La capacidad de dirigir no se ofrece a la clase obrera como un don del cielo: por el contrario, debe ser conquistado en la práctica política a partir de la experiencia primitiva de la que Gramsci llama la fase económico-corporativa (cuando la clase obrera, según la expresión de Lenin, no es todavía propiamente una clase, sino un corporación o una suma de corporaciones). Se puede hablar de una idea de la hegemonía del proletariado sólo cuando elementos de conocimiento de la realidad social comienzan a entrar en la conciencia de la clase obrera, que llega a ser capaz, así, aun sacrificando intereses inmediatos particularistas, de aprovechar la convergencia de los propios intereses permanentes (...) con los intereses de los otros estratos sociales, y se encuentra, por tanto, en situación de construir una política de alianzas.

... Entre estos logros teóricos (de Gramsci) *-notable por las implicaciones prácticas que se derivan de él- está la diferencia cualitativa que distingue la hegemonía del proletariado de la hegemonía burguesa. Es necesario, en este sentido, subrayar la importancia que tiene para Gramsci, a los fines de la actividad hegemónica del proletariado, el método de 'decir la verdad' en política. El método contrario, en cambio, vale para la hegemonía burguesa. Una consecuencia de esta diferencia es la diferenciación de la calidad del consenso buscado en los dos tipos de hegemonía. Mientras para la hegemonía de una clase que*

tiende a ocultar el antagonismo de los intereses es suficiente obtener un consenso pasivo e indirecto -la forma normal del consenso político en los regímenes democrático-burgueses o autoritarios-, en la perspectiva de la hegemonía del proletariado, escribe Gramsci, "es cuestión de vida, no el consenso pasivo e indirecto, sino el activo y directo; la participación, por consiguiente, de los individuos, incluso si esto provoca una apariencia de disgregación y de tumulto". El método de decir la verdad no es para Gramsci un acto de iluminación venido desde arriba, que pueda ser recibido pasivamente por los de abajo. La verdad no es algo que se revele de improviso o que se posea pacíficamente: de hecho, a la verdad están siempre ligados intereses individuales que deben confrontarse y moderarse recíprocamente. Los momentos de lucha son inevitables, por tanto, para que la verdad se forme y sea reconocida con el consenso activo de los interesados. "Una conciencia colectiva, es decir, un organismo vivo, no se forma sino después de que la multiplicidad se ha unificado a través de las fricciones entre los individuos". Según Gramsci, una efectiva hegemonía del proletariado no puede abrirse camino de otra manera.

Una cita larga, lo sé, pero necesaria. Me evita seguir denunciando la manipulación de la teoría gramsciana de *hegemonía* por Laclau.

Volviendo al ejemplo del sindicato obrero, hoy en día su lucha es inseparable de las reivindicaciones anti-racistas, por la igualdad de derechos laborales de todos los trabajadores, al igual que lo hace con la lucha ecologista por la defensa del medio ambiente, o a la lucha por la igualdad, la educación, la sanidad, etc. El protagonismo *sindical* en la movilización ciudadana, cada vez menos evidente por otra parte, es siempre una clara manifestación de inoperancia *política* de los partidos *tradicionales* de las clases trabajadoras. Porque la solución global es siempre *política*. Si Laclau considera que este es el proceso necesario para superar la particularidad de la *plebe* y construir un *pueblo* es muy libre de hacerlo, pero que no utilice a los teóricos marxistas revolucionarios para ello. No solo no aporta nada a la teoría y práctica *política*, sino que contribuye a crear mayor confusión. Salvo que sea eso lo que se busque. Es más, su teoría de que el paso de *plebe* a *pueblo* se realiza por la acción *performativa* del *discurso populista*, no deja de ser una muestra de trasnochado *idealismo*. Necesita de la acción *exterior*, como el *vitalismo* presuponía una *fuerza* vital *externa* a la materia (proteínas) para que un organismo tuviera vida. En ambos casos, son incapaces de comprender la potencialidad de *autoorganización* de los sistemas materiales y sociales, y sus propiedades emergentes. La propia categoría de *plebe* carece de sustancia, salvo a efectos de la especulación académica, una especie de *fundamentalismo nominalista,* que trata de resolver con una etiqueta un análisis profundo de una realidad compleja. Eso, obviando el carácter *peyorativo* del término. En el fondo, Laclau lo que propone es que el *pueblo* será *plebe* mientras no se convierta en *¡pueblo!*. Es decir, mientras no se haga *populista,* siga a un *líder,* incluya todas las reclamaciones en una *cadena equivalencial,* superando los *particularismos*, como ese incordio *comunista* de la lucha de clases. La grandiosa *negación* de las reivindicaciones de clase en una *síntesis superior.* Hegel, o mejor un burdo *monigote* de Hegel, dado de nuevo la vuelta, previo paso por el *sillón* psicoanalista.

Pero no se agotan con todo lo expuesto las *emociones* dialécticas, ni los malabares lingüísticos del *psicoanalista* Laclau. Leamos: *Pero las relaciones paradigmáticas consisten, como hemos visto, en sustituciones que operan tanto en el nivel del significante como en el del significado, y estas asociaciones están dominadas por el inconsciente. No hay ninguna posibilidad de un lenguaje en el cual las relaciones de valor se establecieran solamente entre unidades formalmente especificables. Así, se requiere el afecto si la significación va a ser posible.* Y añade: *De esta manera podemos concluir que cualquier totalidad social es resultado de una articulación indisociable entre la dimensión de significación y la dimensión afectiva* (los subrayados son míos). El *afecto,* ¡cómo no!.

Pero vayamos por partes. Lo que llamamos *afecto* es la consecuencia *emocional* de un proceso muy complejo que tiene, sin embargo, un origen *sencillo*: la amígdala. En ésta parte del *sistema límbico* se desarrolla la actividad *afectiva*. Se trata de un proceso *químico-eléctrico* que se manifiesta *consciente* en el *córtex cerebral,* debido a su capacidad *cultural*. Dicho en pocas palabras, el *afecto* es la actividad de la *amígdala* procesada por el *córtex,* que lo *culturiza*. Sin *amígdala* no hay *afecto*, y sin *córtex* no hay *afecto* humano. Esto presupone una concepción dinámica y multidimensional, cierta forma de *rizoma* (por utilizar el término de Deleuze), de lo que llamamos *conciencia*. Por ejemplo la experiencia mística, racionalizada poéticamente por Santa Teresa, no es fruto de un *inconsciente* donde anide la mística, sino de un proceso que involucra tanto el sistema *límbico* como el *córtex,* que pueden tener diversos desencadenantes (drogas, enfermedad mental, intoxicación química, repetición de un mantra, meditación transcendental, etc.) Es necesario insistir en ello, porque de lo contrario podemos caer el *espejismo* de considerar al *afecto* como algo *surgido* de la *psique,* y solo referido a ella. El *afecto* no es *independiente* de las funciones *químico-eléctricas* y *neuronales* del cerebro, no tiene vida propia. La dimensión *cultural* es lo que *singulariza* el *afecto,* mientras que su dimensión *material* lo que nos generaliza como *especie*. La *amígdala* y su relación con el *córtex* se ha transformado a lo largo de la evolución, de forma y manera que en los seres *humanos* prevalecen las emociones *afectivas*, pero sin que eso signifique la pérdida de la capacidad innata para la *agresión*, el *miedo* o la *cólera*. Sin el *córtex* humano seríamos primates poco evolucionados, con las emociones primarias necesarias para la reproducción y supervivencia. Por eso, no somos *culturalmente* iguales, aunque seamos partícipes de una misma *cultura*. Es nuestra *experiencia* la que integra la *cultura* en la actividad neuronal del *córtex*, modulándola en un proceso de *feedback*. Esta *plasticidad cultural* permite igualmente cuestionar aspectos de la *cultura* y a esta evolucionar. Y, si nos atenemos a lo que nos interesa, posibilita tanto la *subyugación ideológica* como su *cuestionamiento*.

Como dice el Catedrático de Neurología de la Facultad de Medicina del País Vasco, Juan José Zarranz, *la corteza de los hemisferios cerebrales es el asiento anatomofuncional de las más importantes funciones intelectuales o superiores del individuo. La corteza cerebral contiene no sólo los somas neuronales principales, que soportan aquellas funciones consideradas más "simples" como las motoras, sensitivas, auditivas o visuales, sino también los que integran funciones muy elaboradas como la memoria, el lenguaje, el razonamiento abstracto o las actividades gestuales, que se ha dado en llamar funciones superiores.*[72] En pocas palabras, la *consciencia* emerge de la estructura física del cerebro, aunque todavía no sepamos muy bien cómo lo hace. Hay varias teorías, que las ciencias cognitivas tendrán que ir afinando y validando. De momento, y de acuerdo con lo que actualmente sabemos, se puede afirmar que la *consciencia* es el resultado de la interacción dinámica entre las *neuronas* del tálamo y la complejidad de las *redes neurales* del *córtex*. El problema surge cuando se profundiza en esa interacción, ya que la capacidad del cerebro para elaborar lo que llamamos *consciencia*, es prácticamente infinita. Baste recordar que el número posible de combinaciones (*sinapsis*) del cerebro es verosímilmente mayor que el número de átomos del universo. La mayoría de las *sinapsis* se establecen y deshacen en función de varios factores, fundamentalmente debido a la intensidad del *estímulo* y su *interés*, todo en un movimiento *continuo*. Pero no se trata de un movimiento *unidireccional*, sino un proceso de *feedback* que integra las percepciones externas, las del organismo, y las de la propia actividad *mental*. Tal como afirma el físico y matemático Roger Penrose, *el funcionamiento sináptico, es como un campo de probabilidades cuánticas donde la regla es la indeterminación.*[73] Puede describirse la *conciencia* como una forma *emergente* de *estado cuántico*, con sus *paradojas*, como el *entrelazamiento* (lo que he llamado *resonancia*) que permite *vincular culturalmente* los cerebros a través de *nodos emocionales,* o *ideas fuerza*, como ocurre en los fenómenos de *multitudes*. Todo muy sorprendente, pero nada mágico ni sobrenatural. Toda la concepción *idealista* de la *consciencia* se desmorona ante algo tan *material* como un serio traumatismo craneal, que pueden producir alteración y disminución de la atención, de la velocidad de procesamiento cognitivo y de las funciones del córtex frontal, con grave alteración de la consciencia y la personalidad, tal como han demostrado diversos estudios de neuropsicología.

Dicho lo cual, volvamos a Laclau. En primer lugar es evidente que existen actos *inconscientes*. Por ejemplo, no somos *conscientes* del aspecto borroso de los bordes de la visión. Incluso, antes de que podamos *percibir* un objeto el cerebro *anticipa* de qué objeto se trata, y lo hace en un proceso *cognitivo* no *consciente*. El fisiólogo, médico y físico alemán, Hermann von Helmholtz (1821-1894) señaló que en el cerebro deberían producirse diversos procesos antes de que se forme en la mente la imagen del mundo exterior, fenómeno al que llamó *interferencias inconscientes*, para escándalo de los *moralistas* de su época. Está comprobado que existe una pequeña *demora* entre los procesos cerebrales y su representación mental. Pero nada de esto tiene que ver con el concepto freudiano de *inconsciente:* contenido *mental* que no se encuentra en la *conciencia* y al que el sujeto únicamente puede acceder, y con dificultad, mediante el ¡*psicoanálisis!*. Lo que existen son actos *inconscientes,* es decir, respuestas cerebrales que ocurren antes de que seamos *conscientes* de ellas, tal como explica el psicólogo Chris Frith: *Mi cerebro me hace sentir miedo de cosas que no soy consciente de haber visto y controla complejos movimientos de miembros sin yo saber qué estoy haciendo.*[74] Todo eso es posible porque hay una actividad cerebral que se realiza en niveles subcorticales, a diferencia de donde se origina el *lenguaje*, que es en el córtex. La neuropsicología se basa en esa distinción funcional. Los *actos fallidos,* que Freud calificó de *síntomas*, por ejemplo si decimos una cosa por otra, o escribimos algo distinto a lo que pretendemos, leemos lo que no está escrito, o tergiversamos lo que nos dicen, son desde el punto de vista del *lenguaje* una *traducción equivocada,* bien por cruce o interferencia de *emociones*, en el nivel *consciente* del *lenguaje,* que suelen ser corregidos más o menos rápidamente, bien por ciertas *patologías* como la *disfasia, dislexia, disgrafía y disortografía (por dificultades para coordinar los músculos implicados en la escritura)*. Los trastornos del *lenguaje* y de la *percepción* se explican científicamente por la neurología en sus especialidades *cognoscitiva* y *psicológica*. Se tratan, como he dicho, de *patologías neurológicas*, transitorias o permanentes, que nada tiene que ver con un supuesto *inconsciente* freudiano. Por ejemplo, a la hora de construir una frase el cerebro utiliza rutas *mapeadas* para poder a acceder a los conceptos necesarios, así como a recuerdos, emociones, sensaciones vinculados a ellos, etc. En ese proceso pueden ocurrir errores, interferencias, o conexiones incorrectas, todas obviamente de carácter *involuntario*, con mayor capacidad de *perturbar* el resultado final. Surgen entonces las equivocaciones verbales -¿en qué estaría pensando yo? en lenguaje popular- que se corrigen inmediatamente. Nada que ver con un proceso lógico y gramatical *erróneo*, como en los que incurre Laclau, que siempre es *consciente*.

En cuanto al *afecto*, como las *emociones* en general, no precisan del *lenguaje conceptual* para producirse, aunque se le necesita lógicamente para expresar, comunicar, compartir o mostrar dicha *emoción*. Las *emociones* primarias, si alcanzan cierta intensidad (ira, alegría, miedo, placer, pavor, agresividad) se manifiestan involuntariamente mediante *signos corporales* espontáneos, salvo que se tenga un gran control emocional, y cuyo sentido evolutivo es crear una relación *afectiva* vinculada a la supervivencia. Existen situaciones como el TEA (*trastorno del espectro autista*), perturbación generalizada del desarrollo social del niño, de origen neuropatológico. El diagnóstico es clínico, y se manifiesta por alteraciones de la interacción emocional, problemas de la comunicación, y por presentar un repertorio restringido de las actividades e intereses. Los síntomas aparecen durante los primeros tres años de vida, y se estima que afecta a 5 de cada 10.000 individuos. La disfunción neurobiológica en el TEA es evidente, dado la elevada frecuencia de retraso mental en los pacientes (75% de los casos), crisis epilépticas (15%), y alteraciones en el electroencefalograma (20-50%). Los pacientes presentan mayor incidencia de anomalías físicas, persistencia de reflejos primitivos y signos neurológicos blandos, como hipotonía y falta de coordinación motriz. En el TEA se han identificado anomalías anatómicas en varias áreas del cerebro, que incluyen el cerebelo, los lóbulos frontales, los lóbulos parietales, el hipocampo y la amígdala. En términos de neuropatología, los pacientes presentan una disminución del número de células de Purkinje en el *córtex cerebelar*. Ningún *complejo de Edipo* a la vista. La ausencia, o grave disminución, de la capacidad de *empatizar* en los criminales en serie (psicopatía caracterizada como *trastorno antisocial de la personalidad*), es el resultado de una combinación de caracteres *genéticos* que afectan al proceso de las *emociones* (hallazgos recientes asocian un cambio en el ADN del *gen* que codifica el neurotransmisor *serotonina,* con respuestas *emocionales* muy reducidas, típicas de los *psicópatas*) y circunstancias *ambientales* (educación, familia, amigos, enfermedades). Es decir, no se nace siendo un *psicópata*, pero tampoco se convierte uno en un *psicópata* simplemente por un trauma infantil. El caso del británico Raymond Fernández es elocuente. Durante muchos años fue una persona normal, un espía del montón, pero tras un fuerte golpe en la cabeza su conducta cambió, convirtiéndose en un *asesino en serie*. ¿Qué haría un *psicoanalista* ante un caso así?. Desde luego, yo no le aconsejaría que se limitara a pedirle que se tumbara en su sillón y le hablara de su infancia. Es probable que terminase en un cubo de basura. Claro que si le pasa algo así siempre puede proclamar, en su último suspiro, que su ataque es debido al *complejo de Edipo,* la *nostalgia del pecho materno* (¿qué pasa con los bebés alimentados con biberón?), la influencia *del padre castrador,* la *envidia del pene*, y demás traumas inevitables y reprimidos; y si no pasa nada, le veremos afirmar muy ufano que el *psicoanálisis* le ha curado... hasta que ocurra el próximo crimen. La fuerza de las teorías *psicoanalistas* es que ni se pueden afirmar ni refutar, lo mismo que la idea de un Creador. Es una cuestión de fe. Y de dinero para el *paciente* (nunca mejor dicho). Pero el *populismo* es demasiado serio, ya que afecta a la vida material y cultural de las personas, como para basarlo en cuestiones fe, aunque sea *laica*. En su artículo *Freud y el hombre colectivo*, Gramsci, pese a admitir que *un núcleo más sano y más inmediatamente aceptable del freudismo*, se despacha con una frase muy ilustrativa: *el freudismo es una «ciencia» más aplicable a las clases superiores, y podría decirse, parafraseando un epigrama de Bourget (o sobre Bourget), que el «inconsciente» no empieza sino a partir de tantos miles de liras de renta.*[75] No será *ciencia*, pero es, o al menos ha sido, un excelente *negocio*.

Todo este embrollo ocurre, como venimos analizando, por la falsa distinción entre lo *mental* (donde reina la psicología freudiana) y lo *físico* (que es el aburrido campo de los neurólogos). No existe tal: lo *mental* es una manifestación de lo *físico*. No hay lugar llamado *inconsciencia*, territorio de *nunca jamás,* donde todo permanece *inalterable* desde la más tierna infancia, condicionando nuestra conducta hasta que conseguimos acceder a él, como Wendy, para liberarnos de su tiranía. Todo gracias a la *impagable* (literalmente) labor de nuestro Peter Pan *psicoanalista*. Bromas aparte, todo el discurso de Laclau sobre *significantes psicológicos* carece de base científica, es una especulación, reiterativa y aburrida, como la discusión bizantina sobre el *sexo* de los ángeles. La obsesión sobre la sexualidad de *entelequias flotantes* es muy vieja.

La *totalidad social* de Laclau, signifique esto lo que signifique para nuestro politólogo, no se puede comprender mediante el estudio de los individuos y sus *afectos,* distintos en cada uno de ellos. El *sistema social* (supongo que es a lo que, en definitiva, se refiere) lo forman *individuos* que se agrupan, asocian, llegan a acuerdos de cooperación, establecen normas y valores para la vida en común, crean estratificaciones sociales en función de la riqueza, el privilegio de casta o cuna, etc. gracias a la capacidad de nuestra especie para *socializar* su conducta y crear cultura, tal como analizo en *Evolución, Cultura, y Socialismo*. Laclau comete dos errores de bulto: por un lado se remite al *individuo* desde una perspectiva *freudolacaniana*, y por otro otorga a la totalidad social *naturaleza psicológica* (siguiendo en esto a Jung), por lo que sus mecanismos de agrupamiento, reivindicación y reacción se analizan desde la misma perspectiva *psicológica* que el individuo. Laclau sustituye *neuronas* por *complejos*, entroncando así con la corriente mas *reduccionista* de la sociobiología, pero sin su base científica. Y el *lenguaje* conformador de la *totalidad social* (del *pueblo*, vamos), con el *ambiente* de los *lamarkistas,* versión Lysenko. Puestos a abarcar, lo mejor es acapararlo todo, en una sorprendente muestra de *holismo populista*.

La Cosa, la política y el *populismo*

Sigamos con la argumentación de Laclau, ahora referida al marxismo: ... *dentro de la tradición marxista, el momento gramsciano representa una ruptura epistemológica crucial: mientras que el marxismo tradicionalmente había soñado con el acceso a una totalidad sistemáticamente cerrada (la determinación en última instancia por la economía, etcétera), el enfoque hegemónico rompe decisivamente con esa lógica social esencialista. El único horizonte totalizador posible está dado por una parcialidad (la fuerza hegemónica) que asume la representación de una totalidad mítica. En términos lacanianos: un objeto es elevado a la dignidad de la Cosa.* ¡Un objeto elevado a la dignidad de la Cosa!. O lo que es lo mismo, el *Nebenmensch* (literalmente el *humano cercano,* el Otro, con el que tiene que arreglárselas el niño), que suple la *plenitud inalcanzable* de la *madre primordial* de Freud. Un oscuro y *oscurantista* galimatías en base a conceptos que nada tienen que ver con el marxismo ni con la neurología. La supuesta *ruptura* de Gramsci es en realidad la ruptura de Laclau con el marxismo como instrumento de *conocimiento* (análisis de la realidad) y de *trasformación* (praxis revolucionaria). Laclau no es marxista, aunque lo fue en su juventud, ni siquiera un *posmarxista* riguroso, sino una mezcla de *estructuralismo, freudianismo* pasado por Lacan, y nuevas formas de *idealismo* filosófico, por lo que carece de sentido criticarle por el *mal uso* de las categorías marxistas, incluidas las aportaciones de Gramsci. Y no merece la pena refutar el disparate teórico, y la impostura intelectual, de asociar a éste último con Lacan y demás *neofreudianos*. Plaga que según avanza la ciencia, la gran desenmascaradora, van quedando relegados a la curiosidad académica.

Más adelante llega el gran argumento, la necesidad *política* del *populismo*: *Si la sociedad lograra alcanzar un orden institucional de tal naturaleza que todas las demandas pudieran satisfacerse dentro de sus propios mecanismos inmanentes, no habría populismo, pero, por razones obvias, tampoco habría política.* Bueno, algo así, aunque no *exactamente* así, es lo que ocurrirá, según la teoría marxista de la *lucha de clases*, cuando éstas desaparezcan. Es decir, en la *sociedad comunista*. Claro que Laclau no admite tal *horizonte*. Por eso debemos pensar que la *sociedad* de la que habla es, y será, la *capitalista*. Esta sociedad, parece olvidar Laclau, está constituida por diferentes *clases* y grupos sociales, con demandas materiales y culturales no solo diferentes sino en algunos casos contradictorias y antagónicas, por lo que resulta peregrino hablar de satisfacción en el *orden institucional*, que es precisamente el mecanismo de poder de la clase dominante.

Pero todas estas disquisiciones no dejan de ser *minucias*. El Gran Objetivo está a la vista y nos acercamos al momento de la verdad. Aunque para alcanzarlo hemos tenido que atravesar las procelosas aguas de la sociología decimonónica, la lingüística clásica y moderna, el *psicoanálisis* en la sofisticada y *creativa* versión del genial Jacques Lacan, y la tergiversación del concepto de hegemonía de Antonio Gramsci. No importa, ya tenemos ante nosotros una *primera conceptualización del populismo*, el nuevo continente creado por la brillante acción *discursiva* de Ernesto Laclau.

Una vez introducidas todas las variables teóricas, para una primera *conceptualización del populismo* deberían tenerse en cuenta tres aspectos:

Primero, a esta altura debería estar claro que por "populismo" no entendemos un tipo de movimiento -identificable con una base social especial o con una determinada orientación ideológica-, sino una lógica política... Sin embargo, ¿qué entendemos por "lógica política"?... las lógicas sociales como involucrando un sistema enrarecido de enunciaciones, es decir, un sistema de reglas que trazan un horizonte dentro del cual algunos objetos son representables mientras que otros están excluidos... Así, podemos hablar de la lógica del parentesco, del mercado, incluso del ajedrez (para utilizar el ejemplo de Wittgenstein). No obstante, la lógica política tiene algo específico que es importante destacar. Mientras que las lógicas sociales se fundan en el seguimiento de reglas, las lógicas políticas están relacionadas con la institución de lo social. Sin embargo, tal institución, como ya sabemos, no constituye un fiat arbitrario, sino que surge de las demandas sociales y es, en tal sentido, inherente a cualquier proceso de cambio social.

Laclau comienza a precisar: *populismo* para Laclau no es un movimiento político, sino la expresión de las lógicas *políticas* que surgen de las *demandas sociales* en y durante el *cambio social*. Pero, ¿por qué se produce el *cambio social*?. ¿Por la lucha de clases expresada en la *demandas*?. ¿Por las *contradicciones* del *sistema social*?. No, ¡por las *lógicas políticas*!. *Ergo...* toda *política* es *populista* de uno u otro modo. Es la defensa del *populismo* mas rebuscada y absurda que puede darse. Tanta cita, tanto lenguaje oscuro, tantas argumentaciones *fabulosas* que actúan como *conjuros*, para afirmar que toda acción política es, al fin y al cabo, *populismo*, por lo que la crítica carece de sentido, salvo en los aspectos *formales*. Y sigue: *a partir de esto podemos deducir que el lenguaje de un discurso populista -ya sea de izquierda o de derecha- siempre va a ser impreciso y fluctuante: no por alguna falla cognitiva, sino porque intenta operar performativamente dentro de una realidad social que es en gran medida heterogénea y fluctuante.*

Construir una *hegemonía* sobre un discurso vago y fluctuante es precisamente no construir ninguna *hegemonía alternativa*, sino mantener la *hegemonía dominante,* que es precisamente lo que hace el *populismo* en situaciones de crisis. Una *hegemonía alternativa* se consigue sobre un *discurso* concreto y coherente de *transformación* social que tenga en cuenta la *heterogeneidad social*, es decir las diferencias de *clase* y grupo social. Y que sea capaz de *articular* una propuesta desde el interés de *clase*, pero abarcando en la lucha a la mayoría social.

No hace falta insistir. Me remito a las palabras de Gramsci ya citadas.

No satisfecho con lo dicho, y tal vez porque sin una pincelada *psicoanalista* el discurso pierde calidad, Laclau añade: *Si tuviéramos, en términos de Lacan, lo real anterior a lo simbólico, tendríamos una plenitud continua sin diferencias internas... y esta discontinuidad solo puede ser concebida en términos de una catexia diferencial.* Aquí hace referencia, supongo, al *Besetzung* de Freud, que indica cierta *energía psíquica* unida a una representación. Se me hace muy difícil discutir un concepto del *psicoanálisis* que ha dado lugar a numerosas interpretaciones y diferentes escuelas. El término es parte del *aparato* conceptual de Freud, formulado cuando todavía estaba influenciado por algunos neurofisiólogos como Brücke o Meynert, pero que desarrolló teóricamente de una manera rigurosa como lo haría con otros conceptos.

Pero hay más: *En primer lugar tenemos el momento de la plenitud mítica que buscamos en vano: la restauración de la unidad madre/hijo o, en términos políticos, la sociedad completamente reconciliada.* Toda una señora *frustración,* la sociedad no puede reconciliarse plenamente, lo mismo que el niño no puede volver al seno de la madre. Claro que para arreglar el *malestar* de la sociedad y del niño contamos con los *populistas* y los *psicoanalistas*, inseparables en la mente especulativa de Laclau. Nuestro profesor utiliza el salto epistemológico de Lacan con respecto a la propuesta de Freud sobre teoría clásica del Edipo, que da mucho más juego, y que no me interesa lo más mínimo. En cambio quisiera resaltar que en el terreno *político,* que es de lo que se trata, *la sociedad completamente reconciliada* o es una sociedad sin *clases,* y Laclau está muy lejos de referirse a ella, o es simple *propaganda* del *liberalismo*, que se apoya en la *igualdad jurídica* para lograr la *reconciliación* (convivencia *civilizada),* bajo el amparo de la *ley.* Es la única *reconciliación* posible en el capitalismo. Por contra, el *socialismo* propone la construcción de una *igualdad* plena, no solo ante la ley y a la hora de concurrir al *mercado,* como base de la *reconciliación social.* Igualdad de *facto* y de *jure,* solo posible en un sistema económico donde la *propiedad* privada de los medios de producción y distribución sea *socializada.* Y se haga realidad la vieja consigna revolucionaria: *¡De cada cual, según sus* *capacidades; a cada cual según sus necesidades!*. Pero aún así, tampoco sería una sociedad *reconciliada plenamente,* ya que los *conflictos* son consustanciales a toda sociedad humana, fruto de la *dialéctica* individuo/grupo.

Le toca luego el turno a las *demandas,* palabra que cobra vida y se ve sometida a un destino inexorable: *una determinada demanda, que tal vez al comienzo era sólo una más entre muchas, adquiere en cierto momento una centralidad inesperada y se vuelve el nombre de algo que la excede, de algo que no puede controlar por sí misma y que no obstante se convierte en un "destino" al que no puede escapar.* ¡Lástima!. Los trabajadores deberían tener más cuidado con sus *demandas,* y no exponerlas a centralidades inesperadas. Se trata de simples *demandas.* Increíble argumentación sobre una *demanda.* Evidentemente, Laclau no conoce la *lucha real* de la gente.

En el Apéndice, *¿Por qué denominar "democráticas" a algunas demandas*?, tras variadas disquisiciones sobre la razón que le lleva a denominar *democráticas* las *demandas* concretas, y señalar que *un régimen fascista puede absorber y articular demandas democráticas tanto como un régimen liberal* (¡Tanto!. Hombre, alguna diferencia habrá) vuelve a utilizar al pobre de Gramsci para justificarse, aunque con reparos: *Toda su teoría de la hegemonía tiene sentido sólo si la inscripción popular de demandas democráticas no procede de acuerdo con un diktat dado a priori o teleológicamente determinado, sino que es una operación contingente que puede moverse en una pluralidad de direcciones. Esto significa que no existe una demanda con un "destino manifiesto" en lo que a su inscripción popular se refiere -y, de hecho, no es sólo una cuestión de la contingencia de su inscripción, porque ninguna demanda se constituye plenamente sin alguna clase de inscripción. Cuando* *llegamos a este punto en la teorización de Gramsci no estamos lejos de la noción de "demanda democrática" que hemos presentado en nuestro texto. Sin embargo, no completamente. Porque para Gramsci, la esencia última de la instancia articuladora -o la voluntad colectiva- es siempre lo que él llama una clase fundamental de la sociedad, y la identidad de esta clase no es considerada como el resultado de prácticas articulatorias -es decir, que aún pertenece a un orden ontológico diferente del de las demandas democráticas-... último resabio de esencialismo en Gramsci. Si lo eliminamos, el pueblo como instancia articuladora -el locus de lo que hemos denominado demandas populares- sólo puede ser el resultado de la sobredeterminación hegemónica de una demanda democrática particular que funciona, como hemos explicado, como significante vacío (como un "objeto a" en el sentido lacaniano).*

Ocurre, sin embargo, que ese *resabio* es la base del concepto de *hegemonía* de Gramsci (y de Lenin). Si lo eliminas para especular sobre una *demanda concreta* que se *transforma* en una *demanda general*, lo que estas realizando es una *castración* ideológica del revolucionario para convertirlo en un *populista*. Lo que no se entiende entonces es la necesidad obsesiva de citar a Gramsci para su *juego de demandas*. Laclau debería *psicoanalizarse*.

IV. FLOTANDO ENTRE SIGNIFICANTES

Llegamos al capítulo titulado *Significantes flotantes y Heterogeneidad social* con la esperanza de encontrar alguna argumentación con mayor solidez que las elucubraciones de Freud, las fantasías de Lacan, y las tergiversaciones de Laclau. No seré yo quien niegue ingenio al termino *flotante*. Es un recurso para categorizar algo que no se comprende, como el ya mencionado *flogisto* en la combustión química. El problema es que no significa nada real, sino una ideación fantasiosa. Lo único que verdaderamente *flotan* son las figuras literarias en el *coco* de Laclau. Reconoce Laclau que *en lo expuesto hay, sin embargo, un supuesto simplificante que ahora debemos eliminar. El modo como hemos presentado la cuestión presupondría que la única alternativa a la articulación de una demanda dentro de una cadena equivalencial es su absorción diferencial, de modo no antagónico, dentro del sistema simbólico existente. Pero esto presupone que la frontera interna se mantiene siempre igual, sin desplazamientos -obviamente, un supuesto muy poco realista, sólo aceptable por razones heurísticas con el fin de presentar la noción de "significante vacío" en su forma más pura. Este modelo simplificado inicial puede graficarse con el siguiente diagrama que hemos utilizado en otro trabajo:*

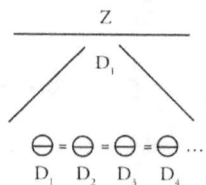

El ejemplo que teníamos en mente era el de un régimen opresivo -en ese caso, el zarismo- separado por una frontera política de las demandas de la mayoría de los sectores de la sociedad (D1, D2, D3...). Cada una de estas demandas en su particularidad es diferente de todas las otras (esta particularidad se muestra en el diagrama con el semicírculo inferior en la representación de cada una de ellas). Sin embargo, todas ellas son equivalentes entre sí en su oposición común al régimen opresivo (esto es lo que representa el semicírculo superior). Esto, como hemos visto, conduce a que una de las demandas intervenga y se convierta en el significante de toda la cadena -un significante tendencialmente vacío. Pero todo el modelo depende de la presencia de una frontera dicotómica: sin ella, la relación equivalencial se derrumbaría y la identidad de cada demanda se extinguiría en su particularidad diferencial.

Sin embargo, ¿qué ocurre si la frontera dicotómica, sin desaparecer, se desdibuja como resultado de que el régimen opresivo se vuelve él mismo hegemónico, es decir, intenta interrumpir la cadena equivalencial del campo popular mediante una cadena equivalencial alternativa, en la cual algunas de las demandas populares son articuladas con eslabones totalmente diferentes (por ejemplo, como veremos en un momento, la defensa del "hombre humilde" [small man] contra el poder deja de asociarse a un discurso de izquierda, como en el New Deal estadounidense, y comienza a vincularse con la "mayoría moral")?. En ese caso, las mismas demandas democráticas reciben la presión estructural de proyectos hegemónicos rivales. Esto genera una autonomía de los significantes populares diferente de la que hemos considerado hasta ahora (¡vaya por Dios!)... A los significantes cuyo sentido está "suspendido" de este modo los denominaremos significantes flotantes. Podríamos representar su funcionamiento, siguiendo el diagrama anterior, de esta manera:

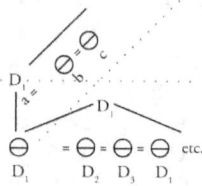

$$\ominus = \ominus = \ominus = \ominus \text{ etc.}$$
$$D_1 \quad D_2 \ D_3 \ D_1$$

Como vemos, D1 está sometida a la presión estructural de dos cadenas equivalenciales antagónicas representadas por las líneas puntuadas: la horizontal corresponde al campo popular que se opone al zarismo, como en nuestro primer diagrama. La diagonal, no obstante, establece un lazo equivalencial entre D1, que pertenece al campo popular, y otras dos demandas a las que este último se opondría por pertenecer al campo del zarismo. Así, tenemos dos maneras antagónicas de constituir al "pueblo" como un actor histórico.

¡Cómo no se habría dado cuenta Lenin de algo tan evidente y sencillo!. Con un par de diagramas, todo resuelto. Adiós batallas ideológicas con los *mencheviques,* adiós defensa del marxismo revolucionario, adiós política de alianzas, adiós organización del partido para la revolución y no para la reforma, etc. Ya sé, estaba empeñado en transformar un partido socialista en otro apto para la revolución, y no tenía tiempo para *construir* un pueblo, que daba ya *construido* por las *relaciones de producción* de la sociedad zarista, recorrida por contradicciones varias, desde las derivadas de formas feudales (servidumbre), hasta capitalistas incipientes, y *dominado* tanto por las leyes y la fuerza represiva del Estado, como por la *subyugación ideológica* (monarquía cuya legitimidad proviene de Dios, religión ortodoxa, el alma rusa, etc.) Para Lenin, toda trasformación revolucionaria debía estar encabezada y dirigida por la clase obrera como fuerza *hegemónica,* capaz de dar satisfacción a otras reivindicaciones como la de los campesinos. Pero todo esto es demasiado conocido como para insistir en ello.

Lo que no entiende Laclau, porque desconoce (o niega) los mecanismos *evolutivos* (*reforma* y *trasformación*) de los *sistemas sociales*, y porque ha abandonado toda concepción *materialista* de la historia, es que un *sistema social* no es algo rígido, sino *complejo, abierto, dinámico y no lineal,* donde se enfrentan las *clases sociales* en defensa de sus *demandas* frente al *estatus quo* y sus *privilegios*, en una cambiante situación de *correlación de fuerzas* que determina el *juego de alianzas* y, por lo tanto, el *reagrupamiento* de las *demandas* dentro de la lucha por la *hegemonía*. Aquí no hay nada que *flote,* sino acuerdos tácticos y estratégicos frente a un enemigo principal. O si se quiere, una *dinámica de contradicciones,* donde cada parte *subordinada* pugna por convertir sus *intereses* en el objetivo *principal* de la lucha. Pugna que puede resolverse con la satisfacción de una o varias *demandas,* pero sin que eso afecte a la naturaleza del *sistema social,* que cede para *mantenerse,* y así *evolucionar.* Es decir, el *sistema social* puede, paradójicamente, *reformarse* por la presión popular si las *demandas* no ponen en cuestión el sistema, como demuestra el desarrollo del Estado del Bienestar por la socialdemocracia europea, tras la II Guerra Mundial. Sin que esta *conquista social* anule las *contradicciones* internas, inherentes al sistema. Hasta que la *contradicción fundamental,* verdadero *motor* del proceso *evolutivo social,* entre las *fuerzas productivas* y *relaciones de producción* se resuelva en un nuevo sistema social, las *demandas* no podrán resolverse *plena y sustancialmente.* Volverán a *resurgir* con las sucesivas crisis, como ocurre en la actualidad.

Nótese que, este *motor* evolutivo es *algo más* que *economía,* para abarcar la dimensión *cultural* de toda realidad social, lo que se ha venido en llamar *superestructura,* un término en mi opinión poco claro y eficiente. *Determinación, sobredeterminación, estructura* y *superestructura* son términos que no reflejan adecuadamente la *complejidad* de los *sistemas sociales* y sus mecanismos internos *evolutivos*, ya que inducen una visión *dualista* (como la de mente/cerebro) de la realidad, válida tal vez para el análisis *académico*, pero peligrosa a la hora de hacer *política*. Y convierten al marxismo en *presa fácil* de sus enemigos. Pero de todo esto hablo *in extenso* en Evolución, Cultura y Socialismo.

Volviendo a la consigna de *pan, paz y tierra*, que es el *leit motiv* de la argumentación de Laclau, y que no tenían nada de *flotante*, eran reivindicaciones *concretas* de una parte mayoritaria de la población (campesinos pobres, obreros, soldados). Asumida su *resolución* por los bolcheviques, y enmarcas en la lucha revolucionaria, permitía a la clase obrera ejercer la *hegemonía* en el proceso de su satisfacción, lo que implicaba enfrentarse al gobierno provisional, que también admitía dichas reivindicaciones, pero que era incapaz de atenderlas plenamente. Por tanto, la cuestión no es que reivindicaciones o *demandas* se *encadenan*, y que *significantes flotan,* sino *cómo se resuelven* y *quién* dirige su resolución. Tomemos un ejemplo más cercano: las *reivindicaciones* de empleo, trabajo digno, reforma de la instituciones, lucha contra la corrupción, defensa de las prestaciones sociales, son *demandas populares* de amplias capas de la población española. Reivindicaciones que, de una u otra forma, hacen suyas las distintas formaciones políticas en pugna, incluido el partido que ha provocado la exacerbación de los problemas con su *austericidio* dirigido por Bruselas, aunque la causa *estructural* de los problemas radica en el sistema social capitalista.

La cuestión, por tanto, no son las *reivindicaciones* en *abstracto*, sino en el *cómo* y el *quién* las resuelve. Insisto, la cuestión no es qué *reivindicación* se convierte en *significante flotante,* si no qué *clase social* y que *política* se convierte en *hegemónica* y *dirigente* en la lucha por atender las *reivindicaciones*. Los esquemas, más o menos ingeniosos, pueden servir para impartir lecciones magistrales en la universidad, pero no reflejan la *complejidad* de las luchas sociales. Confundir *significante* con *reivindicación*, y *descarnar* ésta de su *portador*, el *grupo* o *clase social*, es precisamente una de las características, como bien ilustra Laclau, del discurso *populista*.

Para el que siga interesado en las disquisiciones académicas sobre conceptos *vacíos* y *flotantes*, reproduzco las aclaratorias palabras del profesor: ... *las categorías de significantes "vacíos" y "flotantes" son estructuralmente diferentes. La primera tiene que ver con la construcción de una identidad popular una vez que la presencia de una frontera estable se da por sentada; la segunda intenta aprehender conceptualmente la lógica de los desplazamientos de esa frontera. En la práctica, sin embargo, la distancia entre ambas no es tan grande. Las dos son operaciones hegemónicas y, lo más importante, los referentes en gran medida se superponen. Una situación en la cual sólo la categoría de significante vacío fuera relevante, con exclusión total del momento flotante, sería una situación en la cual habría una frontera completamente inmóvil, algo difícil de imaginar. Inversamente, un universo puramente psicótico en el que tuviéramos un flotamiento puro sin ninguna fijación parcial, es también impensable. Por lo tanto, significantes vacíos y flotantes deben ser concebidos como dimensiones parciales -y por lo tanto analíticamente delimitables- en cualquier proceso de construcción hegemónica del "pueblo".*

Eliminadas las rebuscadas construcciones verbales, quedémonos con el concepto fundamental: la *construcción hegemónica* del *pueblo*. Tenemos una extraña criatura *laclaudiana* (el *pue-*

blo) que se crea y destruye según actúen los *significantes vacíos* y *flotantes*, verdaderos *demiurgos* de la política *populista*. Laclau desconoce conceptos como *Subyugación Ideológica* (*seducción* lo llama el filósofo Byung-Chul Han, del que hablaré más adelante) para entender los mecanismos *políticos* y *culturales* que el sistema capitalista utiliza, junto con los *coercitivos*, para defenderse de los efectos, potencialmente *destructivos,* de sus contradicciones internas. Y uno de los aspectos más significativos de esa *subyugación* es la negación de la *lucha de clases* como *motor* histórico, que es lo que subyace a toda la teorización *populista* de Laclau, como él mismo termina reconociendo. Por eso ningún *populismo* de *izquierdas* ha conseguido avanzar realmente hacia el *socialismo* aunque utilice el término, como hacía el *nacionalsocialismo*, o hace el *chavismo*. Naturalmente, hay diferencias entre los distintos tipos de *populismo*, aunque ambos deban atender ciertas *demandas populares* para alcanzar y mantenerse en el poder. Por ejemplo, el *chavismo* ha cambiado la *distribución de la riqueza* (aunque ha sido incapaz de generarla, más allá del petróleo), y sacado de la pobreza, la exclusión social y marginación política histórica a millones de personas, creando, en el menor de los casos, una nueva *clase media* que termina oponiéndose al *populismo*. Cuando ya existe esa *nueva clase media, seducida* por el consumo imparable, como ocurre en los países de capitalismo desarrollado, el *populismo* es principalmente de *derechas*, y se ofrece como garantía frente a los peligros *externos* (emigración) y los *internos* (corrupción e inoperancia) que ponen en peligro el *modelo* de vida y sociedad. Los populismos que pretenden ser de *izquierda*, aunque en buena lógica *populista* lo nieguen, terminan dividiendo la izquierda *real* que lucha por objetivos *trasformadores*. Lo que finalmente les emparenta con los *populismos* de derechas, *malgré lui*.

Heterogeneidad contra marxismo

Como antiguo marxista, hoy representante de una de las corrientes menos consistentes del *posmarxismo*, Laclau no puede evitar volver a los orígenes para criticarlos: *Marx presenta la historia como un relato unificado por una lógica única: el desarrollo de las fuerzas productivas, al cual corresponde, en cada uno de sus estadios, un cierto sistema de relaciones de producción. Se ha afirmado, en algunas ocasiones, que la noción de fuerzas productivas es puramente cuantitativa, pero esto no es cierto. Uno debe tomar en consideración que la lógica de la explicación de Marx es profundamente hegeliana y no corresponde a la categoría de cantidad, sino a la de medida -más precisamente, al infinito de la medida una vez que lo "sin medida" ha sido superado.* Cierto, Marx utiliza la *dialéctica hegeliana* para analizar el capitalismo. A este respecto, es ilustrativo el *aforismo* de Lenin: *es imposible entender completamente El Capital de Marx y especialmente su primer capítulo si no se ha estudiado y entendido toda la Lógica de Hegel. En consecuencia, ninguno de los marxistas de los últimos 50 años ha entendido a Marx.*[76] Y es así porque Marx no *impugna* la filosofía de Hegel, sino que le da la *vuelta*, la hace *materialista*. Utiliza la *dialéctica hegeliana* para analizar la realidad social y explicar sus mecanismos de *evolución*.

Marx es un *materialista* consecuente, buscaba las leyes del *desarrollo* capitalista como Darwin las de la *evolución* biológica, para deducir de ellas leyes generales de la *evolución* de las sociedades. Porque todo en la naturaleza esta sometido a leyes, incluida la sociedad humana. Pensar lo contrario es tanto como creer que el *Homo sapiens sapiens* no es fruto de la evolución sino que es una creación divina. Lo cual tiene muy poco que ver con la ciencia, y mucho con la superstición. La única forma seria de refutar a Marx es enunciando nuevas leyes del cambio social, que sean *validadas* en la práctica social, y capaces de dar una explicación *plausible* de los procesos históricos. Se puede estar de acuerdo o no con el marxismo, pero para utilizar a Marx es necesario no tergiversarlo mediante una interpretación *idealista* de sus tesis, lo que hubiera indignado al *Moro* (algo similar le llevó a declarar que él no era *marxista*). Las *fuerzas productivas* (*Produktivkräfte*) en Marx describen la capacidad de producir riqueza material, (la materia que se obtiene y transforma, la fuerza de trabajo, y los medios necesarios para realizarlo), que configura unas determinadas *relaciones de producción*. Para decirlo con palabras del propio Marx, *las relaciones sociales están íntimamente vinculadas a las fuerzas productivas. Con la adquisición de nuevas fuerzas productivas, los hombres cambian su modo de producción, y con el cambio del modo de producción, de la manera de ganarse la vida, cambian todas sus relaciones sociales... Los mismos hombres que establecen las relaciones sociales en consonancia con su producción material, producen también los principios, las ideas, las categorías, en consonancia con sus relaciones sociales.*[77] El proceso *evolutivo* se produce cuando la creación de riqueza no puede desarrollarse plenamente en el marco de las *relaciones de producción*. Esta *contradicción* expresa la necesidad y posibilidad de *cambio social* que permita la expansión productiva. Proceso que no ocurre como en la *evolución biológica,* donde el cambiante *ecosistema* exterior *selecciona* las alteraciones genéticas que mejor dotan a los individuos para la supervivencia, sino que el *ecosistema* es la propia *sociedad* donde ocurren los cambios y, por lo tanto, entra en juego la dimensión *cultural.* De ahí que nada esté mecánicamente *determinado*, sino que se trate de fenómenos *probabilísticos,* con un alto grado de *incertidumbre.* Los conflictos pueden desencadenarse por las *contradicciones* internas del sistema social, pero su resolución, en uno u otro sentido, dependen de la acción consciente, de la lucha *política*. Por eso, la dimensión *ideológica* es el principal campo de batalla por la *hegemonía,* condición *necesaria* para la *transformación* social. Con permiso de nuestro docto profesor, me gustaría citar una vez más al *demonizado* Lenin, cuando critica la afirmación de que *los ideólogos (es decir, los dirigentes políticamente conscientes) no pueden desviar al movimiento del camino determinado por la interacción del medio con los elementos [...] ignora la verdad elemental de que el elemento consciente participa en esta interacción y en la determinación del camino. En Europa los sindicatos católicos y monárquicos son también un resultado inevitable de la interacción del medio con los elementos, pero era la conciencia de curas y personajes como Zubatov, y no la de los socialistas, la que participaba en esa orientación.*[78]

En cuanto a la *heterogeneidad*, Laclau parece no comprender que todos los sistemas complejos, abiertos y no lineales, como los biológicos, no digamos las *sociedades humanas*, son necesariamente *heterogéneos*. Solo cabe hablar de *grado*, de manera la que la *homogeneidad* es, en realidad, el nivel *menor* de *heterogeneidad*. Toda su especulación sobre este concepto no es más que un debate fútil, que solo sirve para enmascarar la verdadera intención de Laclau: *negar* la *lucha de clases* en los procesos de cambio y transformación de la sociedad capitalista. De lo que se trata con tanta disquisición o *filosofía de boudoir*, es de cortarle los *espolones* al gallo de Marx, y reducirlo a un joven hegeliano de *izquierdas*.

Las alusiones a Hegel no son más que un intento de *revertir* la *inversión* de los hegelianos de *izquierda*. Así, afirma que: *cantidad y calidad se unen, y esto corresponde exactamente al tipo de unidad existente entre las fuerzas y las relaciones de producción.* Afirmación disparatada porque *cantidad* y *calidad* son *momentos* distintos de la realidad; se refieren a *dimensiones* diferentes y *naturalezas* distintas. Lo curioso es que Laclau parece basarse en el famoso paso *dialéctico* de la *cantidad* a la *calidad* formulado por Engels en el *Anti-Dühring*. Pero aquí no existe ninguna *unión*, sino una *relación causal*. Por ejemplo, si bajamos de cero la temperatura del agua, cambia de *estado*, pero sigue siendo la misma sustancia. Es lo que se conoce como *transición de fase*. Otro ejemplo, algo más complejo, son los resultados *imprevistos* que se pueden producir cuando se incrementa el número de personas que interactúan en un determinado sistema. Lógicamente, lo mismo puede decirse de la falsa *unidad* entre las *fuerzas productivas* y las *relaciones de producción*. Por eso resulta incoherente el resto de la frase: *Este punto es importante porque sin esta imbricación lógica entre lo cuantitativo y lo cualitativo, la historia no sería un relato coherente -el espacio de su representación no estaría saturado. Esto nos muestra cuál es, dentro de esta narrativa teórica, la explicación de los desplazamientos de la frontera antagónica. Existen desplazamientos de la frontera porque, a través de ellos, se representa un drama diferente: la compatibilidad/incompatibilidad entre las fuerzas y las relaciones de producción en cada uno de sus estadios.* El problema, señor Laclau, es que no existe *incompatibilidad*, ya que las *fuerzas productivas* siempre se manifiestan mediante *relaciones de producción*. Lo que existe, o puede existir, es un *freno* a su desarrollo, que una vez alcanzado cierto nivel -*transición de fase*- se manifiesta en el dilema *estancamiento* o *transformación*. El resultado dependerá de la acción *política* de los grupos y clases sociales que constituyen la sociedad.

Pero lo más curioso es que Laclau se vale para sustentar su análisis del término *lumpenproletariado*, y de la crítica de Marx (invectivas, las llama, de acuerdo a las palabras de Engels: *El lumpenproletariado, en las grandes ciudades, es el peor de todos los posibles aliados. Esta muchedumbre es absolutamente venal y absolutamente descarada. Todo líder de los trabajadores que usa a estos sinvergüenzas como guardias o confía en su apoyo, demuestra por esta sola acción ser traidor al movimiento*).[79] Para ello se basa en *el hecho, señalado por el mismo Marx en Las luchas de clases en Francia de 1848 a 1850, de que el parasitismo del lumpenproletariado, la escoria de la sociedad, es reproducido por la aristocracia financiera en los niveles más elevados de la organización social -gente que no gana sus ingresos mediante actividades productivas sino "embolsando la riqueza ya disponible de otros". Por lo tanto, la aristocracia financiera "no es otra cosa que el resurgimiento del lumpenproletariado en la cumbre de la sociedad burguesa". La extensión de la categoría, además, no es para Marx marginal, limitada a un pequeño grupo de especuladores, ya que se refiere a la cuestión general de la relación entre trabajo productivo e improductivo, que los economistas políticos habían discutido a partir de Adam Smith, y que es central en la estructuración del sistema capitalista.*

Llegados a este punto, Laclau echa mano de Peter Stallybrass, profesor de Humanidades en la Universidad de Pennsylvania y miembro de la Sociedad Filosófica Americana,[80] para que refute el marxismo: *la dificultad con la que se enfrenta Marx en su análisis temprano del bonapartismo en El Dieciocho Brumario de Luis Bonaparte es determinar la naturaleza social del régimen, dado que todos los regímenes políticos deberían ser la expresión de algún tipo de interés de clase. La respuesta de Marx es que la base social del régimen de Luis Bonaparte son los pequeños propietarios rurales. Sin embargo, casi de inmediato debe modificar su opinión afirmando que, dada*

su dispersión, los campesinos no constituyen pu-
ramente una clase sino simplemente un grupo
"del mismo modo que las papas en una bolsa for-
man una bolsa de papas". Esto otorga al Estado
de Bonaparte un grado más alto de autonomía
que el que disfrutan otros regímenes que depen-
den de una base social más estructurada. No obs-
tante, más tarde Marx rechazó esta solución y
percibió al bonapartismo como dependiente de
una base social heterogénea que posibilitó al Es-
tado moverse entre medio de diferentes clases.
Éste es el comienzo, según Stallybrass, de una cri-
sis en la teoría marxista. Esta crisis es sinónimo
de la emergencia de la articulación política como
absolutamente constitutiva del lazo social.

Satisfecho con las palabras de Stallybrass,
autor junto con Allon Blanca de un opúsculo signi-
ficativamente intitulado *La política y la poética de*
la transgresión,[81] Laclau concluye: *Al llegar a este*
punto, debería estar claro que estamos abando-
nando los supuestos que hicieron posible la expli-
cación del cambio histórico dentro del modelo
dialéctico. La historia, después de todo, no es el
terreno en el cual se desarrollaría un relato unifi-
cado y coherente. Si las fuerzas sociales constitu-
yen el agrupamiento de una serie de elementos
heterogéneos reunidos mediante la articulación
política, es evidente que ésta es constitutiva y bá-
sica y no la expresión de algún movimiento más
profundo subyacente. ¡Adiós Marx, bienvenido
populismo!.

El *lumpenproletariado* aparece en escena

Pero vayamos por partes, porque el tema es
decisivo para comprender la pirueta teórica de
Laclau. En primer lugar, no es cierto que las *fuerzas*
sociales se agrupen mediante la *articulación políti-*
ca, salvo que se entienda por *fuerzas sociales* el

conjunto *heterogéneo de* seguidores de una *propuesta política*, en cuyo caso estaríamos hablando de *movimientos sociales*. Lo que *agrupa* a las fuerzas sociales es su ubicación en el sistema productivo, aunque puedan *reagruparse* ideológicamente en distintas combinaciones de *fuerzas* o *clases,* en función de la *política*. Estamos, por tanto, ante una nueva formulación de la cada vez más clara negación de la *lucha de clases*, ahora llamadas *fuerzas sociales*. Pero cambiar el nombre -*falacia nominal*- no elimina la molesta realidad de una sociedad inexorablemente dividida en *clases*.

En cuanto al *lumpenproletariado,* es un término (peyorativo, sin duda, como *plebe*) que tiene sentido aplicado a ciertas capas urbanas de la población en las sociedades industriales incipientes, donde la captación de mano de obra para las fábricas era incapaz, ni estaba interesada (el *ejercito de reserva* para contener los salarios) en integrarlos en la producción. Eso posibilitó que se formara una capa social *heterogénea* (*desclasada*), donde cohabitaban mendigos, ladrones, criminales, gente sin oficio ni beneficio, etc. En la sociedad actual de capitalismo financiero y revolución digital, lo que se está formando es una nueva categoría *marginal*, los *parados de larga duración* y los *excluidos* del mercado de trabajo por falta de *capacitación* técnica y profesional. Ésta *marginación* y *exclusión* tiene mucho que ver con la incapacidad del sistema económico, en la fase de capitalismo global, para absorberlos y capacitarlos. El Estado, por su parte, carece de recursos para asegurarles una subsistencia digna. Por eso ya nadie habla de *lumpenproletariado*. Ni siquiera de *proletariado,* dada la complejidad y estratificación de las *fuerzas productivas* en el capitalismo desarrollado, donde la actividad vinculada a la inteligencia, y el desarrollo del sector *servicios* engloba a la mayoría de los trabajadores. Pero, al contrario de lo que ocurría con el *lumpenproletariado,* utilizado muchas veces como *ariete* contra las luchas obreras, las capas *marginadas* y *marginales* actuales pueden movilizarse electoralmente ante propuestas *populistas* frente a la *izquierda*. El ascenso del Frente Nacional en Francia es, en este sentido, paradigmático.

Las *bolsas* de *exclusión y marginalidad,* incrementadas por la crisis, y concentradas en antiguas barriadas obreras o de inmigración de las grandes ciudades, ya no cumplen el papel histórico del *lumpenproletariado* en las luchas obreras, ya que siguen siendo parte del sistema, con capacidad de incidencia *política.* La *derecha* trata de contener su descontento con el recurso de la *caridad* (subsidios y ONGs), encantada de que se *automarginen* políticamente, la *ultraderecha* intenta captar su voto con un discurso *populista,* y la *izquierda* tradicional y reformista sencillamente los ignora. El desafío para la *izquierda trasformadora* consiste en integrar su malestar en la lucha por trasformar la sociedad, considerando que son una fuerza productiva desaprovechada que hay que integrar en el nuevo sistema socio-económico, garantizando el trabajo y la prestación social. Es la única forma de escapar al *círculo vicioso* de la *caridad,* al tiempo que se evita la confrontación con los trabajadores empleados.

Una vez mas, la solución es el *socialismo,* capaz de desarrollar las *fuerzas productivas,* de acuerdo a las exigencias de la Revolución Digital, y generar la suficiente riqueza para garantizar el pleno empleo de calidad, y el mecanismo *igualitario* y de protección social del, hoy cuestionado, Estado del Bienestar. Pero no nos engañemos, el *socialismo* tiene *mala prensa* debido a las trágicas aberraciones del mal llamado *socialismo real,* que lo único que tenia de *real* era la dictadura burocrática del partido único, la despótica sustitución del patrón por el burócrata, y la desastrosa gestión del Capitalismo de Estado. El rechazo a la experiencia *socialista* en la URSS, la conmoción *ideológica* provocada por su estrepitoso *derrumbe,* y la *inoperancia* de la izquierda tradicional, ha propiciado la búsqueda de soluciones alternativas, entre ellas el *populismo* de nuevo cuño teorizado por Laclau. Por eso es urgente formular una nueva alternativa *socialista* al capitalismo que tenga en cuenta las experiencias del pasado (y del presente en países como China o Cuba) y el desarrollo de la fuerzas productivas en la era de la Revolución Digital. Un alternativa capaz de garantizar a todos el pleno ejercicio de las libertades, y no solo su reconocimiento jurídico, en el marco de una Democracia Amplia que suponga la participación real y continua de la ciudadanía en la vida política; una alternativa basada en la *gestión democrática* de la economía, en la propiedad publica de las fuentes estratégicas de riqueza, y en el control *científico* del mercado gracias a la *digitalización* de la economía, lo que permitirá anular sus efectos *perversos,* los *abusos* monopolistas, y el desperdicio que se genera inevitablemente cuando la producción de riqueza se basa en el *beneficio privado* y no en el interés público. Lo cual no significa que la *iniciativa privada* deje de jugar un papel económico muy importante durante un largo periodo histórico. En pocas palabras, el *socialismo* supone introducir la *racionalidad* y el control *democrático* en el ámbito de la economía, a fin de que se pueda crear, de una manera sostenible, la riqueza necesaria para el progreso social al que todo ser humano tiene derecho.

En cuanto al marxismo, los *cambios* en su formulación no significan, en lo *esencial,* ninguna crisis *teórica,* sino la demostración de que la sociedad actual, inmersa en un convulso periodo de crisis, no pueden reducirse a simples esquemas. Ha pasado lo mismo con el llamado *neodarwinismo,* fruto de los avances en *genética* que Darwin no podía conocer, y que demuestran la complejidad de los procesos evolutivos, lo que no refuta lo esencial de la teoría darwinista. Salvo para los nuevos *crea-*

cionistas disfrazados de *biólogos,* claro. Ciertamente, en toda ciencia, y mas en las sociales, nunca está dicha la ultima palabra. Einstein no negó el carácter científico, valido en un sistema de referencia, de las leyes de Newton con su teoría de la relatividad General. El supuesto *determinismo* económico, o *economicismo,* de Marx es una distorsión de sus ideas. Marx jamás propuso dicha *determinación,* que invalidaría, o reduciría notablemente la acción *política,* y convertiría la dimensión *cultural* de lo humano a pura entelequia. La solución al falso problema del *determinismo* mediante el recurso a la *sobredeterminación* no resuelve nada, salvo servir de vía de *escape* a la hora de abordar el problema. Lo que hace Marx, tras estudiar el capitalismo y las luchas de *clases,* es señalar dónde reside el *mecanismo* de cambio en los sistemas sociales humanos: la dialéctica *fuerzas productivas/relaciones de producción,* que se ha asimilado abusivamente con *estructura económica.* Pero nunca perdió de vista el carácter *cultural* de dicha relación. El hecho de que los cambios en el *código genético* sean parte esencial del *mecanismo* evolutivo biológico por selección natural, no significa ningún *determinismo* simplista, ya que siempre interviene el *ambiente.* En el caso de los sistemas sociales humanos, la llamada *estructura económica* (propia de un lenguaje mecanicista) no *determina* el cambio social y productivo, sino que lo *posibilita* al entrar en juego la dialéctica *fuerzas productivas/relaciones de producción.* Pero la *evolución* se materializa por la acción *política, cultural* por tanto, que es el *ambiente* fundamental de los seres humanos. En realidad la *primacía* es de lo *político.* Como lo es lo *cultural* (en sentido amplio) en el desarrollo de la persona, sin que eso signifique negar la influencia genética. El predominio del pensamiento cartesiano y fisicista explica la falta de comprensión de la teoría *evolutiva* de la sociedad formulada, en lo esencial, por Marx. Y facilita su combate por los neoliberales y posmarxistas. Ayudados, todo hay que decirlo, por un rancio y *vulgar* marxismo de manual. Sentado lo cual, prosigamos con Laclau.

Más adelante, y dentro de la misma línea argumental, recurre al abogado y politólogo argentino José Nun (Buenos Aires, 19361), Secretario de Cultura de la Nación entre 2004 y 2009 con Néstor Kirchner, para fijar posiciones, y llevar el agua a su *molino populista.* Leamos: *Cualquiera que sea el caso, la industria indudablemente se ha debilitado como empleador de la fuerza de trabajo a favor de un proceso generalizado de expansión del sector terciario, tanto público como privado. Esto ha conducido a estructuras ocupacionales que son mucho más heterogéneas e inestables de lo que podrían haber imaginado los análisis anteriores, fragmentando los mercados de trabajo y añadiendo una enorme complejidad a los efectos de la población excedente sobre los movimientos de la acumulación capitalista.*

Acepto con gusto que José Nun hace una correcta descripción de los procesos de desarrollo económico del capitalismo financiero y global, y los cambios producidos en las *relaciones de producción* y la configuración de *clases.* Lo que no me parecen tan correctas son sus conclusiones *políticas.* Atentos al siguiente párrafo: *debemos retener un punto importante. Si la masa marginal, debe ser definida "por fuera" de su funcionalidad dentro de la acumulación capitalista, y si la marginalidad no sólo tiene como referente el desempleo fluctuante del sistema fabril, sino también... una variedad de situaciones que cubren el movimiento global de la población dentro de mercados fragmentados y débilmente protegidos, nos enfrentamos a una heterogeneidad que no puede ser subsumida bajo una única lógica "interna".* Supongo que Nun se refiere con *única lógica interna* a la supuesta *determinación* de la estructura económica. Pero como no existe tal cosa, salvo en las formulaciones *mecanicistas* y *reduccionista* del marxismo, que hoy nadie sostiene, a lo que nos enfrentamos es a una *tergiversación*. Como ocurre con esa *masa marginal* (¿el viejo *ejército de reserva?*) que debemos definir *por fuera* de su *funcionalidad*. ¿Quién la define?. ¿Se autodefine?. ¿Si está *fuera* como puede ser *funcional?*. ¡Un psicoanalista, por favor!.

Pero no desesperemos, que quedan más *perlas*: *La construcción de cualquier "interior"* (¿quién?, ¿cómo?, ¿dónde?) *sólo va a ser un intento parcial de dominar un "exterior"* (¿cuál?, ¿de qué?) *que siempre va a exceder esos intentos. En un mundo globalizado, esto se está volviendo cada vez más visible. En ese caso, sin embargo, esta* <u>contaminación</u> *<u>entre el interior y el exterior</u>* (el subrayado es mío) *comienza a resultar notablemente parecida a la noción de lumpenproletariado, una vez que la hemos expandido hasta cubrir la totalidad del trabajo improductivo y la construcción de la identidad mediante la articulación política.* ¡Acabáramos! Solo hay que expandir la *noción* de *lumpenproletariado*, y todo queda meridianamente claro. Al menos reconoce que la *identidad*, signifique esto lo que signifique para Laclau, se articula *políticamente*. Retengamos por ahora ésta función *creadora* de la *política*. Su *traducción* al *populismo* llegará más tarde. Por lo demás, creo que éstos *juegos artificiales* verbales solo pretenden ocultar lo que se piensa. Dejo a lector que saque sus conclusiones y *expanda* su imaginación hasta abarcar todo el sistema productivo, que no es poca tarea. Yo sigo a la búsqueda de luz entre tanto fárrago.

Unas paginas más adelante parece que la cosa se aclara. Tras un nuevo diagrama para reflejar la heterogeneidad (dejo al lector su contemplación y análisis si tal cosa le divierte), afirma que *el antagonismo no es inherente a las relaciones de pro-*

ducción sino que se plantea entre las *relaciones de producción* y una identidad que es *externa* a ellas. *Ergo, en los antagonismos sociales nos vemos confrontados con una heterogeneidad que no es dialécticamente recuperable.* Ya comienza a perfilarse la gran *negación.* Pasando por alto eso de *recuperar* la *heterogeneidad,* fijémonos en lo que afirma sobre los *antagonismos sociales.* Resulta que para Laclau no son *inherentes a las relaciones de producción,* luego el capitalismo puede quedar exento de ese molesto *antagonismo,* tan habitual y *explicito* en las crisis económicas. Dicho lo cual, la *lucha de clases* puede considerarse un *accidente,* bastante desagradable, por cierto, para las clases dirigentes. Para Laclau debe tratarse de un *malentendido* el *antagonismo* entre empresario y trabajador, de forma que si éste se muestra de acuerdo y satisfecho con las condiciones de su contrato, el *antagonismo* no existe. El *antagonismo* de *clase* no seria consecuencia del lugar que ocupa cada uno en el sistema capitalista, es decir, de las *relaciones de producción,* sino de algo *externo,* que solo puede ser lo *político.* Es la política *antipolítica,* consustancial con el *populismo,* que lucha contra los *antagonismos* innecesarios, fruto *externo* de la mala *política* de la *izquierda marxista.* Seria su *percepción* la que crearía el *antagonismo.* Quita una pluma de aquí, otra de allá, y finalmente el pájaro no podrá volar. Es algo muy familiar en la pseudociencia *psicoanalista,* para la cual los procesos *mentales* no son procesos neuronales, sino que los crea el *subconsciente externo.* Una teoría muy grata al *liberalismo,* que niega la existencia estructural de *antagonismos* irreconciliables, aunque admite la existencias de *clases* (¡faltaría menos!, si fueron los primeros en teorizar sobre ellas), pero las considera parte del *juego del mercado,* el gran *arbitrador* de *antagonismos.*

No me cansaré de repetir que *fuerzas productivas* y *relaciones de producción* conforman una unidad *inseparable,* como lo son *mente/cerebro,* o *corpúsculo/onda*. No se trata de sustancias distintas que se relacionen entre si desde *fuera,* sino una unidad con su dialéctica *interna.* Es evidente que toda acción humana *consciente* se decide en la *mente*, es fruto de la capacidad *pensante* del *Homo sapiens sapiens.* Y que un *individuo* o *grupo* puede relacionarse *antagónicamente* con otro *individuo* o *grupo* por diversas motivaciones, tanto *materiales* como *culturales,* sin que sean el reflejo *directo* las contradicciones inherentes a la estructura económica. Esta simpleza no la sostiene nadie, como nadie sostiene que la conducta humana esté determinada *exclusivamente* por su *genética,* pese a que sepamos que sin *genética* no puede existir *conducta* ¡ni vida!. No niego que tal visión haya existido, pero de nada sirve utilizar un materialismo *vulgar* inexistente para atacar el marxismo.

Volviendo a los *antagonismos* que genera el sistema social, expresión de los diferentes *intereses* de sus componentes, pueden resolverse mediante *acuerdo* social, *reforma* de las instituciones, *cambio* de los mecanismos de salvaguarda, o *trasformación* del propio sistema. Dependerá tanto de la *agudización* de las contradicciones como de la *conciencia* de los *intereses* de las fuerzas en pugna. No ser *consciente* de tener una enfermedad no significa que no se padezca, pero solo se podrá curar acudiendo al médico, es decir si es *consciente* de ella. Sinceramente, no he encontrado todavía una refutación seria y convincente del concepto *clase en si* y *clase para si*, pero no desespero. Eso si, rezo para que no sirva de *coartada* intelectual a la supervivencia del capitalismo, y fin de la *historia.* Me encantaría que alguien más capacitado descubra los mecanismos para la *trasformación* del capitalismo en socialismo, más allá del voluntarismo *izquierdista,* o *revolucionarismo* de manual, que finalmente es de *salón.* De momento me quedo con lo *esencial* del descubrimiento de Marx sobre la *evolución* de las sociedades humanas.

No se acaban aquí los *resabios* marxistas de juventud de Laclau, y la curiosa forma de utilizar las categorías marxistas para negarlas: *Un capitalismo globalizado crea una miríada de puntos de ruptura y antagonismos -crisis ecológicas, desequilibrios entre diferentes sectores de la economía, desempleo masivo, etcétera-, y es sólo una sobredeterminación de esta pluralidad antagónica la que puede crear sujetos anticapitalistas globales capaces de llevar adelante una lucha digna de tal nombre... Y como demuestra la experiencia histórica, es imposible determinar a priori quiénes van a ser los actores hegemónicos en esta lucha.*

Hombre, eso es evidente, ya que los *actores hegemónicos* no surgen por ensalmo, ni *directamente* de la estructura económica, sino que se forjan en la lucha *política,* entendida como una batalla contra la *subyugación ideológica.* Los efectos negativos del capitalismo, lo mismo que los positivos, cambian con su desarrollo, desencadenando un *juego dialéctico* de contradicciones (*principal, secundaria, fundamental, subordinada*) variado y dinámico, que involucran, de una u otra manera, a todas las capas de la sociedad. La lucha por la *hegemonía* es inseparable del contenido de *clase.* Para la izquierda *transformadora*, el *eje dirigente* lo conforman los trabajadores *conscientes* de sus *intereses* de clase. Lo que, dada su *heterogeneidad,* solo puede lograrse en una amplia unidad *política.*

Tras despacharse con la perogrullada de los *actores hegemónicos,* Laclau recurre al psiquiatra, filósofo, escritor y revolucionario francés, nacido en Martinica, Frantz Fanon (1925-1961). Y retoma la idea de *lumpenproletariado,* identificado como *turba de la ciudad,* y referido a la lucha *anticolonialista.* Las afirmaciones son tan sorprendentes, y ajenas a la realidad, que es necesario hacer un esfuerzo para creerlo: *la falta total de identificación de los portadores de la voluntad anticolonialista con al-*

guna demanda particular dentro del sistema exis-
tente significa que los círculos que representan las
demandas no estarían internamente divididos, ya
que toda particularidad habría desaparecido.
Tendríamos una "volonté générale" tal, que todas
las voluntades individuales serían materialmente
idénticas. *Aquí no hay articulación política posible*
porque no hay nada que articular. La heterogeneidad simplemente ha desaparecido *como resultado*
del regreso pleno a una inversión dialéctica. El ja-
cobinismo está a la vuelta de la esquina. De dónde
saca Laclau afirmaciones tan contundente sobre la
identidad de las voluntades, es algo que se me escapa. Pensar que en las sociedades humanas, sean
del tipo que sean, puedan existir *voluntades* materialmente *idénticas,* es un disparate que pasa por
alto la variabilidad *genética,* en lo personal, y las
diversas percepciones *culturales* de la realidad en
los social de cada *individuo constituyente.* Pero, incluso admitiendo que un *objetivo superior,* como es
el de la lucha por la *liberación nacional,* pueda
aglutinar voluntades individuales (pero que no todos vivirán de igual manera, ni con el mismo contenido, ni tendrán la misma idea de cómo debería
ser el nuevo Estado), esta *unidad* se articula sobre
la *heterogeneidad,* no la hace *desaparecer.* sino
que la supedita a consecución de una meta que interesa a todos. Una meta *unificadora* que, una vez
alcanzada (y ya en el mismo proceso de alcanzarla,
en bastantes casos) evidenciará sus contradicciones
internas, como ilustran las guerras anticolonialistas, muchas veces continuadas en forma de *guerra*
civil, alentada por la antigua metrópoli si la dirección de la guerra de liberación está en manos de un
movimiento o partido de *izquierdas.*

La *homogeneidad* social es una ilusión, una
especie de *fulguración milagrosa.* Lo que está a la
vuelta de la esquina es el *idealismo de* la filosofía
clásica alemana antes de la *inversión* de Marx. Un
retroceso de más de un siglo. Fanon, que teorizó

sobre, y luchó contra, el colonialismo, en una aplicación consecuente con la *filosofía de la praxis* (se unió al Frente de Liberación Nacional argelino), y desenmascaró el carácter de *subyugación cultural*, inseparable de la represión física y la opresión material del dominio colonialista, se habrá revuelto en su tumba.[82]

De Fanon, Laclau extrae los conceptos *interior* y *exterior*, para llegar a conclusiones tan pasmosas como que *cualquier tipo de grupo subordinado, incluso en el caso extremo y puramente hipotético en que es exclusivamente una clase definida por su situación dentro de las relaciones de producción, debe tener algo de la naturaleza del lumpenproletariado si es que va a ser un sujeto antagónico.* Laclau considera que una *clase* definida *exclusivamente* por su *situación* dentro de las *relaciones de producción* es una formulación *extrema* e *hipotética*. Pero una *clase*, que no es lo mismos que un *grupo*, o *asociación*, donde intervienen otros factores de agrupamiento social (*ideológicos, tribales, religiosos, deportivos, etc.*) se define precisamente por esa *posición*. En el capitalismo, básicamente (pero no exclusivamente) propietarios de la *fuerza de trabajo* (física e intelectual) y propietarios de los *medios de producción y distribución*. A partir de esta división estructural, los *grupos sociales* están *inmersos* en aspectos no *meramente productivos*, sino *culturales*. Como termina reconociendo en las últimas páginas de su libro, Laclau está sentando las bases teóricas para de su *negación* del *papel* de la *lucha de clases*, y sustituirlo por la *lucha de pueblo*, que es la razón de ser del *populismo*.

En cuanto a que la clase trabajadora necesita tener algo de *lumpenproletariado* para ser *antagónica* con el capital, no deja de ser una *provocación* gratuita, sin ningún apoyo empírico, pero si mucha carga *política* de profundidad contra las propuestas *revolucionarias* marxistas. Laclau va soltando, entre citas y *juegos de lenguaje*, frases aparentemente *inocuas*, pero que crean un *campo abonado* donde espera que florezcan sus planteamientos *populistas*. Toda sus alambicadas disquisiciones sobre *opacidad de una "exterioridad" irrecuperable... la indecicibilidad esencial entre lo "vacío" y lo "flotante"*, convertida en *indecicibilidad entre lo homogéneo y los heterogéneos...* un poco de *Gödel* aquí, otro poco de *teoría de la computabilidad* por allá, una pizca de Wittgenstein, dos cucharadas de *estructuralismo* y una jarra de *psicoanálisis*, aderezado todo con algunos conceptos *marxistas*, previamente *ablandados* e inocuos, para darle un poco de picante a la salsa, tienen ese objetivo. Todo son *malabarismos* para hipnotizar al lector con una *oscura profundidad* que para si quisiera Heidegger. Por eso, conviene no entrar al *trapo,* y buscar argumentos más sustanciosos. Paciencia.

Construir un pueblo con el discurso

No hemos tenido que esperar mucho. Solo unas líneas más adelante, Laclau lo aclara todo: *Afirmar que lo político consiste en un juego indecidible entre lo "vacío" y lo "flotante" equivale, entonces, a decir que la operación política por excelencia va a ser siempre la construcción de un "pueblo".* Más claro, el agua. Hay por tanto que olvidarse de marxismos *trasnochados*, luchas de clases *vacías*, de propuestas con *contenido de clase*, incluso de lucha por la *hegemonía*. Me atrevería a decir que esta idea *constructivista* de Laclau está sacada de la filosofía clásica alemana, que, en palabras de Gramsci fue la que introdujo el *concepto de creatividad del pensamiento, pero en un sentido especulativo e idealista.*[83]

Laclau insiste en que la acción política *por excelencia* es *construir* un *pueblo*. Los políticos (*populistas*, of course), como modernos *demiurgos*, *crean* el *pueblo*, a partir de la masa informe que es la *plebe*. De nuevo el mundo al revés, o si se quiere Hegel recuperando su posición inicial después de la incómoda *inversión* de Marx. Cierto, el *idealismo* filosófico, y sus manifestaciones políticas, son resistentes a la critica *materialista*. No hay que extrañarse: está en juego nada menos que el *sistema capitalista*. Por eso hoy todo filosofo serio es también un *científico*, como ocurría en la antigua Grecia.

Insistiendo en su idea, Laclau continua afirmando que *todas las luchas son, por definición, políticas. Hablar de una "lucha política" es, en sentido estricto, una redundancia. Pero esto es así sólo porque lo político ha dejado de ser una categoría regional. Por lo cual no hay lugar para la distinción, como en el socialismo clásico, entre la lucha económica y la lucha política; las luchas económicas son tan políticas como las que tienen lugar en el nivel del Estado concebido en su sentido limitado.* Y en una nota a pié de pagina, añade: *Es por eso que Gramsci habló del "Estado integral" y el "devenir Estado" de la clase obrera, no de la toma del poder del Estado. Estaba tan lejos de concebir a la lucha económica como diferente de la lucha política que afirmó que la construcción de hegemonía comienza en la fábrica.*

Empecemos por la última, aunque nada sorprendente a estas altura del libro, nueva *manipulación* de las ideas de Gramsci, para quien los Consejos y Comisiones de Fabrica, como los surgidos en Turín, eran *órganos de democracia obrera que hay que liberar de las limitaciones impuestas por los empresarios y a los que hay que infundir vida nueva y energía. Hoy las comisiones internas limitan el poder del capitalista en la fábrica y cumplen funciones de arbitraje y disciplina. Desarrolladas y enriquecidas, <u>tendrán que ser mañana los órganos del poder proletario</u>* (subrayado mío) *que sustituirá al capitalista en todas sus funciones* *útiles de dirección y de administración.*[84] Para Gramsci los obreros deberían proceder a elegir amplias asambleas de delegados, seleccionados entre los compañeros mejores y más conscientes, en torno a la consigna: *Todo el poder de la fábrica a los comités de fábrica.* Los Consejos de Fábrica, eran para él las primeras organizaciones basadas en la *democracia obrera,* encarnación del *poder proletario,* instrumento para el ejercicio del control de la producción industrial y agrícola. Sorprende que Laclau haga una *interpretación* radicalmente contraria a la idea central del revolucionario italiano, para el que la *hegemonía* en la fábricas turinesas era condición para que adquirieran *categoría estatal,* más allá, aunque sin negarla, de su dimensión reivindicativa económica. Es decir, actuaran como un *soviet.* Y para conseguirlo, la *hegemonía* debía manifestarse mediante la *dirección* del Comité de fabrica por los obreros comunistas, a fin de superar su nivel *sindical.* Y en esto no hacía sino seguir a Lenin. Un concepto *organizaciones estatales alternativas* que, en nuestra sociedad de capitalismo financiero y Revolución Digital, describo en *Democracia Ampliada.*[85] Cabría hacerle a Laclau la misma crítica que le hace Gramsci a Croce, cuyos razonamientos son para él *más bien de literato y fabricante de frases efectistas.*[86]

Cada uno puede tener la idea de *hegemonía* que le parezca más conveniente y apropiada, pero lo que no puede hacer es aplicársela a otras fuentes de autoridad como Gramsci, para quien el concepto tenía una clara dimensión *leninista* de lucha política y alianzas de clase: *Los comunistas turineses se habían planteado concretamente la cuestión de la «hegemonía del proletariado», o sea, de la base social de la dictadura proletaria y del Estado obrero. El proletariado puede convertirse en clase dirigente y dominante en la medida en que consigue crear un sistema de alianzas de clase que le permita movilizar contra el capitalismo y el Esta-*

do burgués a la mayoría de la población trabajadora, lo cual quiere decir en Italia, dadas las reales relaciones de clase existentes en Italia, en la medida en que consigue obtener el consenso de las amplias masas campesinas... La consciencia de ser parte de una determinada fuerza hegemónica (es decir, la consciencia política) es la primera fase de una ulterior y progresiva autoconsciencia, en la cual se unifican finalmente la teoría y la práctica... El hecho de la hegemonía presupone, sin duda, que se tengan en cuenta los intereses y las tendencias de los grupos sobre los cuales se ejercerá la hegemonía, que se constituya un cierto equilibrio de compromiso, o sea, que el grupo dirigente haga sacrificios de orden económico-corporativo, pero también es indudable que tales sacrificios y el mencionado compromiso no pueden referirse a lo esencial, porque si la hegemonía es ético-política no puede no ser también económica, no puede no tener su fundamento en la función decisiva que ejerce el grupo dirigente en el núcleo decisivo de la actividad económica... Entre los grupos subalternos, uno ejercerá o tenderá a ejercer una cierta hegemonía a través de un partido, y hay que precisar esto estudiando los desarrollos, también, de todos los demás partidos en cuanto incluyan elementos del grupo hegemónico o de los demás grupos subalternos que sufren esa hegemonía.[87]

Conquistar la *hegemonía* es vital para la clase trabajadora, sin cuya participación *dirigente* es imposible el socialismo. La batalla estratégica es, por tanto, *cultural.* Como decía Gramsci, *también en este caso el análisis de los diversos grados de correlación de fuerzas tiene que culminar en la esfera de la hegemonía y de las relaciones ético-política.*[88] Una *guerra de posiciones* que no significa quedarse en la conquista de espacios de libertad y gestión, sino en convertir cada conquista, fundamentalmente el gobierno, en un instrumento para *trasformar* las estructuras políticas, económicas, jurídicas y sociales del sistema capitalista en formas *embrionarias* de socialismo.

Aunque le pese a Laclau, la distinción entre lucha *económica* (sindical) y *política* (electoral) es una realidad empírica que recorre la historia del movimiento obrero, aunque ambas puedan tener una misma *dimensión ideológica*. Gramsci, como Lenin, basaron gran parte de su batalla ideológica contra el *sindicalismo economicista*, que ambos consideraban *parte del sistema,* aún cuando pudiera actuar *contra* él bajo la dirección *política* revolucionaria, encarnada en el partido. En fin, basta conocer desde la experiencia la lucha obrera para entender claramente las diferencias, que solo desde una pura elucubración académica pueden negarse. Por cierto, este fue un debate en el seno de Comisiones Obreras durante la transición. Pero eso es otro tema.

Me vienen a la memoria unas palabras de Gramsci que pueden venir como anillo al dedo: *La burguesía no consigue educar a sus jóvenes (lucha de generaciones); los jóvenes se dejan entonces atraer culturalmente por los obreros y hasta intentan o consiguen convertirse en jefes de los obreros (lo cual es un deseo «inconsciente» de realizar la hegemonía de su clase sobre el pueblo); pero en las crisis históricas vuelven al redil. Este fenómeno de los «grupitos» no habrá ocurrido, ciertamente, solo en Italia, también en los países de situación análoga ha habido fenómenos análogos: los socialismos nacionales de los países eslavos (o social-revolucionarios, o narodniki, etcétera).*[89] Yo añadiría, o en los *populismos* de izquierdas. Y si, estoy pensando en los Pablo Iglesias, Iñigo Errejón, Juan Carlos Monedero, Carolina Bescansa, y *tanti altri.* Pero no quiero ser yo quien lleve ahora el agua a su molino.

En cualquier caso, después de leer esta contundente afirmación de Laclau: *¿significa esto que lo político se ha convertido en sinónimo de populismo?. Sí, en el sentido en el cual concebimos esta* *última noción...* uno se pregunta si hacía falta escribir un mamotreto como *La razón populista* para llegar a la conclusión de que toda acción política es *populista*. La respuesta llega unos párrafos después: *No existe ninguna intervención política que no sea hasta cierto punto populista... Pero cierta clase de equivalencia (cierta <u>producción</u> de un "pueblo") es necesaria para que un discurso pueda ser considerado político. En cualquier caso, lo que es importante destacar es que no estamos tratando con dos tipos diferentes de política: sólo el segundo es político; el otro implica simplemente la muerte de la política y su reabsorción por las formas <u>sedimentadas</u> de lo social* (los subrayados son míos). ¡Ah, bueno! hay que *producir* un *pueblo* para que se considere *político* un discurso. ¡Qué menos!. Supongo que el discurso de Laclau ha creado algún tipo de *pueblo,* porque es eminentemente *político.* Por otra parte, los paleontólogos deberían buscar alguna forma *sedimentada* de lo *social,* con capacidad de *reabsorción,* aunque va a ser tarea ardua porque, por definición, todo *sedimento* es la *huella* de algo que existió y ya no existe. La muerte de la política es en este caso la muerte de la razón. Sin embargo, acierta Laclau al señalar la primacía de lo político en la lucha por la hegemonía, pero yerra al no considerar que esa primacía no se basa en la posición estratégica de la clase trabajadora en el sistema productivo, si se trata de cambiar la sociedad. El pueblo, es decir, el conjunto mayoritario de clases subordinadas y subalternas, dirigido por la clase trabajadora, participa en la lucha política cuando ésta consigue la hegemonía mediante la lucha contra la subyugación ideológica (subyugación en la que también participan populistas y reformistas, consciente o inconscientemente).

Pero, como siempre, Laclau no se limita a formular teorías confusas y contradictorias, sino que remata la faena con la ayuda de algún intelectual prestigioso de *izquierdas*. En este caso, y para terminar afirma que su análisis tiene muchos puntos de convergencia con el del antropólogo, filósofo y escritor francés Georges Bataille (1897 - 1962) en su conocido trabajo sobre *La estructura psicológica del fascismo*.[90] Desde luego, la ayuda es muy fuerte, dada la indudable talla intelectual (y literaria, sobre todo) de Bataille, por el que siento admiración no exenta de critica por la *mescolanza creativa* que hace de psicoanálisis, sociología francesa, y la filosofía alemana (fenomenología), todo *guisado* en *retorta* marxista. En este caso, lo que parece haber adoptado Laclau son las categorías de *homogéneo* y *heterogéneo*. Pero Bataille se escandalizaría al ver que sus análisis son utilizados para justificar el *populismo,* encima como *única política* posible. El que desee leer a Bataille puede adentrase en su obra, con títulos tan significativos como *El erotismo* (Tusquets, 2007), *Una libertad soberana* (Paradiso Ediciones, 2007), o *Escritos sobre Hegel* (Arena Libros, 2005).

No voy a entrar en la justeza y oportunidad de utilizar las citas de la obra de Bataille, porque este trabajo se bifurcaría por senderos inesperados. Baste añadir que hay numerosas afirmaciones de Bataille, basadas en el *psicoanálisis*, que hoy no se sostienen. Ni creo que el propio Bataille las sostuviera dada su honestidad intelectual. Y sin este basamento, todo se derrumba. Así que cerremos este capítulo con la constatación de Laclau: *Con esto hemos alcanzado una noción plenamente desarrollada de populismo.* Una *ideación* bastante poco original, que lo mismo sirve para un roto que para un descosido. El propio Laclau se cura en salud al afirmar que no se trata de un *movimiento*, ni un *partido*, sino de una *exigencia ineludible* de toda *política*. Una petición de principio *acientífica*. Laclau exige un *acto de fe*, una actitud *emocional,* por eso necesita a Freud y *posfreudianos* de todo tipo. Tal vez la misma razón que le llevó a apoyar el *peronismo* kirchnerista.[91]

V. UNA MALA REPRESENTACIÓN

Camino a la recta final, concretado (es un decir) finalmente el concepto de *populismo,* una *tautología autorreferente radical,* sin ningún criterio objetivo ni relación empírica con la realidad, Laclau se adentra audaz en los procelosos mares de la *representación y la democracia.*

Antes de iniciar tal singladura *política,* comienza con enunciar el problema: *Vamos a concentrarnos en lo que está implicado en un proceso de representación que tiene lugar bajo condiciones democráticas. La teoría de la democracia, comenzando con Rousseau, siempre ha sido muy recelosa de la representación y la ha aceptado sólo como un mal menor, dada la imposibilidad de una democracia directa en comunidades grandes como los modernos Estados nación. A partir de estas premisas, la democracia debe ser lo más transparente posible: el representante debe transmitir lo más fielmente posible la voluntad de aquellos a quienes representa. ¿Sin embargo, es ésta una descripción válida de lo que realmente está implicado en un proceso de representación? Existen buenos motivos para pensar que no. La función del representante no es simplemente transmitir la voluntad de aquellos a quienes representa, sino dar credibilidad a esa voluntad en un milieu diferente de aquel en el que esta última fuera originalmente constituida. Esa voluntad es siempre la voluntad de un grupo sectorial, y el representante debe demostrar que es compatible con el interés de la comunidad como un todo. Está en la naturaleza de la repre-*

sentación el hecho de que el representante no sea un mero agente pasivo, sino que deba añadir algo al interés que representa. Este agregado, a su vez, se refleja en la <u>identidad de los representados</u> (el subrayado es mío), *que se modifica como resultado del proceso mismo de representación. Así, la representación constituye un proceso en dos sentidos: un movimiento desde el representado hacia el representante, y un movimiento correlativo del representante hacia el representado. El representado depende del representante para la constitución de su propia identidad.*

El párrafo, que he citado *in extenso*, incluye varios asertos gratuitos, insostenibles o disparatados. El primero, presuponer que puede haber un proceso de representación sin que se den condiciones democráticas, lo que no deja de ser una afirmación sorprendente, ya que para que alguien me *represente* debo haberle *elegido* antes. Que alguien se arrogue mi *representación* sin que medie alguna forma de *acuerdo* previo, es un *simulacro.* Lo que sí se puede hacer es analizar las *formas* y *modos* de la elección de los *representantes*, que lógicamente están condicionadas históricamente. El carácter y amplitud de la potestad de elegir *representantes,* así como su *capacidad* de acción, es conquista *democrática* de las clases *subalternas*, tal como he analizado en Democracia Ampliada. Es decir, toda verdadera *representación* exige, para realizarse, justamente de *condiciones democráticas.* De lo contrario es una *sustitución.* Lo que ocurre, por cierto, cuando el *representante* se desvincula del *representado*, algo demasiado habitual en nuestra democracia liberal. Dicho lo cual, es cierto que las democracias modernas desconfiaron de la *representación,* temerosas del posible *mal uso* de la *soberanía popula*r por los representantes del *pueblo.* La *democracia directa*, donde no hay *cesión* de *soberanía*, era la solución, como demostraba la república helvética, pero inaplicable en los grandes Estados nación. Lo curioso es que Laclau, después de señalar acertadamente la *virtud* de la *democracia directa,* se olvide de ella bajo el argumento de su *imposibilidad* material. Pasa por alto un pequeño detalle: el desarrollo de Internet. Hoy esa *dificultad* no existe. Simplemente, lo que persiste es la *desconfianza* de las clases dominantes en la ciudadanía, algo consustancial con la democracia liberal, y la *voluntad política* de abordar la cuestión por parte de la izquierda *reformista.* Mientras esa *posibilidad* se convierte en *realidad,* una de las fórmulas de paliar los posibles efectos negativos de la *cesión de soberanía,* es el *derecho de revocación,* un logro de las luchas obreras que llegó a plasmarse en la Constitución de la URSS, aunque este avance democrático, que enlazaba con el espíritu de los soviets, resultó a la postre *papel mojado.* Hoy existe en el Estado de California, la *revocación* del mandato (*recall*) a nivel estatal y municipal. E incipientes desarrollos normativos respecto de esta institución en algunos países latinoamericanos como en la Constitución del Estado de Chihuahua (México), y el *referéndum revocatorio* presidencial en Venezuela, utilizado por la oposición contra el Presidente Chaves a mitad de su mandato.[92]

Más en línea con la peculiar argumentación de Laclau, resulta su aserto de que *la identidad de los representados se modifica como resultado del proceso mismo de representación.* ¡Genial!. Elegir le *cambia* a uno. La votación se convierte en acto de *brujería,* de forma que al depositar el voto nos *modificamos.* Supongo que será a mejor o a peor según a quién elijamos. Por ejemplo, el voto a un partido *populista* nos convierte en *populistas,* una categoría humana dotada de nuevas virtudes, al parecer. Pero tal vez lo que Laclau quiere decir es que, al *ejercer* tu derecho de elegir *representante,* y por el mero hecho de hacerlo, te conviertes en un agente político *activo,* lo cual no deja de ser una perogrullada. Debe haber algo más. Busquemos. La clave está en el concepto *agregado,* una cualidad misteriosa que el *representante* otorga al *representado.* Tal vez se refiera a las aportaciones *políticas* realizadas durante su labor parlamentaria. Puede ser, pero parece excesivo deducir de ello el *cambio de identidad* del *elector...* salvo que exista un oscura *pulsión subconsciente* al acecho. Por otra parte, en las asambleas obreras se suele recurrir al *mandato imperativo,* precisamente para evitar *agregados* indeseables a la hora de negociar con el patrón. Una medida valorada por Gramsci a la hora de juzgar los Consejos de Fábrica, a los que asignaba, como hemos visto, un papel *revolucionario,* que extendió a las asambleas de delegados del Partido.[93] Pero la *miga* se encuentra en el último párrafo: *El representado depende del representante para la consti-tución de su propia identidad.* Ergo, el *representado* no es nada sin su *representante.* Bonita forma de *blindar* el sistema. Si esto no es una discusión *comercial,* se le parece mucho. En todo caso, y disquisiciones *identitarias* aparte, lo que viene a decir Laclau es que la *democracia directa* no es que sea poco probable en países grandes, sino que es *imposible,* ya que impide la constitución de la *identidad* del *representado.* Laclau ni se plantea que esa *identidad* (basada en la cesión *temporal* de *soberanía*) puede *cambiar* si cambia el carácter de la *representación.* Nada de extrañar, porque el posmarxista Laclau no ve más allá de la democracia liberal, en su versión *populista.* Por el contrario, la futura sociedad *socialista* deberá tener como uno de sus pilares la *recuperación* efectiva y permanente de la *soberanía.* Es decir, la *superación* del marco *restringido* de la forma burguesa liberal de *representación* por *delegación.* El *socialismo* mantiene durante un periodo más o menos largo, las formas *delegadas* de *representación,* pero tiene como uno de sus pilares democráticos la *participación permanente* de la ciudadanía en la *administración* de la cosa pública a todos los niveles. Pero esto lo desarrollo con más detalle en Democracia Ampliada, a la que me remito.⁹⁴

Sigamos, rumbo ahora hacia nuevos encuentros con los *representados*. Por ejemplo, los *sectores marginales con un bajo grado de integración en el marco estable de una comunidad*, principal base social de los *populismos* en América latina. *En ese caso, no estaríamos tratando con una voluntad a ser representada, sino más bien con la constitución de esa voluntad mediante el proceso mismo de representación.* Es decir, son los futuros representantes, al *construir* un *pueblo* con los *sectores marginados,* los que les confieren una nueva voluntad. Siempre, claro está, que elijan a los *populistas*. La *marginación* es lo que tiene, te priva no solo de bienes materiales y servicios públicos, como educación y sanidad, sino de *voluntad*. Algo así como: *solo saldréis de la marginalidad si nos votáis.* Discurso eminentemente *paternalista*. Pero así es el *populismo,* una nueva forma de *caridad,* ahora *estatal.* Sin duda un avance que no debe ser minusvalorado, pero que finalmente no resuelve los problemas estructurales que alimentan la *marginación*.

Pero sigamos leyendo: *La tarea del representante, no obstante, es democrática, ya que sin su intervención no habría una incorporación de esos sectores marginales a la esfera pública. Pero en ese caso, su tarea consistirá no tanto en transmitir una voluntad, sino más bien en proveer un punto de identificación que constituirá como actores históricos a los sectores que está conduciendo.* Bueno, el fenómeno parece justamente el contrario, al menos en casos como el de Bolivia, donde las movilizaciones de los *marginados* han terminado *segregando* a sus propios representantes, a los que han dotado de *identidad política,* como es el caso de Evo Morales, antiguo dirigente sindical y hoy Presidente del Estado Plurinacional de Bolivia. Es decir, los *marginados* se movilizan, generalmente en apoyo o al calor de otras movilizaciones *reivindicativas* de sectores *explotados*, dotan de *identidad* política a sus dirigentes, y les convierten finalmente en sus *representantes*. El *paternalismo* viene después, cuando los dirigentes/representantes se convierten en *populistas*, y usurpan la *identidad* de los *marginados*. Laclau confunde el ejercicio de la *representación*, siempre sometido a la posible manipulación de la voluntad de los *representados*, con la *construcción* de una *identidad*, que deja de ser un proceso de toma de *conciencia política* para convertirse en un *regalo político* que viene de fuera, especie de *bautismo populista*. Sin duda, cuando Laclau escribió su libro, tenía muy presente las experiencias ultimas del *chavismo* en Venezuela, y la irrupción del *indigenismo* como factor político determinante en Bolivia. Por cierto, no es casual que El Che pensara que con su acción *exterior guerrillera*, provocaría el *despertar* de su letargo milenario a los campesinos bolivianos. ¿Significa esto que el *populismo* no puede tener efectos positivos, al menos a corto y medio plazo? Por supuesto que no. Dependerá de la naturaleza y dimensión de cada propuesta *populista*. No son iguales los casos de Ecuador con Correa, de Venezuela con Maduro, o de Bolivia con Evo Morales, pese a que todos tengan en común cierta dosis de *populismo*, y el deseo de erradicar las bases materiales y culturales de la *marginación* y la *dependencia* económica. Pero que todo esto sea cierto no justifica una teoría que parte del presupuesto que los *sectores marginales* necesitan ser dotados de *identidad*. Nunca han dejado de tenerla, solo faltaba capacidad de movilización y organización, y plantearse objetivos *políticos* propios.

Y para rematar, Laclau precisa que *la identificación siempre va a proceder a través de una investidura ontológica*, lo que en lenguaje *freudiano* podría traducirse en algo así como que la *libido narcisista* (identidad del representante) se transfiere al objeto (representado) mediante la investidura en el objeto de amor, para convertirlo en la encarnación de una plenitud *mítica*, valiéndose del *afecto* (al líder). Por eso, Laclau vuelve a sacar a pasear a Freud. Laclau describe un mundo que solo existe en su cabeza. ¿Hay algún *psicoanalista* en la sala?. Leyendo a Laclau, y su desenfado manejo de categorías freudianas o lingüísticas, me parece estar ante una tablilla parlante que sobrevuela el tablero de una güija.

Este precioso galimatías lo encontraremos más adelante en formulaciones menos alambicadas y mucho más prosaicas. Por ejemplo, cuando recuerda que ya *hemos visto en nuestra discusión sobre Freud que la relación con el líder depende del grado de distancia entre el yo y el yo ideal.* Es decir, adoptamos a una persona como *líder* no en función de su *liderazgo* previo dentro del partido, grupo, o secta, lo atractivo de sus propuestas políticas, la capacidad de exponerlas y hacerlas creíbles, su magnetismo personal, la garantía de éxito, etc. sino porque mi lastimoso *yo* reconoce en el *líder* al *yo* que le gustaría ser. Es una forma de verlo que, en realidad, no afecta en nada a la cuestión, salvo insistir en la justificación de la necesidad del *líder,* una de las características del *populismo*. La realidad es que los mecanismos de formación del *liderazgo* son mucho mas complicados que los *complejos freudianos*. Intervienen numerosos factores *culturales,* aunque pueden rastrarse mecanismos evolucionistas *atávicos,* propios del carácter *social y cooperativo* de nuestra especie, que exigió durante siglos ese *liderazgo* para sobrevivir como grupo, tribu, nación, y ahora Estado. Por eso, el *liderazgo* siempre es una forma de dominación, aunque sea *voluntaria*. No se si alguna vez desaparecerá, o se quedará cono un *vestigio,* al modo de lo que ocurre con nuestro *coxis*. Pero de hacerlo, resulta previsible que solo pueda ocurrir en un sistema social donde la *cooperación* sea el comportamiento social predominante, la *norma* comúnmente aceptada. Es decir, la sociedad *socialista*. Meter a Freud aquí es un fraude en forma de *determinismo psicoanalista*. Lo que no significa, bien al contrario, despreciar la dimensión *psicológica* de todo fenómeno de aceptación del *liderazgo*. Fenómeno que, pese a ser siempre *individual,* se manifiesta socialmente cuando el *individuo* se integra en un *grupo*, precisamente porque el *grupo* presupone cierta *coincidencia* elemental de *ideas fuerza* y *emociones,* como hemos visto.

Poco después, Laclau vuelve a insistir en uno de sus conceptos favoritos, especie de comodín, de señuelo, o conejo de mago: *El significante vacío es algo más que la imagen de una totalidad preexistente: es lo que constituye esa totalidad, añadiendo así una nueva dimensión cualitativa.* Una vez mas el mundo al revés. Un *significante vacío* no es una imagen carente de *significado* específico, concreto, *interpretable por tanto;* algo que desde el punto de vista *lingüístico* tiene sentido, sino que *constituye* la *totalidad preexistente...* ¡al *significante!.* ¡El *verbo* se hizo carne!. Cómo es posible que un *significante* (signo lingüístico) pueda *constituir* la realidad que trata de *significar*, es todo un misterio, cuya resolución dejo a cada uno de los lectores. Yo, ante tanta *espuma cuántica* aplicada al lenguaje me rindo. Los físicos por lo menos explican *matemáticamente* sus paradojas.

Más directo, aunque no más claro, se manifiesta Laclau cuando vuelve a insistir en su concepto *constructivista* de *pueblo: La constitución de un "pueblo" requiere una complejidad interna que está dada por la pluralidad de las demandas que forman la cadena equivalencial. Ésta es la dimensión de la heterogeneidad radical, porque nada en esas demandas, consideradas individualmente, anticipa un "destino manifiesto" por el cual deberían tender a fundirse en algún tipo de unidad:*

nada en ellas anticipa que podrían constituir una cadena. En efecto, las *demandas* consideradas *individualmente* (que es lo que pretenden los empresarios más torpes o cínicos al negociar los *salarios* de sus trabajadores) solo anticipan, en la mayoría de los casos, un *fracaso manifiesto* en su negociación resolutiva. Por eso la gente se *asocia* a la hora de defender sus *demandas*. Puestos a descubrir el océano, no hacía falta tanta reiteración de los mismos argumentos. Pero quedémonos con que para Laclau la *cadena equivalencial* es *conditio sine quanon* para la *constitución* de un *pueblo*. Y claro, una *cadena* solo es posible si se entrelazan eslabones, en éste caso las *demandas,* las cuales forman la cadena para constituir el *pueblo,* que es fruto de la *cadena* formada por *demandas* de la gente que antes de *encadenar* sus *demandas* era *plebe.* Más que una *cadena* parecen unos grilletes. Para decirlo con palabras de Rousseau, el *populismo bueno* cubre de flores las cadenas, el *malo* las hace más pesadas. La realidad es bastante más sencilla y elegante, como toda teoría verdadera. Conviene aplicar de vez en cuando la *navaja de Ockham* a nuestra argumentación. En la sociedad capitalista se dan intereses distintos, peticiones encontradas o complementarias, demandas socioeconómicas relacionadas con la esperanza de una vida mejor, exigencias democráticas que faciliten la consecución de las reclamaciones, fuerzas políticas que atiendan sus demandas, etc. Nada nuevo bajo el sol. La existencia de estos intereses, demandas, reclamaciones, y exigencias se manifiesta en las distintas formas de *luchas de clase*, y se expresa *políticamente* mediante la pugna de los partidos y movimientos sociales que aportan a la lucha una visión de futuro más allá de la particularidad de la *demandas,* encuadrándolas en un programa de gobierno. Es el *pueblo* luchando por romper todo tipo de *cadenas.* En esa lucha, una determinada *clase,* por su posición en el *sistema productivo,* tiene la posibilidad de convertirse en *hegemónica* y agrupar en torno suyo a otras clases subalternas, incluyendo sus *demandas* en sus *reivindicaciones de clase* (siempre y mientras no entren en contradicción antagónica). Esa *dirección* es la que garantiza el éxito de la lucha y la posibilidad de *transformación* social, de manera que las *demandas* puedan ser satisfechas. Es importante no olvidar que los *movimientos* en el seno del *pueblo* (que se *autoconstituye,* lo mismo que la vida *emerge* espontáneamente de una estructura orgánica determinada, sin necesidad de un *creador*), se rigen por leyes *probabilísticas,* algo así como lo que ocurre (salvando las distancias de *complejidad,* que en lo social alcanzan altas dosis de i*ncertidumbre*), con los átomos contenidos en el interior de un recipiente repleto de gas. Su movimiento es *aleatorio,* pero mediante un sencillo conjunto de *ecuaciones* se puede describir su comportamiento *colectivo.*

En fin, todo esto es el ABC de la *lucha de clases* que, en buena lógica, Laclau niega, al menos en la *categorización* marxista. Todo el andamiaje teórico de Laclau está orientado a negar la existencia de leyes *emergentes* del cambio social, y justificar el *populismo.* De ahí su carácter intrínsecamente *reaccionario,* aun cuando pueda tener efectos positivos, *progresistas,* como he señalado.

Adicto a la *serendipia* (descubrimientos inesperados), Laclau vuelve a la teoría *psicoanalítica,* pero ahora utilizando el *enfoque jungueano, para el cual existen símbolos a priori asociados a objetos específicos en el inconsciente colectivo. Es sólo con la descripción freudiana/lacaniana del funcionamiento del inconsciente que la representación se vuelve ontológicamante fundamental... los nombres constituyen retrospectivamente la unidad del objeto.* Ha tardado en aparecer pero aquí lo tenemos: el psiquiatra, psicólogo y ensayista suizo Carl Gustav Jung (1875-1961) y su *inconsciente colectivo.* En su día, ese concepto resultó *revelador* a la hora de explicar el comportamiento *impredecible* de las *masas,* un incómodo protagonista en la escena pública que alarmó a numerosos intelectuales como a nuestro Ortega y Gasset.[95] Pero, sin entrar en absurdas controversias con los *junguianos* (recordemos la frase del fundador de la psicología de los complejos: *Gracias a Dios, soy Jung; no un junguiano*)[96,] en el mejor de los casos el llamado *inconsciente colectivo* es una muestra de *pragmamorfismo*, en este caso *social, abstracción taquigráfica* (AT) ideada por el profesor de la Universidad de Columbia, Emanuel Derman, que permite asignar las propiedades de los objetos inanimados a los seres humanos; como considerar, por ejemplo, que los resultados de una tomografía por emisión de positrones del cerebro son equivalentes a las *emociones*. Jung habla de un concepto que sólo existe en su cabeza, sin relación alguna con la realidad, algo en parte explicable porque en su tiempo todavía no se habían desarrollado suficientemente las ciencias cognitivas y la neurobiología, pero inexplicable en Laclau, que preso (es de suponer que gustosamente) de la fraseología anticientífica del *psicoanálisis*, no duda en utilizarla para apuntalar sus ideas, aún a riesgo de contaminarlas de *superstición* y *brujería*.

Para no perdernos en el mundo fantasioso del *psicoanálisis junglacaniano* tal vez convenga tomar distancia con un poco de neurología cognitiva y biología evolutiva. Podemos recordar de donde venimos y a dónde podemos ir. Hace unos 5 millones de años, con la bipedestación de los australopitecos, comenzó el proceso evolutivo de hominización, cuyas principales etapas fueron la producción de utensilios y armas por el *Homo habilis*, hace unos 2 millones de años; el control del fuego, mejora de la alimentación y desarrollo de la vida comunitaria con el *Homo erectus*, hace 1,5 millones años aproximadamente; y la expansión geográfica, la domesticación de animales y plantas, la agricultura, la creación de asentamientos fijos (primeras ciudades) con el *Homo sapiens*. Este proceso se corresponde con la paulatina encefalización, aumento del cerebro que de los 480 g. de los Australopitecos, a los 646 g. del *Homo hahilis*, los 900 g. del *Homo erectus*, y nuestros 1.350-1.400 g. Este proceso ha supuestos cambios trascendentales que afectan a lo físico y lo cognoscitivo o mental. Por ejemplo, la conquista evolutiva de la bipedestación eficiente, se logró a costa de distintos cambios anatómicos, uno de los cuales, el progresivo estrechamiento de la pelvis que permitía la articulación entre el fémur y la cadera (coxofemoral), mejoró la eficiencia para andar buscando comida y correr ante los depredadores en la sabana. Este estrechamiento dificultó el parto, favoreciendo lo que se conoce como parto precoz, en el que el bebé no puede tener un mayor desarrollo uterino, como el resto de los mamíferos, por la relación humana entre cabeza y resto de cuerpo (*índice de encefalización*). Una consecuencia es que las hembras humanas necesitan ayuda ajena para garantizar un parto sin problemas. Sin el desarrollo de las capacidades solidarias, el bebé no hubiera sobrevivido, la madre no hubiera podido amamantarlo, y el grupo procurarle nutrición y protección en las adversas condiciones de los primeros humanos. Es decir, han tenido que crearse mecanismos neurológicos de socialización y cooperación sin los cuales la especie humana habría desaparecido. Este factor socializador básico, se manifiesta también en la necesidad de cuidar y proteger a un bebé que necesita mucho tiempo para alcanzar su autonomía, lo que refuerza y amplia los mecanismos neuronales básicos de relaciones afectivas materno/filiales y relaciones afectivas de colaboración con el resto del grupo, y particularmente con la pareja progenitora. Como se ve, una dialéctica evolutiva mente/cerebro, individuo/sociedad. Desde el punto de vista neurológico, el soporte estructural neuronal, formado por varios núcleos y multitud de líneas de interconexión, se encuentra ubicado en la cara interna e inferior de cada hemisferio cerebral, conformando el sistema límbico. Estudios recientes han llegado a una precisión mayor. Así, en la *amígdala central* se ubican los mecanismos neuronales relacionados con el afecto (que no tiene nada de freudiano) y la solidaridad; en la *amígdala medial*, las respuestas agresivas ante un peligro; en el *septum*, el sentimiento de placer, incluido el sexual; en el *hipocampo*, la gestión de la memoria. A todo lo cual hay que añadir parte del *córtex frontal anterior* (*prefrontal ventromediano*), cuya lesión provoca alteraciones, más o menos serias, de la capacidad emocional, los sentimientos y las funciones relacionadas con interrelación social. Este proceso evolutivo de hominización significó, a su vez, la pérdida o disminución de capacidades cerebrales poco útiles, como la olfatoria, al tiempo que se desarrollaban otras relacionadas con el pensamiento en el *neocórtex,*.

Resumiendo, la *socialización* corre pareja al aumento de la capacidad cerebral, y es condición necesaria, aunque no suficiente, para su desarrollo *neuronal* (sinapsis, redes y mapas) mediante el aprendizaje. Todo junto genera la capacidad *cultural* humana que, en el *Homo sapiens sapiens,* toma las riendas de la *evolución*. Biológicamente somos fruto, como todos los animales, del azar y la selección (necesidad). Pero una vez coronada la *hominización*, integramos un nuevo mecanismo en el proceso *evolutivo*, la *cultura*, y su obra magna, la *civilización*. La *sociedad* ya no es fruto de una determinada conformación *genética*, que incluye el impulso de cooperación, sin la cual evidentemente no se habría formado, sino una creación de los seres humanos, con sus evolutivas *leyes emergentes*. Las fantasías *pseudocientíficas* evidencian lo que todavía nos queda por recorrer.

Hoy nadie, salvo los poetas que se pueden permitir el lujo de obviar la ciencia, sostiene que pueda existir *conciencia* o *inconsciente* sin cerebro. Lo que me induce a pensar que Laclau considera plausible la existencia de un *cerebro inmaterial* que gobierna la actividad *mental* de las masas. Es un *espejismo* fácil de tomar por la realidad. Por ejemplo, cuando vemos a una *multitud* en un estadio, un mitin, una manifestación, un concierto, o en una liturgia, gritar al unísono los mismos eslóganes, consignas, o descalificaciones, es comprensible que se piense en un *cerebro colectivo* con su carga de *complejos*. Pero no dejan de ser, en los casos extremos, fenómenos similares a los de *histeria colectiva* (conocida cono *enfermedad psicógena masiva*), como la *risa contagiosa*. Se trata del fenómeno de *resonancia* del que ya he hablado y al que me remito.

Antes de pasar a otra de las *fantasías* de Laclau si me gustaría señalar que la Revolución Digital y la sociedad de la información, base tecnológica para la construcción del socialismo, está creando un *cerebro exterior*, que es algo más que una herramienta de cálculo y procesamiento de datos, y sobre el que descansan cada vez más tareas *humanas*, tanto mentales como físicas. El hombre moderno no puede desarrollar más su cerebro sin cambiar su morfología corporal, con un aumento del cráneo que imposibilitaría el parto, por lo que la *evolución encefálica* debe ocurrir *fuera* del cráneo. Deja de ser *biológica* para convertirse en *artificial*, obra del propio cerebro humano, mediante el desarrollo exponencial de la *computación* y de la *inteligencia artificial* (IA). Ya tenemos *súper ordenadores,* como el Watson de IBM, capaces de tomar *decisiones complejas* en ámbitos muy diversos, mediante complicados algoritmos.[97] Si no fuera porque suena a *ciencia ficción* podría afirmarse que estamos en una nueva fase *evolutiva:* la de convertirnos en una *especie transbiológica:* el *Homo sapiens digitalis*. Aunque suene a broma, el tema es muy serio, y tiene implicaciones muy importantes en todos los campos de la actividad humana, cuyo estudio excede este trabajo. En cualquier caso, la trascendencia social y económica de la Revolución

Digital, que se encuentra en su inicios, con unos vacilantes primeros pasos en la computación *cuántica*, o en el uso de *bacterias*, supone que los propietarios de los poderosos *exocerebros digitales* y los *Big Data*, adquirirán un enorme *poder* en la sociedad capitalista, constriñendo los enormes beneficios para la sociedad al interés privado. El poder de *dominación social* y *creación* de riqueza puede ser tan grande que debe estar sometido al *interés publico*, mediante su *control democrático*.

Dicho todo lo cual, volvamos a las *esferas especulativas* de Laclau.

Un *pueblo* a la busca de *identidad*

Viene a continuación un disertación sobre *Democracia e identidades populares*, donde Laclau saca a la palestra al filósofo francés y estudioso del totalitarismo, Claude Lefort (1924-2010). Se vale de su análisis de la transformación simbólica que hizo posible la democracia moderna, donde encuentra numerosas similitudes con sus conceptos expresados hasta ahora. Leamos: ... *El lugar del poder se convierte en un lugar vacío ... En mi opinión, el punto importante es que la democracia es institucionalizada y sostenida por la disolución de los indicadores de la certeza. Inaugura una historia en la cual la gente experimenta una indeterminación fundamental en cuanto a la base del poder, la ley y el conocimiento, y en cuanto a la base de las relaciones entre el yo y el otro, en todos los niveles de la vida social.*

Sin duda, Laclau puede sonreír satisfecho. !Ya lo decía yo!. Sin embargo, lo cierto es que existen notables diferencias con Lefort, aunque ambos se muevan en un análisis *simbólico* de los procesos *democráticos*, sin referencia alguna a las causas estructurales, socioeconómicas y culturales, que los alumbran. De ahí que el concepto *vacío*, como el *vacío de poder*, sea una frase *hueca* (ilógicamente!). Hoy sabemos que el *vacío* esta lleno de *campos*, como demuestra la física *cuántica*. Pero incluso en la sociedad, el *vacío* tampoco existe, salvo como aparato *lingüístico* (acecha de nuevo el *pragmamorfismo*). El *vacío* esta lleno de luchas y tentativas de reorganización de fuerzas sociales en pugna. El llamado *vacío de poder*, frase habitual en el análisis político, hace referencia a la *incapacidad* del gobierno para ejercer su autoridad ante la aparición de otro *poder* alternativo (que puede tener formas *pre-estatales*) y la pérdida de *legitimidad,* Se trata de una situación en la que fallan los *sistemas de dominación*, de forma que los que detentan el *poder* no pueden ejercerlo y los que se oponen a el no tienen suficiente *poder* para sustituirlo. Esta situación de *dualidad* inestable se resuelve bien con la reafirmación de poder *dominante* (recuperando o cediendo *poder*) o con su *sustitución* por el nuevo *poder* de las *clases subordinadas*. Ciertamente, la naturaleza siente horror al *vacío*, pero ese *vértigo* no afecta a Laclau y demás *idealistas*. Lo necesitan para fundamentar su *populismo*. Por eso, para Lefort y Laclau lo que *inaugura* una nueva etapa histórica no son las luchas de las *clases subordinadas* contra las formas estatales (feudales, absolutistas, capitalistas) de *dominio*, sino una *indeterminación fundamental*. Con dicha formulación se trata de explicar el paso a la democracia moderna, una pirueta intelectual que necesita la *indeterminación* no como una característica de los cambios sociales, que no son *deterministas*, en el sentido *mecanicista,* impropiamente aplicado al marxismo, sino como no *causales*. Es un debate *academicista* (en el sentido peyorativo de la palabra) innecesario. Porque si con *indeterminación fundamental* se refiere a la *contestación* social de las bases del *poder* absolutista, iniciada en el campo de la *ideología* por la Ilustración, y materializada en las luchas reivindicativas de los revolucionarios, no aporta nada a la fundamentación de las categorías del *populismo*.

En realidad lo que hace es *negar* o *infravalorar* las bases *socioeconómicas* del proceso, algo que ningún estudioso de la historia deja hoy de lado. La *indeterminación* es una *categoría* que opera en el campo de las contradicciones sociales, que son de orden *inverso no lineal.*[98] La ciencia ha demostrado hasta la saciedad que el mundo se las arregla para revelarse a un tiempo *determinista* e *impredecible.* Por eso la *indeterminación* es consustancial a los sistemas complejos, y está directamente relacionada con dicha complejidad. Claro que Laclau y Lefort no son *científicos,* y su concepto de *indeterminación* está relacionado con categorías como *sobredeterminación, yo y ello,* y similares. El resto de los mortales sabemos que solo el universo sabe *exactamente* el tiempo que hará mañana, lo que no evita que podamos realizar *predicciones.*

Más adelante, Laclau recurre a otra cita de Lefort: *Cuando los individuos se sienten cada vez más inseguros como resultado de una crisis económica o de los estragos de la guerra, cuando los conflictos entre clases y grupos se exacerban y ya no pueden resolverse* <u>simbólicamente</u> *dentro de la esfera política, cuando el poder parece haberse hundido al nivel de la realidad y no ser más que un instrumento para la promoción de los intereses y apetitos de la ambición vulgar y, en una palabra, aparece en la sociedad, y cuando al mismo tiempo la sociedad parece estar fragmentada, entonces vemos el desarrollo de la* <u>fantasía</u> *del Pueblo-Uno, los comienzos de la búsqueda de una identidad sustancial, de un cuerpo social unido en su cabeza, de un poder encarnado, de un Estado libre de división* (los subrayados son míos). Efectivamente, se trata de *fantasías,* percepciones de la realidad *distorsionadas* por el discurso *populista,* recursos *ideológicos* ante el *desconcierto* de un orden que entra en crisis, de parecida naturaleza al recurso *religioso* ante el estupor de la muerte. Y de la misma manera que las iglesias utilizan y manipulan esa necesidad de *trascendencia*, los *populistas* tratan de aprovechar el *desconcierto* del *vacío de poder*, o la ausencia de *dirección* política en las movilizaciones populares, para encauzar y controlar la protesta.

Afirmar que los *conflictos* (supongo que se refiere a los que se dan entre *clases*, mencionados unas líneas antes) pueden resolverse *simbólicamente*, es tanto como pensar que es en el nivel de la *conciencia* donde se generan, confundiendo tener *conciencia* de una cosa, con la cosa misma. De nuevo asoma el hocico el temible *pragmamorfismo*. La dura realidad, tras la proliferación especulativa de la segunda mitad del siglo pasado (estructuralismo, deconstructivismo, teoría crítica, positivismo lógico, posmodernismo, etc.) es que la obtención de un doctorado en filosofía, psicología, sociología, o historia no parece servir de mucho a la hora de resolver los problemas que acostumbra a plantear la vida social. La *narrativa* de los estructuralistas y posestructuralistas sigue afectando seriamente a la capacidad de percepción de la realidad. Un *colocón* lingüístico y conceptual de mucho cuidado. Por lo demás, la descripción de Lefort es confusa, precisamente por el mismo *déficit* de las tesis de Laclau: su concepción del poder y de la realidad social soslaya los mecanismos de *dominación coercitiva* y de *subyugación ideológica,* y *menosprecia* el papel de la estructura socioeconómica. Pero estos mecanismos son los que entran en *crisis* cuando ya no consiguen defender eficazmente el sistema productivo. En ese sentido, el capitalismo hará todo lo que tenga que hacer para garantizarse la *supervivencia*, como favorecer las *ideologías* que lo justifican, o las que derivan la lucha a un callejón sin salida.[99] Disquisiciones aparte sobre *psicología de masas* o *indeterminación fundamental*, la pura y dura realidad es que los *fascismos* fueron una manifestación *extrema*, una respuesta *radical,* el *último recurso* al desafío de la Revolución de Octubre en los países donde el peligro de *contagio* era mayor (Italia, Alemania,

España). Algo que se repite cada vez que dichos *mecanismos* citados fallan, como ocurrió en el Chile de Allende. Olvidar esto puede tener consecuencias dramáticas.

A pesar de todo, Laclau censura al filosofo francés que se centre exclusivamente en los *regímenes* y no preste atención adecuada a *la construcción de los sujetos democráticos populares.* Según Laclau, *el poder en las democracias está, para Lefort, vacío.* Mientras que para él *la cuestión se plantea de manera diferente: es una cuestión de "producción" de vacuidad a partir del funcionamiento de la lógica hegemónica. La vacuidad es, para mí, un tipo de identidad, no una ubicación estructural. Si el marco simbólico de una sociedad es lo que sostiene, como piensa Lefort -y en este punto coincido con él- un régimen determinado, el lugar del poder no puede estar totalmente vacío. Incluso la más democrática de las sociedades tendrá <u>límites simbólicos</u>* (el subrayado es mío) *para determinar quién puede ocupar el lugar del poder.* Toda una declaración de principios, que se agradece. Maravilloso eso de la *"producción" de vacuidad,* con el añadido de las comillas para otorgar cierto *misterio* a la frase. No menos *intrigantes* son los *límites simbólicos* para ocupar el poder. Es una forma curiosa de referirse a las barricadas, los fusiles, o los tanques, si esa *ocupación* es violenta. Pero tal vez se refiera a la *ideología dominante.* ¡*Chi lo sa*!.

Pero lo más importante es que, de nuevo, Laclau saca a relucir la idea de que el *sujeto* se *construye,* y como tal cosa *construida* puede ser *democrático popular.* Pero ocurre que toda referencia a la *democracia* (un *significante vacío* para Laclau, una *abstracción taquigráfica* para mí) que no tenga en cuenta su carácter de forma organizada del *poder* y procedimiento para alcanzarlo, dos aspectos *inseparables,* se convierte en pura *especulación* inocua. Es el nivel en el que la *ideología domi-*

nante trata de ubicar toda discusión sobre *democracia*. Para lo que necesita *vaciarla* de todo contenido *de clase*. Es, para decirlo con sus palabras, su *seña de identidad* burguesa. Me recuerda a la *energía del vacío* cuántica con la que algunos físicos tratan de sortear el materialismo y colar a sus dioses por la puerta trasera, después de que la ciencia les haya expulsado de la casa de la razón. Lugar *vacío* o *producción* de *vacuidad* (sin duda una especialidad de Laclau), tanto monta. La *democracia* no es el lugar *vacío* del *poder*, signifique esto lo que signifique para un lingüista freudiano estructuralista posmarxista, sino la *forma* y el *mecanismo* en la que se *ejerce* el *poder*. Y esta bien *lleno* de reglamentos y leyes. Cualquiera que haya participado en las luchas sociales en el marco de una democracia liberal lo sabe.

Para reafirmar sus tesis recurre a su esposa, y coautora de varios libros, Chantal Mouffe, cuya deuda intelectual con Lefort es evidente. Así, cita un párrafo extraído de su libro *La paradoja democrática* en el que la politóloga belga señala que: *En lugar de simplemente identificar la forma moderna de la democracia con el lugar vacío del poder, quisiera también destacar la distinción entre dos aspectos: por un lado, la democracia como forma de gobierno, es decir, el principio de soberanía del pueblo; por otro lado, el marco simbólico dentro del cual este gobierno democrático se ejerce. La novedad de la democracia moderna, lo que la hace propiamente moderna es que, con el advenimiento de la "revolución democrática", el viejo principio democrático según el cual "el poder debería ser ejercido por el pueblo" surge nuevamente, pero esta vez dentro de un marco simbólico dado por el discurso liberal, con su fuerte énfasis en el valor de las libertades individuales y los derechos humanos.*[100] Pasando por alto que la *revolución democrática*, aun cuando haya sido impulsada y dirigida por la burguesía, afín de crear el marco *conciliador* necesario para el desarrollo eficiente y *libre* del capitalismo, es fruto de las *luchas populares.* Sin embargo, de las palabras de Mouffe se puede llegar a deducir que el *liberalismo* solo puede expresarse *políticamente* en un sistema *democrático,* por lo que su relación no es contingente, sino necesaria. Sin embargo, la historia muestra que tan ingenua afirmación carece de sustento empírico. El hecho es que el *liberalismo* ha propiciado distintas formas de *democracia,* en función de que en cada momento histórico permitiera el funcionamiento mejor y más *seguro* del capitalismo. Las *restricciones* a la *democracia* y su *ejercicio* solo se han ido eliminando en las luchas de las clases trabajadoras, desde el reconocimiento de los sindicatos obreros, al derecho de voto a las mujeres. En la lucha contra las distintas formas de *Herrenvolk democracy* (democracia *restringida* al grupo dominante). No hay nada *idílico* en la *revolución democrática,* sino una larga lucha, sangrienta numerosas veces por ampliarla y, en ocasiones, defenderla. La emancipación *política* de las *clases trabajadoras* es inseparable de su lucha contra las *restricciones* de la *democracia liberal* en el horizonte de una *democracia social* (Democracia Ampliada).

La *democracia liberal* es la forma óptima, menos *costosa,* de gobierno del capitalismo. Y lo es porque crea un marco regulado de *debate,* y unos mecanismos de *consenso* ante los inevitables *conflictos* de un sistema productivo basado en la *desigualdad.* Es decir, la *igualdad* ante la *ley* (Estado de derecho) se concibe como la garantía de la *desigualdad* en la relación capital/trabajo, y en el reparto de la riqueza. Es, en ese sentido, una *democracia blindada.* Por eso, pese a ser la forma de gobierno *natural* del *liberalismo,* es también el resultado de la lucha contra los *límites* de la propia *democracia liberal,* de la lucha por su *ampliación* efectiva a todas las capas y grupos sociales, lo que permite formas avanzadas de organización *alterna-*

tiva. Sus *limitaciones* estriban en que, por muy amplia que llegue a ser la *democracia liberal,* no cambia de *naturaleza*: la forma de gobierno cuyos *límites,* fijados constitucionalmente, son el *respeto* a las *leyes* del *funcionamiento* capitalista. Cuando se ponen en peligro, surgen las *alarmas* ideológicas, y se activan *formas* y *métodos* de *salvaguarda* del sistema frente a los *excesos* que cuestionan el sistema, como ha ocurrido en nuestro país con la llamada *ley mordaza.* Todo lo cual no significa, ni mucho menos, menospreciar la importancia de la *conquista* del Estado de derecho. Es la garantía de que la lucha por la *trasformación* socialista del capitalismo se desarrolle en el campo de la *ideología* y la *organización* social alternativa, sin que intervenga, al menos de una manera *decisiva,* los mecanismos de *coerción física.*

Mouffe encuentra razonable hablar de *vacío* porque es la única forma de que sus palabras se *llenen* de *significado populista,* sin tener que pronunciarse sobre los contenidos de *clase* de términos como *democracia.* Uno de los más perniciosos efectos de la descomposición *teorética,* y del desconcierto *practicista* de intelectuales frustrados al no barruntar ninguna posibilidad de cambio del sistema capitalista, una vez fracasado el intento inaugurado históricamente con la Revolución de Octubre. Es la recaída en el *idealismo* premarxista. Desconcierto y frustración que ha llevado a muchos de ellos desde el *ultraizquierdismo* a la *extrema derecha.* Conceptos tan *descarnados* de contenido de *clase,* como *revolución democrática,* y el elogio indisimulado al *discurso liberal,* (escrito, todo hay que decirlo antes de la Gran Crisis de 2008) como los de Laclau y Mouffe son un buen ejemplo.

En cuanto al *marco simbólico,* ambos parecen olvidar que no es otro que la expresión *ideológica* del *domino de clase.* Su *simbolismo* forma parte del sostén del *régimen,* pero no su *creador.* Lo mismo que el *pensamiento* es el cerebro en *acción,* y no el *creador* del cerebro. Y lo mismo que el *pensamiento* puede *modificar* los *pensamientos* de otra persona cuando *interactúa* con ella (en realidad *modifica* sus *mapas* y *redes* neuronales), originando el *espejismo* de que las ideas *crean* la realidad, la *ideología dominante* actúa sobre la *conciencia* de las clases subordinadas de forma que llegan a *percibir* su realidad social como la consecuencia de su *comportamiento personal,* y no como uno de los efectos de la naturaleza del sistema socioeconómico. Tarea a la que contribuye eficazmente el *populismo.* La lucha ideológica por la *hegemonía* es, en este sentido, una lucha por *liberar* la *conciencia* de los agentes de la *transformación* social, sin lo cual ésta resulta imposible, por muchas condiciones *objetivas* que se den. Aunque, no hay que olvidar que, para que pueda tener éxito, la lucha *ideológica* es inseparable de la propia experiencia de las clases subordinadas en la defensa de sus intereses.

En fin, espero que este debate *lingüista freudiano y juglacaniano,* todo este *fetichismo de las palabras,* todo este *pragmamorfismo,* cansino e irrelevante, lo disipen los conflictos sociales cuando su grado de amplitud, profundidad, y la radicalidad limpien de *polvo* especulativo las propuestas *políticas* en pugna. Mientras tenemos que seguir leyendo y debatiendo con Laclau y sus *managers.*

Cuando la *hegemonía* lo justifica todo

Y, para rematar la arquitectura argumental, quién mejor que alguien con tanto prestigio intelectual, político y personal como Antonio Gramsci, uno de los fundadores del PCI y su Secretario General. Una vez más, Laclau hace una peculiar interpretación de sus ideas: *La visión de Gramsci de la hegemonía, por ejemplo, trasciende la distinción Estado/sociedad civil, pero es, sin embargo, fundamentalmente democrática porque introduce nuevos sujetos colectivos en la arena histórica.* Reconozco que después de haber leído (hace tiempo, eso sí), la obra completa de Gramsci, no entiendo como se puede concluir tal cosa. Hasta donde yo conozco, Gramsci no *trasciende* nada. Lo que dice es que no hay *sociedad civil* sin Estado, que asimila a la *sociedad política.* Los conceptos de Gramsci sobre estos asuntos están desperdigados por distintos apuntes, cartas, y en los *Cuadernos de Cárcel*, por lo que una sistematización no es sencilla. Hay algunas formulaciones contradictorias, y cambios en algunos de sus enunciados. Así que recurro a los que considero que son los fragmentos más significativos al respecto, extraídos de sus obras completas:

> *... en Occidente, en cambio, había una correlación eficaz entre el Estado y la sociedad civil, y en el temblor del Estado podía de todos modos verse en seguida una robusta estructura de la sociedad civil.*

> *... Hay que distinguir entre la sociedad civil, tal como la entiende Hegel y en el sentido en que la expresión se utiliza a menudo en estas notas (es decir, en el sentido de hegemonía política y cultural de un grupo social sobre la entera sociedad, como contenido ético del Estado)...*

> *... (en) la noción general de Estado intervienen elementos que hay que reconducir a la noción de sociedad civil (en el sentido, pudiera decirse, de que Estado = sociedad política + sociedad civil, es decir, hegemonía acorazada con coacción). En una doctrina que conciba al Estado como tendencialmente susceptible de agotamiento y de resolución en la sociedad regulada, el tema es fundamental.*

> *... sociedad civil, la cual, empero, está tan*

*entrelazada de hecho con la sociedad políti-
ca que todos los ciudadanos sienten que en
realidad reina y gobierna. Sobre esa realidad en movimiento continuo no se puede
crear un derecho constitucional de tipo tradicional, sino solo un sistema de principios
que afirmen como finalidad del Estado su
propia disolución, su propia desaparición,
es decir, la reabsorción de la sociedad política por la sociedad civil.*

*... Por ahora es posible fijar dos grandes
«planos» sobreestructurales; el que puede
llamarse de la «sociedad civil», o sea, del
conjunto de los organismos vulgarmente
llamados «privados», y el de la «sociedad
política o Estado», los cuales corresponden,
respectivamente, a la función de «hegemonía» que el grupo dominante ejerce en toda
la sociedad y a la de «dominio directo» o de
mando, que se expresa en el Estado y en el
gobierno «jurídico».*

*... El planteamiento del movimiento libre-
cambista se basa en un error teórico cuyo
origen práctico no es difícil de identificar:
en la distinción entre sociedad política y sociedad civil, la cual deja de ser una distinción de método y se convierte y se presenta
como una distinción orgánica. Así se afirma que la actividad económica es propia de
la sociedad civil, y que el Estado no tiene
que intervenir en su regulación. Pero como
en la realidad de hecho la sociedad civil y el
Estado se identifican, hay que concluir que
el mismo librecambismo es una «reglamen-
tación» de carácter estatal, introducida y
mantenida por vía legislativa y coactiva: es
un hecho de voluntad consciente de sus
propios fines, y no expresión espontánea
automática del hecho económico.*

... los estados más adelantados, en los cua-

les la «sociedad civil» se ha convertido en una estructura muy compleja y resistente a los «asaltos» catastróficos del elemento económico inmediato (crisis, depresiones, etc.).

... La unidad histórica de las clases dirigentes se produce en el Estado, y la historia de esas clases es esencialmente la historia de los estados y de los grupos de estados. Pero no hay que creer que esa unidad sea puramente jurídica y política, aunque también esta forma de unidad tiene su importancia y no es solamente formal: la unidad histórica fundamental por su concreción es el resultado de las relaciones orgánicas entre el Estado o sociedad política y la «sociedad civil.

Vemos que Gramsci distingue, pero no separa, *sociedad política y sociedad civil*. Y afirma que existe una *relación* orgánica entre Estado y *sociedad civil*, pero distingue los distintos campos y formas de *materializarse* dicha *relación*. Lo que afecta también al concepto de *hegemonía*, cuya manifestación es inseparable del Estado. Así, puede hablarse de la *hegemonía política* que se ejerce en el Estado, y de la *hegemonía cultural* que expresa la *ideología dominante* mediante el conjunto de *juicios* y *valores* que la sustentan (el *liberalismo* en la sociedad burguesa, por ejemplo). Esta última es donde, para Gramsci, se libra la necesaria *lucha ideológica,* previa a la conquista del Estado por las clases trabajadoras, para alcanzar la *Hegemonía* con mayúsculas (*institucional* y *cultural*).

Por eso yo prefiero hablar de *mecanismos* o *sistemas de Coerción* y de *Subyugación Ideológica,* que en las sociedades desarrolladas incluyen la poderosa *seducción consumista*. Su marco de actuación es tanto la *sociedad política* como en la *sociedad civil*. Ambas forman una unidad *inseparable* (salvo a efectos de estudio metodológico y diseño de estrategias políticas), y son necesarios para la defensa, el mantenimiento, y el *control* de las reformas del sistema capitalista. Son su *sistema inmunológico*. Todos los *sistemas complejos* tienen mecanismos de *autodefensa* para su supervivencia. Por ejemplo, en el cuerpo humano, el sistema inmunológico, la reparación celular, la apoptosis, o la selectividad neuronal vigilan por la *supervivencia* del individuo. En los *sistemas sociales*, que son los más complejos de todos por contener las *complejidades* de sistemas subalternos (físico, químico y biológico), su autodefensa lo constituyen el *sistema Coercitivo* (estatal) y el *Sistema de Subyugación Ideológica* (cultural). En las sociedades desarrolladas, con la conquista del Estado de derecho y los Derechos Humanos, recogido en todo un entramado de convenios internacionales, el sistema de *Subyugación Ideológica* se convierte en el mecanismo fundamental de defensa del sistema, como ya he dicho. De ahí la importancia del control *ideológico* de las propuestas *políticas,* que incluye la *demonización* de toda alternativa *trasformadora* (*demonización* a la que contribuye eficazmente el *izquierdismo infantil*). Por eso, la lucha contra la forma *cultural* de *dominio* (en sus dimensiones política e ideológica) solo puede darse desde la *filosofía de la praxis*. Porque, igual que sólo desde la experiencia podemos conocer la realidad de los hechos, solo desde las luchas de las *clases subordinadas* es posible que sus protagonistas tomen *conciencia* de la dimensión *política* de su lucha, y se desprendan del dominio *cultural* de las *clases dominantes*. Lo que exige que se hayan desenmascarado aspectos básicos, *ideas fuerza,* de dicha *cultura*. Como, por ejemplo, que solo existe una *democracia*, la *liberal,* representativa y deliberativa, y el resto es *dictadura totalitaria*. La creación de *formas estatales alternativas*, nacidas durante la lucha cuando alcanza un elevado grado de confrontación, son el mejor *di-*

solvente de esa forma de dominio *ideológico*. Es en la *práctica democrática* vinculada a la lucha cuando las clases trabajadoras comprenden que una *democracia real* es necesariamente algo más que la *democracia liberal*.

En esto de la *democracia* y la *hegemonía*, Laclau y Mouffe caen a menudo en una especie de *sesgo de confirmación*, tendencia a *descubrir* más fácilmente las pruebas que corroboran nuestros puntos de vista que las evidencias que las desautorizan. Por ejemplo, cuando Mouffe se muestra *critica* con la *democracia deliberativa*, dominada por un *marco simbólico libera* y propone lo que llama un *modelo agnóstico* de democracia: *Al privilegiar la racionalidad, tanto la perspectiva deliberativa como la agregativa dejan de lado un elemento esencial que es el rol crucial que juegan las pasiones y los afectos en asegurar la lealtad a los valores democráticos.* Olvidemos el significado de la palabra *agnóstico*, que ella *vacía* de contenido para llenarlo de conceptos extraídos del segundo Wittgenstein, un *juego de lenguaje* en sentido literal, y centrémonos en lo importante: el concepto mismo de *democracia*. No voy a entrar en las numerosas aproximaciones al tema realizadas por notables pensadores, como Habermmas, sino en los aspectos más *pedestres*: *democracia* sería una forma de elección de los *representantes* (cesión de *soberanía*) al parlamento (legislativo y fiscalizador), una forma de *gobierno* de la mayoría electoral (delegación de *poder*) que expresa el *poder* de las fuerzas políticas representativas de los intereses sociales, una *articulación de derechos y libertades* (conquistas de las clases subordinadas), y una *cultura* que consagra todo lo anterior. Es decir, la *democracia liberal* (deliberativa, agregativa, representativa) está recorrida por las tensiones y conflictos propios de la sociedad capitalista, y su *fuerza* estriba en que es la *mejor* forma, o la menos *mala* (relación coste/beneficio), de *integrar, atenuar* o *someter* dichos conflictos bajo el *imperio de la ley*, que es la manifestación jurídico/represiva del gobierno. Las *pasiones y los afectos para asegurar la lealtad* de los que habla Mouffe no son más que *significantes vacíos* si no se considera su *utilidad evolutiva* como *mecanismo cultural de dominio*. Carecen de sentido (positivo o negativo) si se obvia la perspectiva de *dominador/dominado...* algo que un *psicoanalista* debería saber.

Lo extraordinario es que la propia Mouffe, tal vez por reminiscencias del marxismo juvenil, denuncie con toda justicia que *el fracaso de la actual teoría democrática en abordar la cuestión de la ciudadanía es consecuencia del hecho de operar con una concepción del sujeto que percibe a los individuos como anteriores a la sociedad, portadores de derechos naturales, que son o bien agentes maximizadores de la utilidad o bien sujetos racionales. En todos los casos* (los individuos) *son abstraídos de sus relaciones sociales y de poder, de su lenguaje, de su cultura y de todo el conjunto de prácticas que hacen posible la actuación social.* Nada que objetar, sino todo lo contario. Pero Laclau, tras un enrevesado proceso lógico, le da la vuelta a la tortilla y llega a la conclusión, que debe ser cierta puesto que ha trabajado codo con codo con la politóloga belga, que su *noción de la identidad democrática es prácticamente indiferenciable de lo que hemos denominado identidad popular... La consecuencia es inevitable: la construcción de un pueblo es la condición sine qua non del funcionamiento democrático.* Extraordinario *sofisma*: si el *pueblo* es la *condición* de la *democracia* (aunque haya sido excluido *in parte,* desde sus orígenes) no hay democracia *sin populismo.* Aunque Laclau admita, no sé sí a regañadientes, que puede haber *populismo* sin *democracia.* ¡Hay que poner la buena conciencia a salvo!. Si esto no es una manifestación de *libro* del *sesgo de confirmación,* que venga Freud (y Jung, Lacan, Deleuze, Derrida, Foucault...) y lo vea.

Para rematar la faena, y volver a lo que le interesa, que es justificar la *construcción* de un *pueblo,* unas páginas más adelante Laclau se reafirma con plena convicción en que *los significantes vacíos sólo pueden desempeñar su rol si significan una cadena de equivalencias, y sólo si lo hacen constituyen un "pueblo". En otras palabras, la democracia solo puede fundarse en la existencia de un sujeto democrático, cuya emergencia depende de la articulación vertical entre demandas equivalenciales. Un conjunto de demandas equivalenciales articuladas por un significante vacío es lo que constituye un "pueblo". Por lo tanto, la posibilidad misma de democracia depende de la constitución de un "pueblo" democrático* (¡!!!!). La verdad, a estas alturas del libro uno no sabe si echarse a reír o llorar. Ahora sabemos que su *significante vacío* ¡significa! una *cadena de equivalencias.* Yo diría, con todo mis respetos al profesor, una cadena de *despropósitos* creada con el *propósito* de justificar su *justificación* del *populismo,* tan mal visto hasta ahora. Pero no se han terminado las sorpresas. La frase siguiente no tiene desperdicio: *la democracia exige un sujeto democrático.* Claro, como el color exige un objeto que refleje la luz (y un cerebro que procese las señales emitidas por el órgano perceptor correspondiente). Pero no menospreciemos el aserto. Nos puede llevar al conocido dilema de qué fue primero, la gallina (*sujeto democrático*) o el huevo (*democracia*)... Darwin ya respondió hace más de un siglo. ¿Hace falta repetirlo? Al parecer si, ya que Laclau sigue prisionero del famoso *no* enigma.

Pero donde se le ve a Laclau claramente el plumero de *liberal populista* es en el párrafo siguiente: *sabemos que si va a haber una articulación/combinación entre democracia y liberalismo, deben combinarse dos tipos de demandas diferentes. La combinación, sin embargo, puede tener lugar un tipo de demandas -el liberalismo, por ejemplo, con su defensa de los derechos humanos, las libertades civiles, etcétera- pertenece al marco simbólico de un régimen, en el sentido de que son parte de un sistema de reglas aceptadas por todos los participantes del juego político, o bien son valores negados, en cuyo caso son parte de la cadena equivalencial y, por lo tanto, parte del "pueblo"... Es un error pensar que la tradición democrática, con su defensa de la soberanía del "pueblo", excluye como cuestión de principio las demandas liberales. Eso sólo podría significar que la identidad del "pueblo" está definitivamente fijada. Si, por el contrario, la identidad del pueblo sólo se establece a través de cadenas equivalenciales cambiantes, no hay razón para pensar que un populismo que incluye los derechos humanos como uno de sus componentes es excluido a priori.*

Todo un canto al liberalismo, que asocia sin más a la tradición democrática (¿también la *censataria?*, ¿la que negaba el voto a las mujeres y los negros?, ¿la que exigía saber escribir?, etc.). Pero es que, además, Laclau recurre al truco de crear un inexistente problema. En efecto, nadie niega que los *derechos humanos* son parte *fundamental* de las demandas populares. Es más, los *derechos humanos* han pasado de ser una declaración de intenciones a una *realidad jurídica* como resultado de la *lucha popular,* como debería saber Laclau. Los *derechos humanos,* que son algo más que los *derechos de los ciudadanos,* no son patrimonio del *liberalismo.* Al contrario, la propia naturaleza del sistema económico del *liberalismo,* el *capitalismo,* es un obstáculo para la realización *efectiva* y *plena* de los *derechos humanos.* La aportación del *liberalismo,* sin duda un avance histórico frente al *absolutismo,* manifestación *político/cultural* del capitalismo, es la formulación *teórico/práctica* de una necesidad: la *libertad* del individuo para el desarrollo del sistema productivo capitalista. *Libertad* que permite la concurrencia en el *mercado* del obrero y al empresario en plano de *igualdad jurídica.* Se trata de un *contrato:* tú vendes tu fuerza de trabajo y yo te pago por ello. Fin de la historia. Si, puede haber abusos, pero el *mercado* se encarga, con su *mano invisible,* de poner las cosas en su sitio. Un avance histórico frente a la *servidumbre* de la sociedad feudal y absolutista, pero que conlleva una nueva forma de *dominación.* Si, ya sé que suena muy *marxista.* Los *conversos* al capitalismo de *rostro humano,* la socialdemocracia, al menos quieren amortiguar los efectos *perversos* de un sistema basado en la explotación (un termino que, curiosamente ha *desaparecido* del lenguaje, incluso ahora, cuando es más evidente). Pero, como sabemos muy bien los españoles tras la Gran Crisis de 2008, el *liberalismo* en su versión *dura* y *dulce,* no garantiza, bien al contrario, la realización de los *derechos humanos.* Y no duda, siempre en nombre de los *principios liberales,* en *acotarlos* jurídicamente en la defensa de la *sacrosanta* propiedad privada. El *socialismo* tiene sentido histórico precisamente porque significa la superación de las *limitaciones* inherentes al capitalismo de la realización efectiva de los *derechos humanos.* No solo no los niega, sino que los hace *reales.* Fraseología como que *la identidad del "pueblo" está definitivamente fijada,* no es más que una cortina de humo para ocultar su defensa del *liberalismo populista.* Engendro teórico que trata de justificar *políticamente* los regímenes *populistas.*

VI. LA DECLINACIÓN DEL VERBO
POPULISTA

Nos acercamos al final y Laclau piensa que es el momento de soltar lastre y precisar conceptos ante la previsible avalancha de reproches por haber formulado el concepto de *populismo* de forma tan difusa, confusa y contradictoria. Empieza por afirmar que su noción de *populismo no supone la determinación de un concepto rígido, al cual podríamos asignar inequívocamente ciertos objetos, sino el establecimiento de un área de variaciones dentro de la cual podría inscribirse una pluralidad de fenómenos.* Dejando a un lado el estilo farragoso al que ya nos tiene acostumbrados, Laclau deja abierta la puerta a cualquier *interpretación* del fenómeno *populista* realmente existente que convenga a su objetivo legitimador. Una *saga,* o especie de *saco roto,* donde las cosas entran y salen sin necesidad de justificación alguna, más allá de la fuerza de la gravedad. El truco, llamar *tendencias* a las *variaciones populistas.*

Veamos como funciona el invento.

Empieza utilizando, para sus propósitos, un artículo de Yves Surel, titulado *¿Berlusconi, leader populiste?,* donde el antiguo profesor de Ciencias Políticas de la Universidad de Parid II rechaza una serie de identificaciones que *empobrecen la noción de populismo al limitarla a los movimientos de la derecha radical, o como una oposición a las lógicas constitucionalistas que operan en las democracias contemporáneas.* Efectivamente, entre las propuestas de Surel y los postulados de Laclau hay importantes coincidencias -un mal pensado diría que Dios lo cría y ellos se juntan-, como la concepción del *populismo* como *una serie de recursos discursivos que pueden ser utilizados de modos muy diferentes (lo que se asemeja a nuestra noción de significantes flotantes)*. Y Laclau suscribe la afirmación de Surel de que el *populismo es menos una familia política que una dimensión del registro discursivo y normativo adoptado por los actores políticos. Es, por lo tanto, una reserva al alcance de la mano disponible para una pluralidad de actores, de una manera más o menos sistemática.* Y puestos a ello, se entusiasma con la idea de Surel: *el populismo es el elemento democrático en los sistemas representativos contemporáneos.* Ni más ni menos. A ver quién se atreve a enfrentarse al *populismo,* si es el elemento *democrático* de la *democracia.* Eso es muy duro. Bueno, deberíamos estar acostumbrados a tales artimañas, porque no deja de ser una variante del axioma formulado por Laclau: toda *política* es *populista.*

Quedémonos un momento con la afirmación de que el *populismo* es un *elemento democrático en los sistemas representativos.* Parece que Laclau, tan amigo de jugar con las palabras, recupera el concepto de *pueblo* como *demos,* y dado que la *democracia* es el *gobierno del pueblo,* ¡voila!: no hay *democracia* sin *populismo.* ¡Tantas páginas, tantas citas, para terminar con un enunciado de Primero de EGB!. Compárese tal sarta de lugares comunes con la idea de Aristóteles sobre la *democracia* como el gobierno de los pobres: *el que sean pocos o muchos los que ejercen la soberanía es un accidente, en el primer caso de las oligarquías, en el segundo, de las democracias, porque en todas partes los ricos son pocos y los pobres muchos...; lo que constituye la diferencia entre la democracia y la oligarquía es la pobreza y la riqueza, y necesariamente, cuando el poder se ejerce en virtud de la riqueza,*

ya sean pocos o muchos, se trata de una oligar-
quía; cuando mandan los pobres, de una democra-
cia; pero acontece, como dijimos, que unos son po-
cos y otros muchos, pues pocos tienen prosperidad,
aunque de la libertad participan todos; y éstas son
las causas por las que unos y otros reclaman el po-
der.[101] Sin duda el *estagirita* sabía más de democracia
que Laclau, Mouffe, y Surel juntos.

Pero el entusiasmo no le impide discrepar
en un punto con Surel: *los límites que ellos aceptan*
para la circulación de los recursos disponibles pa-
ra la construcción populista... son, según mi punto
de vista, muy estrechos. ¡Lástima!. La discrepancia
es fruto de una lamentable confusión terminológi-
ca. Nada sorprendente, por otra parte. En efecto,
los *recursos discursivos*, un concepto claro que no
debería llamar a engaño, se convierten en una especie de *demiurgo,* al parecer necesario para la *cons-*
trucción populista, más allá de lo que realmente
son: recursos habituales en la *retórica* y la argumentación de toda propuesta política que utiliza la
definición, la comparación o analogía, las citas, la
enumeración acumulativa, la ejemplificación, la in-
terrogación, etc. Sin embargo, para nuestros profesores adquiere una dimensión *constructiva,* acorde
con su idea de que el *discurso crea el objeto.* Salvo
que se pretenda indicar, como un gran descubrimiento, que contenidos y propuestas *populistas*
pueden darse en todos los partidos políticos, *ergo...*
lo dicho: todo es *populismo.* ¡A cuento de qué tanta
descalificación *populista* del *populismo!*, parece
querernos decir Laclau después de 250 páginas de
tormento.

Creo que resulta oportuno, a estas alturas, y
superado el deseo de dar por finalizada la *feria de*
las incongruencias, hacerse la pregunta de qué es
lo que realmente propone Laclau con tal alarde de
erudición y fuegos de artificio lingüísticos. Sinceramente, todavía no me encuentro en disposición

de dar una respuesta contundente. Lo que me obliga a seguir escarbando entre los estratos ideológicos de su *literatura*. Así, un poco más adelante puedo leer que *el populismo nunca surge de una exterioridad total y avanza de tal modo que la situación anterior se disuelve en torno a él, sino que opera mediante la rearticulación de demandas fragmentadas y dislocadas en torno a un nuevo núcleo*. Pasemos por alto que, al parecer, existe una *exterioridad parcial,* y vayamos al *núcleo* donde se *rearticulan* la demandas. La frase no aporta nada que nos permita comprender lo que caracteriza y diferencia al *populismo,* salvo si partimos del principio de que todo en *política* es *populismo,* ya que cualquier propuesta o programa *político* es siempre una *rearticulación* de *demandas*, estén inscritas en un proyecto de reforma, cambio o trasformación de la realidad socioeconómica. Salvo en el caso de sectas de *iluminados*, que se consideran más allá de la realidad social, todas las propuestas políticas parten de las *demandas realmente existentes*, estén *encadenadas* o no. Se diferencian en que ofrecen formas y marcos distintos de *satisfacción*. Ese es el verdadero debate. ¿Puede el *populismo satisfacer* las *demandas* populares a base de *encadenarlas equivalencialmente?*. La respuesta está en los hechos históricos: nunca ha ocurrido tal cosa, ni por la derecha ni por la izquierda. En puridad, esta distinción, que niegan los actuales teóricos del *populismo,* es incompatible con su propio concepto de *populismo,* lo que le lleva a un callejón sin salida a la hora de explicar las formas reales y concretas de *populismo.* Por ejemplo, desde los presupuestos de Laclau no hay manera de explicarse el fenómeno *realmente existente* de los *populismos* totalitarios *fascistas*, que operaron desde la *negación total* del sistema político *democrático*, aunque se aprovecharon electoralmente de él para acceder al gobierno y desmantelarlo. La *rearticulación* de las *demandas fragmentadas y dislocadas en torno al nuevo nú-*

cleo del nazismo se basó en la superioridad racial y el ultranacionalismo, donde *todos* los *verdaderos* alemanes se unían en un solo *pueblo (volk)* que reunía a todas las clases sociales y las distintas regiones de Alemania bajo la dirección del Führer, el *Gran Superador* de las diferencias, particularismos y divisiones *creadas* y fomentadas por una *élite antialemana* (judíos, y sus cómplices comunistas). ¡El sueño *populista* produce monstruos!. En el otro extremo, algo parecido ocurrió en la URSS con el *estalinismo*, y su deriva *burocrático-nacionalista*. Aquí, el nuevo *populismo* adquirió formas distintas, y se manifestó de manera diferente. Por ejemplo, el *núcleo rearticulador*, que inicialmente fue la *revolución proletaria* y sus *demandas socialistas*, bajo la *hegemonía* bolchevique, se trasformó finalmente en la defensa de la *patria socialista*, el nuevo *todo homogenizador,* incluso contra los propios obreros y sus demandas específicas, a los que no se reconocían su carácter de *clase* porque éstas habían felizmente desaparecido: solo existía el *pueblo soviético*. La invasión nazi durante la II Guerra Mundial terminó por consolidar un proceso que se había iniciado en los años 30 del siglo pasado con las grandes purgas de bolcheviques. Las aberraciones históricas, mantenidas por la fuerza represora del Estado, terminaron por cobrarse cumplida venganza: hoy las *clases*, que en realidad nunca desaparecieron, vuelven a mostrar su rostro más duro en la actual Rusia capitalista, y en el resto de la antiguas repúblicas soviéticas.

Una triste historia, cuyo impacto *ideológico* ha sido, y todavía es, demoledor para la izquierda *trasformadora*. Lo que, sin embargo, no invalida la tesis de que toda opción revolucionaria debe *articular* las *demandas populares,* pero desde la opción de *clase*. No disolviéndolas en un difuso concepto de *pueblo*. De hecho, para triunfar necesita desenmascarar el pretendido *pueblo* sin clases, como una *ilusión* que impide la *trasformación* del sistema. Lenin lo supo ver con claridad tras la Revolución de Febrero, frente a los mencheviques, defensores del parlamentarismo burgués y la Asamblea Nacional como expresión de la soberanía *popular*. Su consigna de *todo el poder para los soviets*, no significaba todo el poder para el *pueblo*, lo que se supone que ya ocurría tras la elecciones y la formación del Gobierno Provisional, sino para los *órganos de poder democrático* de obreros y soldados, a los que posteriormente incorporaron los campesinos sin tierra. Si Lenin hubiera sino un líder *populista* nunca se hubiera producido la Revolución de Octubre. Otra cosa es lo que finalmente significó dicha revolución y su posterior evolución *estalinista*. Lo que aquí me interesa resaltar es la falsedad empírica del planteamiento de Laclau, sin entrar en disquisiciones teóricas sobre si Lenin, un internacionalista convencido, que partiendo de su concepción del *eslabón débil*, creía en las siguientes, e inminentes revoluciones obreras en los países capitalistas avanzados, tuvo una visión clara de lo que suponía dicha revolución, y sus mecanismos de desarrollo, en la Rusia de 1917.[102]

Laclau, por el contario, tiene una *idílica* visión del *populismo* que hermana fenómenos tan diferentes, y provocados por factores intrínsecos y extrínsecos tan distintos como el mencionado nazismo, el estalinismo y el peronismo. ¿Cómo? Sencillo: *las identidades populares requieren cadenas equivalenciales de demandas insatisfechas. Sin la profunda depresión de comienzos de la década de 1930, Hitler hubiera permanecido como un cabecilla marginal vociferante. Sin la crisis de la Cuarta República como resultado de la guerra de Argelia, la convocatoria de De Gaulle hubiera sido tan desatendida como en 1946. Y sin la erosión progresiva del sistema oligárquico en la Argentina de la década de 1930, el surgimiento de Perón hubiera sido impensable.* Como se ve la *obviedad* elevada a la categoría de causa fundamental.

El por qué la depresión de Alemania se resolvió con el triunfo de Hitler, y no con la revolución obrera, dirigida por la *Liga Espartaquista* de Rosa Luxemburg y Karl Liebknecht, carece de importancia, al parecer. Lo mismo cabría decir del resto. La tesis de Laclau, si se puede llamar tesis a una simplista interpretación de la historia, es que el nazismo, el gaullismo y el peronismo triunfaron por ser *populistas*, y saber aprovechar adecuadamente la crisis del sistema capitalista, ¡para defenderlo de su destrucción!. Para Laclau la salida a las crisis profundas del sistema social capitalista, que permite la *construcción de cadenas equivalenciales*, es el *populismo*. Parece que ahora Laclau propone el mismo *determinismo económico* que viene combatiendo. Es la enfermedad *infantil* del *populismo*.

Para reforzar su idea del *populismo inevitable*, nada mejor que recurrir a un ejemplo histórico que contenga los ingredientes necesarios para que el condimento *ideológico* resulte atractivo. Y aquí tenemos, traído por los pelos de la barba, al general y político francés Georges Ernest Jean Marie Boulanger (1837-1891), uno de los protagonistas de la III República. El heroico militar, herido en numerosas batallas y condecorado con la Legión de Honor, participó, sin muchos escrúpulos, en la represión sangrienta de la Comuna de París. Nombrado ministro de Defensa en 1886, adquiere cierta popularidad por sus reformas en el seno del ejercito, que utiliza como trampolín para reivindicar el *honor* perdido por Francia tras la guerra Franco-Prusiana (en realidad, lo que se perdió fueron Alsacia y Lorena). Es ésta actitud *patriótica* lo que le convierte en un líder muy popular, al que se conoce como el *General Revanche*. Tras fracasar en su lucha contra los políticos de la época, a los que acusa de todos los males de la Nación, es desterrado, lo que origina una amplia movilización popular. Nace el movimiento *boulangista*. Tras varias peripecias, consigue ser elegido diputado por Paris. Triunfo que impulsa un disparatado proyecto de un golpe de Estado, finalmente desechado por el general, consciente de sus escasas posibilidades de éxito, y temeroso de que pudiera convertirse en una nueva versión de la Comuna de Paris, que él contribuyó a derrotar. Al final, solo y abandonado por todos, se dispara un tiro en la sien ante la tumba de su mujer, Marguerite Crouze, muerta de tuberculosis dos meses antes. Una historia trágica y turbulenta que refleja la época en la que le tocó vivir, pero que tiene poco que ver con el tema que nos ocupa. Boulanger no era un *populista avant la lettre*, por mucho que se empeñe Laclau, sino un militar *popular,* que no es lo mismo. Representaba una oportunidad de *regeneración* gubernamental para grupos tan diversos como empresarios, intelectuales, comerciantes, militares, incluso clérigos, y alguno sectores obreros, hartos de la ineficacia política y la corrupción económica. Bregado en la lucha política, Boulanger era consciente que su apoyo se diluiría en cuanto comenzara a gobernar y tomar decisiones concretas, que deberían afectar de forma contradictoria, cuando no antagónica, a las distintas clases y fuerzas políticas en las que se apoyaba. A la hora de la verdad dudó primero, y terminó huyendo después. Para ser un *populista* debería haber organizado el *pueblo* entorno a su *liderazgo* y a un partido propio, disciplinado y dispuesto a destruir a sus oponentes, viejos y nuevos. Nada de esto ocurrió. De ahí que todo el análisis posterior de Laclau esté viciado de origen, y no aporte nada sustancial al análisis del fenómeno *populista.*[103] Laclau confunde *popularidad* con *populismo.* Como decía el científico y lógico estadounidense, creador del *pragmatismo,* Charles Sanders Peirce (1839 - 1914), no es posible explicar los hechos mediante una hipótesis que tenga un carácter más extraordinario que los hechos mismos. Algo que confirma el propio Laclau cuando termina reconociendo que: *Solo podemos especular sobre cuál podría haber sido el orden institucional resultante de un golpe exitoso de Boulanger, pero algo es seguro: el orden que hubiera implementado no podría haber satisfecho a todas las fuerzas heterogéneas que componían su coalición. Los significantes vacíos no podrían haber permanecido completamente como tales, hubieran tenido que ser asociados a contenidos más precisos a fin de construir un nuevo orden diferencial/institucional.* ¡Efectivamente!. Lo que le cuesta reconocer a Laclau, porque se vendría abajo todo su edificio argumental, que eso es precisamente lo que ocurre con todos los *populismos* y sus *cadenas equivalenciales.*

Una persona rigurosa con sus propias palabras habría concluido que el *populismo,* es, en el mejor de los casos, ¡*un fraude!,* un mecanismo *demagógico* para conquistar el poder cuando existe el peligro de que sea conquistado por fuerzas revolucionarias. Y una vez en el poder, no duda en *destruir* los elementos *peligrosos* del *movimiento populista.* Ocurrió con la masacre de las *Sturmabteilung* (SA) por Hitler, con la persecución de los *montoneros* y su *Socialismo Nacional* por el *peronismo* oficial de María Estela Martínez de Perón y la siniestra Triple A, con la represión de los *joseantonianos* de Hedilla y de las Juntas de Ofensiva Nacional-Sindicalista (JONS) contrarias a la forzada unificación de Franco.

Avancemos, pues a la busca de argumentaciones más solidas y profundas. Tomemos, por ejemplo, la afirmación de que los cuatro rasgos político-ideológicos, presentes en el *bolulangerismo,* reproducen, *casi punto por punto, las dimensiones definitorias del populismo* establecidas por Laclau. Estos rasgos son:

1. *Un conjunto de fuerzas y demandas heterogéneas que no pueden ser integradas orgánicamente dentro del sistema diferencial/institucional.*

2. *Los vínculos entre estas demandas no son diferenciales...* (sino) *equivalenciales; hay un aire de familia entre ellas, porque todas tienen el mismo enemigo: el sistema parlamentario corrupto existente.*

3. *Esta cadena de equivalencias alcanza su punto de cristalización sólo en torno a la figura de Boulanger, que funciona como un significante vacío.*

4. *Con el fin de desempeñar este rol, "Boulanger" debe ser reducido a su nombre (y a otros pocos significantes concomitantes, igualmente imprecisos). Esto muestra en acción otra de nuestras tesis: la lacaniana, según la cual el nombre es la base de la unidad del objeto.*

5. *El nombre debe estar fuertemente investido –es decir, debe ser un objeto a. Por lo tanto, el rol del afecto es esencial.*

He aquí, aplicadas al caso del general francés, las *conditio sine qua non* del *populismo* según Laclau. Si no nos dejamos *deslumbrar* por tanta sistematización académica, lo que tan pomposamente afirma el politólogo argentino no dejan de ser simplezas que no descubren nada que no sepa cualquier persona medianamente interesada en la política; o que participe en las luchas sociales. En efecto, lo que nos vienen decir Laclau es que para que surja el *populismo* hacen falta que existan *demandas populares insatisfechas,* al no poder ser asumidas por las instituciones. ¡Pero esa es la condición de cualquier actividad política opositora!. Si las asumen, adiós *demandas.* Es lo que ocurre en situaciones de *normalidad.* Entonces, las *demandas* pueden actuar como *acicate* para la mejora del sistema y su reforma. La cuestión es si las *demandas heterogéneas,* o al menos algunas de ellas, solo pueden satisfacerse *trasformado* el sistema institucional y socioeconómico. Algo que solo se puede evidenciar en situaciones de grave *crisis.* En este caso nos encontramos ante una situación *pre-*

revolucionaria, que el *populismo* aprovecha, con la bendición y apoyo de la aterrorizada gran burguesía, para *neutralizarla.* De ahí que todos los *populismos* modernos se vistan de *parafernalia* revolucionaria, desde el fascismo al nazismo, pasando por el peronismo, o bolivarismo. Y la necesidad *populista* de *reformar,* y cambiar si es necesario, las instituciones y los mecanismos políticos de *representación* para integrar las *demandas,* desactivar las protestas, y salvar el sistema. Y uno de los mecanismos de esa *manipulación* es presentar como *equivalente* dentro de una *cadena* (nunca mejor dicho) lo que es *contradictorio,* cuando no *antagónico,* buscando un *común denominador* que anule las diferencias. Un *enemigo externo* al *pueblo,* como los comunistas, los judíos, los políticos (por naturaleza *corruptos),* la casta, los emigrantes, los musulmanes... Es la tarea *contrarrevolucionaria* del *populismo,* que busca supeditar, subsumir, y anular el contenido de *clase* de las reivindicaciones. Y para lograr tales objetivos necesita un *líder amado,* un *objeto alfa lacaniano.* La *emoción* contra la *razón.* Tan viejo como el mundo. Lo que no resulta tan habitual es que este *retroceso evolutivo* lo propugne un profesor universitario, empeñado en dignificar el *populismo,* tal vez para justificar su apoyo al peronismo de izquierdas *kirchnerista.* En este sentido me parece más interesante e instructivo el análisis de la sociedad capitalista contemporánea del filósofo de origen coreano y profesor de la Universidad de las Artes de Berlín, Byung-Chul Han, quien denuncia la moderna y sutil forma de *dominación* del capitalismo mediante la *seducción.*[104]

Cierto, en ocasiones, la existencia de un *enemigo común exterior,* como una invasión extranjera, o *interior como* una dictadura, puede y debe generar un amplio *consenso* de distintas fuerzas y clases sociales y una momentánea *suspensión* de las demandas particulares. En nuestro país tenemos un ejemplo claro. Pero un *enemigo común* no implica *equivalencia* (relación de igualdad en cantidad, función, valor, potencia o eficacia entre personas o cosas), ni anula la *diversidad,* que tarde o temprano se manifestará en opciones políticas distintas y contrapuestas... salvo que triunfe el *populismo* y fracasen las *clases populares.* Por ejemplo, la lucha contra la dictadura franquista no alumbró ninguna *cadena equivalencial,* sino acuerdos tácticos y coyunturales frente al *populismo* franquista. Acuerdos que se materializaron en distintos pactos, como la llamada *platajunta* de 1975. Las *divergencias* eran claras para todos los que participamos en aquellos procesos de *convergencia.* Lo mismo que el *riesgo político,* finalmente convertido en realidad, de otorgar la dirección política de la *transición* a la burguesía, hasta hacía poco colaboracionista y beneficiaria de la dictadura. La llamada *cadena equivalencial,* arco de bóveda del *populismo* según Laclau, es una construcción *ideológica* con la que se trata de encasillar la compleja realidad política en un esquema previo, pero que no resiste el menor análisis empírico. Una especie de *æther* ideológico, que desempeña una función similar al *flogisto* en química, como ya he señalado. Un *artificio* intelectual que, desgraciadamente, no podemos someter a *validación* o *falsabilidad,* en el laboratorio. La verdadera naturaleza del *populismo* aparece cuando alcanza el poder, pero entonces ya no hay remedio. Las *alternativas políticas* no se ponen a prueba, no se *verifican,* en la corrección formal de sus planteamientos, ni mediante recursos lingüísticos o *psicoanalíticos,* sino en la *praxis* de los hechos históricos. No creo que ,parafraseando a Euclides, nuestro profesor esté en condiciones de exclamar alborozado: *¡Quod erat demonstrandum!*

La gran *justificación* comunista

No satisfecho con los ejemplo sacados a colación para ilustrar sus ideas, Laclau recurre nada menos que aun histórico comunista, Palmiro Togliatti, Secretario General del PCI, al que no duda en calificar de *populista,* y relacionarlo con el general represor de la Comuna de Paris: *Cuando Palmiro Togliatti eligió la alternativa populista en los años que siguieron a la guerra, lo expresó en términos inequívocos: el "partito nuovo" debía llevar a cabo las "tareas nacionales de la clase obrera", a saber: ser el punto de encuentro de una multitud de luchas y demandas dispersas. Lo que había representado el cuerpo de Boulanger por un momento fugaz en la historia francesa, ahora sería encarnado por un partido que deseaba anclarse orgánicamente en toda la tradición italiana. La tarea del partido era constituir un "pueblo".* Aun haciendo todos los esfuerzos de contención, imprescindibles en un debate *intelectual,* es difícil no montar en *cólera* ante tan miserable tergiversación histórica. Primero fue Gramsci, ahora su sucesor y continuador. Las *tareas nacionales de la clase obrera* no tienen nada que ver con el *populismo,* precisamente por ser tareas de *clase.* Son las mismas *tareas* de Lenin cuando insta a los bolcheviques a tomar el poder para dar respuesta a las exigencias revolucionarias de Rusia, que incluían, entre otras, *pan, paz y tierra* -tareas evidentemente *nacionales-* pero que solo la *clase obrera,* conquistando el poder, podía atender. Es decir, los obreros, para convertirse en *clase dirigente,* y por lo tanto *hegemónica,* tenían que incluir en su proyecto *político* de gobierno *tareas nacionales* y no *exclusivamente,* de *clase.* Tanto más cuando la gran mayoría de la población rusa era campesina. El *populismo* se habría apoyado en los *campesinos* para *construir un pueblo,* evitando la revolución *proletaria.* En el caso de Italia, la complejidad de la *estructura de clases,* propia de un país capitalista con amplias zonas meridionales de mayoría campesina, y un *populismo* fascista gobernante, la clase obrera tenía necesariamente que plantearse *tareas nacionales* para convertirse en *clase dirigente.* Y esto es precisamente lo contrario del *populismo,* que impide la *hegemonía proletaria* mediante la *construcción* de una *vacía* (de contenido de clase) *hegemonía popular.*

En cualquier caso, algunas importantes conclusiones debería haber sacado Laclau de la evolución del concepto leninista de *partido* y sus *tareas de clase,* aplicado por Gramsci y Togliatti a la realidad italiana. El histórico y combativo *Partito Nuovo* ha experimentado un sorprendente y vertiginoso proceso de *metamorfosis,* hasta su transformación en el actual PD socialdemócrata a la *americana,* dirigido, para mayor *inri,* por un demócrata cristiano anticomunista. Sin embargo, algo queda de las viejas *tareas nacionales de la clase obrera,* aunque liberadas de su horizonte *socialista:* neutralizar el *movimiento populista* de Beppe Grillo. Pero eso no le importa a Laclau. Lo que necesita resaltar es que el antaño poderoso y creativo PCI, frustrado por su imposibilidad de alcanzar el gobierno, y tras el fracaso del *compromesso storico* de Berlinguer, dejó de ser un partido de *clase,* con una tarea *emancipadora,* para convertirse en un partido *nacional,* cuyo objetivo fundamental es la *reforma* del sistema institucional, con evidentes *disfunciones,* agravadas tras el paso por el gobierno del *populista* Berlusconi, que impiden un mejor y más *competitivo* desarrollo del capitalismo. El joven primer ministro Matteo Renzi (Florencia, 1975) tiene ante si un desafío *hercúleo* (nada nuevo, por otra parte, esto es Italia, la cuna de Maquiavelo, Mussolini, Pío IX, y los distintos Corleone). Deberá enfrentarse a un aglomerado *siniestro* de mafia, iglesia, corrupción, partitocracia, clientelismo, logias, y *populismo.*

Continúa Laclau con una serie de disquisiciones *nominalistas* sobre la categoría *clase obrera.* Yo no creo que merezca la pena detenerse en desenmascarar la *falacia nominal,* tan habitual en

Laclau, que contienen. Sólo, y a título de ejemplo *jocoso* (los *psicoanalistas* seguramente encontraran en mi actitud un problema relacionado con el *pezón de mi madre*, cansada de amantar a tanto hijo), quiero dejar constancia de un párrafo que no tiene desperdicio: *El nombre, el significante que tiene - volviendo a la expresión de Copjec- el "valor de pecho de la leche", constituye una singularidad histórica absoluta, porque no hay correlato conceptual de aquello a lo que el nombre se refiere... Y cuando esto sucede, ya no tenemos un agente sectorial, como sería una "clase": tenemos un "pueblo"... en estas condiciones el "comunismo" italiano no podía moverse más allá de cierto punto para constituirse a sí mismo en el significante vacío.* Por eso, Togliatti sustituyó la *clase obrera* por *pueblo italiano*, se transformó en un *populista avant la lettre,* demostrando así, más de medio siglo antes, que Laclau tiene razón. ¡Que se levante de la tumba si no está de acuerdo!.

Como casi siempre con Laclau, la realidad es otra, aunque no mucho mejor. Constituirse en un *significante vacío,* por el que suspira Laclau, no hubiera sido posible sin antes *vaciarse* de *marxismo-leninismo,* agrupar a otras fuerzas políticas de centro y centroizquierda en un *nuevo* partido con nuevo *nombre* para no confundir, y renunciar a un programa de *trasformación* social socialista. Dejar de ser *comunista* en pocas palabras. Esto, efectivamente, ha terminado ocurriendo. Pero seamos justos, nada parecido estuvo ni en la mente ni en los planes de Palmiro Togliatti. Y tal vez ni siquiera en la mente y planes de Enrico Berlinguer, Secretario General del PCI desde 1972 hasta su muerte, en 1984, aunque creó la bases político-teóricas, con su *compromesso stórico* para que terminara ocurriendo. Tras su desaparición se desencadenó un proceso conflictivo que terminó con la fundación del Partido Democrático, de *centro-sinistra*, con los resultados por todos conocidos. Pero ni el PCI antes, ni el PD ahora, eran y son partidos *populistas*. Ese papel le corresponde al movimiento *5 Stelle*, fundado el 4 de octubre de 2009. Una *bufonada* con muy poca gracia, que ilustra en Europa a lo que conduce el *populismo* supuestamente *progresista*. A mí me resulta sospechoso el significativo silencio de Laclau ante el surgimiento de este fenómeno (murió seis años después). Al parecer que no se tomaba en serio a los *payasos*.

Laclau sigue aferrado al *pecho materno* del *idealismo,* y confunde *nombres, conceptos universales y abstracciones,* tal vez porque piense que las *ideas* habitan, como quería Platón, en un reino que no es de este mundo. Y confunde *fantasía* con realidad, nada de extraño en quien se sumerge tan a menudo en las oscuras y turbulentas aguas del *psicoanálisis,* ajeno -ni una sola referencia en su libro, para qué- a las ciencias neurológicas. A Laclau no se le puede negar su condición de *lacaniano*: también piensa con los pies. Pero las *clases* no son una *idea,* una *construcción* lingüística, sino un hecho objetivo, más allá de la *conciencia* de sus componentes. Lo mismo que un hombre no es un *pájaro,* aunque que pueda llegar a creérselo, como le ocurre al personaje de *Birdy,* la película de Alan Parker.

La *clase obrera*, mayoritaria y dominante en el capitalismo industrial, es hoy parte del conjunto de las *clases trabajadoras,* que incluye todo tipo de *asalariados* (salvo los altos ejecutivos, cuyo *salario* incluye una parte variable de la riqueza obtenida del trabajo del resto). Lo que hoy se conoce, de manera un tanto imprecisa, como *clase media,* el nuevo *objeto de deseo* de todos los partidos políticos, es un concepto que se refiere más al *poder adquisitivo* conseguido con el trabajo que a su *lugar* en el sistema productivo, que es lo que define a una *clase*. Evidentemente, en la estructura de *clases* del capitalismo desarrollado, con la aparición de nuevos grupos y subgrupos de asalariados (operarios, técnicos, administradores, especialistas, investigadores, falsos autónomos, etc.), el papel de la tradicional *clase obrera* adquiere una nueva dimensión en la tarea de conquistar la *hegemonía* y plantearse la *transformación* de la sociedad. Hoy, la *hegemonía* no puede circunscribirse a una *fracción* de los asalariados, por muy importante que sea su papel, sino que deben ejercerla las *clases trabajadoras*, aglutinando en torno a su propuesta socialista a otras capas sociales no directamente *asalariadas,* como autónomos, estudiantes, artistas, y pensionistas. E incorporar propuestas de otros movimientos como los *verdes*. Si a todo esto se le quiere llamar *pueblo,* nada que objetar. Porque esa no es la cuestión, ni mucho menos el debate. El dilema real, más allá de juegos de palabras y recursos a *objetos alfa* y *valor del pecho de la leche,* es quién ejerce la *hegemonía*. Si la opción *socialista* o la *reformista*, en cualquiera de sus versiones políticas, incluida la *populista*.

La continuación del libro se reduce a aportar análisis de sucesos políticos, supuestamente *probatorios,* de diversa índole. Uno, que raya en la genialidad *surrealista,* es el que dedica a la Lega Norte y su periplo *populista,* desde el independentismo al regionalismo, desde atacar a Roma a entrar en el gobierno de Berlusconi, nada menos que con un ministro del Interior. Leamos: *La Lega, de hecho, tenía una "teoría del enemigo"; su problema era su incapacidad para identificar a ese enemigo de una manera precisa... Así, el abandono de los lazos territoriales tuvo lugar a partir de un discurso de derecha cuya falta de referencia concreta significaba que era definitivamente más universal, pero era una universalidad vacía: no había una producción de significantes vacíos sino una vacuidad puramente imprecisa, en la cual la incertidumbre respecto de los puntos de anclaje generaban un _flotamiento_ (el subrayado es mío) que era cualquier cosa menos hegemónico.* ¡Vaya por Dios!. Cómo no se habrán dado cuenta los *irre-*

dentos dirigentes de la *Lega Nord per l'Indipendenza della Padania*, con Umberto Bossi la cabeza. Los que se llenaban la boca con *Roma ladra* no se habían percatado de que su problema era la *una vacuidad puramente imprecisa*. ¡Inocentes!. No es de extrañar su *flotamiento*, eso sí, bien anclados en Berlusconi, y su puesto en el Ministerio de Interior ejercido sin escrúpulos, y con una visión *centralista* encomiable, por Roberto Maroni, actual secretario federal. Si hubieran contado con el asesoramiento de Laclau otro gallo les cantara. Por ejemplo, les habría hecho saber que su problema consistía en no *dividir equivalencialmente la esfera de lo social en dos campos antagónicos... ya que la lógica de las diferencias se volvió de nuevo parcialmente operativa... lo que dejó menos posibilidades para una política pura de construcción de un enemigo total.*

Uno ya no sabe quién es capaz de decir mayores disparates, si nuestro autor o Umberto Bossi, el dirigente-fundador y teórico de la Lega. Pero no importa, todo es, de una u otra forma, *vacío* en el gran *flotamiento populista*. Un monstruo que se lo traga todo, como un *agujero negro* que no deja escapar ninguna idea racional; solo *radiaciones* sin *significado*, ruido de fondo de lo que alguna vez fueron palabras con sentido. En realidad, la Lega es un *populismo de baja calidad*, un instrumento de presión del gran capital lombardo, dispuesto a apoyar a la *ultraderecha* para *neutralizar* la fuerza de la izquierda en el norte de Italia, bajo promesas incumplidas de un difuso *regionalismo*. Todo arropado de las habituales proclamas racistas y xenófobas.

Populismo y demagogia

Antes de pasar al último aspecto de su concepción del *populismo*, Laclau confiesa que *cuando tenemos una sociedad altamente institucionalizada, las lógicas equivalenciales tienen menos terreno para operar y, como resultado, la retórica populista se convierte en una mercancía carente de toda profundidad hegemónica. En ese caso, sí, el populismo su vuelve casi sinónimo de demagogia trivial.* Lo que es tanto como circunscribir el *populismo serio* a los países poco desarrollados, como los de América Latina, con grandes capas de población marginadas y empobrecidas, y oligarquías poderosísimas al servicio de las grandes corporaciones norteamericanas. Ciertamente, es allí, pero también en otros países de África y Asia, donde han triunfado distintas opciones *populistas,* algunas de las cuales derivaron en dictaduras, y sirvieron, en el mejor de los casos, para crear un Estado *asistencial,* sin cambiar las estructuras del sistema productivo, muy dependiente de las materias primas. Pero en la mayoría de los casos, y sin desdeñar las mejoras sociales que necesariamente todo *populismo* necesita para *legitimarse,* el resultado es básicamente el mismo. Por eso, cumplida su misión, termina siendo sustituido por otras alternativas más *presentables,* o menos *conflictivas.*

Volviendo a nuestro continente, Laclau se embarca en la explicación de los movimientos *nacionalistas* de Centroeuropa surgidos en el siglo XIX y XX del siglo pasado, que no pasa de ser un repaso superficial de la historia contemporánea. Y lo hace sin referencia alguna a factores que hoy ningún historiador deja de tener en cuenta, como la estructura económica, las relaciones de propiedad y producción, el reparto de la riqueza, o el carácter *étnico y religioso,* para centrarse en el papel de los *intelectuales,* que parecen *flotar* sobre las contradicciones de su tiempo. Sin negar su importancia como factor aglutinante del *descontento,* parece excesivo afirmar que fueron ellos los que *construyeron* el *enemigo común.* Cierto, la mayoría de las veces, ese *enemigo común* es una *creación populista,* pero está basada en hechos bien reales, como antes la dominación política de imperios aristocráticos y hoy la llegada masiva de emigrantes, percibidos como una *invasión*. Por eso, hablar de la *construcción* de un *enemigo externo,* al igual que ocurre con la *construcción de un pueblo,* escamotea la realidad y permite el *discurso populista*. El esclavo no necesita de ningún *intelectual* que *construya* el esclavismo, aunque tal vez si de alguien que le haga ver que su esclavitud no es una situación *inevitable*. En realidad lo que hicieron los *intelectuales* nacionalistas de Centroeuropa fue *disolver* la justificación ideológica de la dominación extranjera (como la Ilustración lo hizo con el absolutismo y el marxismo con el capitalismo), permitiendo y potenciando que la protesta popular se agrupara frente a un objetivo *nacional*. Y es lo que hicieron los intelectuales anticolonialistas (muchos de ellos marxistas) en la lucha de liberación. Que este fenómeno se le quiera asimilar sin más al *populismo* es un abuso intelectual y una *degradación* política injustificable.

Mucho más complejo es el ejemplo, traído a colación por Laclau, de lo ocurrido en la antigua Yugoslavia tras el fracaso del *socialismo* y su violenta desmembración. Aquí se entrecruzan diversos factores, entre los cuales la *religión* y la *etnia* juegan un papel indudablemente *populista,* al servicio del reparto del *pastel* entre la burocracia *comunista* y las zonas de influencia del capitalismo, fundamentalmente del alemán, pero también de la Rusia resultante de la disolución de la URSS. El drama, una especie de reproducción en miniatura de las viejas tragedias de Europa, tenía el agravante de que los burócratas *comunistas* pugnaban por encabezar la lucha *nacional* y beneficiarse del nuevo sistema productivo creado mediante la privatización del viejo capitalismo de Estado. El ejemplo de Milosevic, trasformado de un *titista* leal y dogmático en un furibundo *anticomunista*, es bien elocuente. Pero incluso en casos como este, la simplificación *populista* es incapaz de explicar un fenómeno tan sorprendente y dramático. Existe numerosa bibliografía sobre la destrucción de la federación yugoslava para el que quiera profundizar en ella.[105] Entrar ahora en una discusión seria sobre este tema resulta fuera de lugar y no aporta nada nuevo, salvo la confirmación de la falta de rigor histórico por parte de Laclau a la hora de utilizar ejemplos que avalen sus ideas *populistas*.

Baste para completar el cuadro la forma en que Laclau resuelve el espinoso problema del componente *étnico* en los ejemplos citados: *Es importante entender que un universalismo abstracto no tiene como único reverso un populismo étnico como el que acabamos de describir. Todo depende de los eslabones que componen la cadena equivalencial, y no hay motivo para suponer que todos deban pertenecer a una etnia homogénea. Es perfectamente posible constituir un pueblo de tal manera que muchas de las demandas de una identidad más global sean "universales" en su contenido y atraviesen una pluralidad de identidades étnicas. Cuando esto ocurre, los significantes que unifican la cadena equivalencial necesariamente van a ser más auténticamente vacíos y menos vinculados a comunidades particulares -étnicas o de cualquier otro tipo. Seguramente es a este problema al que se refiere Jürgen Habermas cuando habla de "patriotismo constitucional".* No seré yo quien rebata esa asociación, que supongo habrá sobresaltado a Habermas. En mi opinión, el *patriotismo constitucional* de Habermas no tiene nada que ver con el *populismo* de Laclau, aunque señale el marco *homogeneizador* para la resolución de las *diferencias* en las sociedades desarrolladas, en la que existe el Estado de derecho, que en realidad es para Habermas la mejor vacuna contra el *populismo*.

Lo que no significa que al fin hayamos alcanzado el *paraíso* de la *reconciliación social*, que en el fondo es el sueño del *liberalismo*, y el *señuelo* de todo *populismo*. El Estado de derecho no nace de un acuerdo *intelectual* entre *elites* políticas, aunque se plasme *parlamentariamente* en leyes e instituciones dispuestas en torno de una Constitución votada en referéndum. Es el resultado de la lucha democrática, una *conquista* social. Por lo tanto, un estado de *equilibrio* transitorio, que se resuelve periódicamente con los cambios constitucionales y la ampliación de los derechos y sus garantías. En cuanto *conquista* social, el marco institucional del Estado de derecho se ve sometido a las tensiones de la *lucha de las clases* en la defensa de los intereses populares, lo que ha propiciado tanto su desarrollo y ampliación como la instauración *complementaria* del Estado del Bienestar. Por ejemplo, con el *blindaje* constitucional de los *derechos sociales* a la sanidad, la educación y la vivienda que pretenden los partidos radicales de izquierda. En cuanto *limitación*, ya que es expresión y parte del sistema liberal de *dominación* capitalista, se enfrenta a la *posibilidad* de ser *transformado* mediante su *ampliación* a nuevas y más avanzadas formas de *democracia* institucional (*Democracia Ampliada*) para hacer *reales y efectivas* las conquistas sociales, siempre limitadas o recortadas por las exigencias del sistema capitalista, particularmente en épocas de crisis como la actual. *Ampliación y trasformación* que supone el imperio *efectivo* de la ley, el ejercicio *efectivo* de la libertad, y el beneficio *efectivo* de los derechos sociales. Pero esto ya lo he desarrollado en el libro citado. Sigamos, por tanto, analizando las justificaciones *populistas* del *populismo*.

Tras todos los ejemplos históricos, en el siguiente capítulo de su libro Laclau termina por reconocer que *la construcción de un pueblo puede fracasar fácilmente*. Una fatalidad que condena a la *masa* a permanecer como *plebe*. La *construcción del pueblo*, las *cadenas equivalenciales*, los *significantes vacíos y flotantes*, el *discurso performativo*, Freud, Jung, Lacan, Bataille... tanto esfuerzo puede irse al garete. Lo que es tanto como aceptar que los *pueblos* no se *crean*, aunque si pueden *destruirse*.

El caso de *Podemos*, dirigido por jóvenes profesores *politólogos* universitarios, *laclaudistas* convencidos (Iglesias y Monedero llegaron a decir que América Latina *es la última esperanza de la izquierda mundial* tras la caída del Muro),[106] resulta paradigmático: quiso *construir* un *pueblo* (los de *abajo*) frente a un *enemigo exterior* (la *casta*), y ha terminado dividiendo a la izquierda. Todo para cosechar un *inoperante* cuarto puesto en la elecciones del 20D, cuando lo que se proponía era *asaltar el cielo*, pese a diluir o negar su inicial programa *rupturista* con el que irrumpió en las elecciones europeas. Pero, como señala Laclau, *el éxito global de la operación populista depende de que prevalezca el momento universalista por sobre el particularista...* (y) *las cosas están lejos de ser tan sencillas.* Por eso, su *construcción* del *pueblo* ha sido, tal como anunciaba su maestro argentino, un *fracaso* estratégico. Aunque un *dulce* fracaso, ya que han conseguido la hazaña de levantar, en poco tiempo, un juvenil y renovado partido *institucional* sobre el campo *seco* de la vieja y cansada Izquierda Unida. Cabe preguntarse: ¿A quién representan los *laclaudistas* de *Podemos* ahora?. ¿A los que gritaban *no nos representan,* y pedían *democracia real*?. ¿A la gente *común,* cuyo sentido *práctico* les lleva a votar otras opciones posiblemente más *útiles*?. ¿A los de *abajo* que contemplan sorprendidos sus propuestas, demasiado *parecidas* a las de un PSOE rejuvenecido?. Que conteste el siempre incisivo profesor Monedero. Seguro que tiene respuestas *populistas* para todo.

Volviendo al libro de Laclau, viene ahora, camino de la recta final, un repaso histórico del *populismo* estadounidense del siglo XIX, desde la *Plataforma de Omaha* (Nebraska) del Partido Populista, a su derrota electoral de 1896, que le sirve para abundar en lo mismo, con una curiosa mención a la *guerra de posiciones* (la lucha política *siempre* es una *guerra de posiciones,* salvo en el estallido revolucionario, que conquista el *cielo* al *asalto*). Más adelante se apoya en el caso de Atatürk y la moderna Turquía, al que acusa de tratar de *construir un pueblo sin apoyo popular,* que ya es echarle valor. En todo caso, una pirueta digna de un *demiurgo.* Que el *padre de los turcos* utilizara el procedimiento ya probado en Europa del *despotismo ilustrado,* apoyándose en el ejército como factor de unidad y modernización forzosa, no le hace un *populista frustrado,* como pretende Laclau, sino un *líder* capaz de *leer* adecuadamente la realidad de su país, y actuar de acuerdo a la *correlación de fuerzas.* Su éxito en modernizar Turquía (*laicismo* incluido, una proeza en un país mayoritariamente musulmán) le proporcionó una extraordinaria popularidad que hoy, bajo el *islamismo moderado* (y autoritario) de Tayyip Erdoğan, sigue imbatible.

A estas alturas del libro *La razón populista,* y perdida toda esperanza de que Laclau sea capaz de ofrecer algún punto de vista algo *novedoso* y un análisis más *sustancial,* llego al prometedor capitulo dedicado a Perón, el *populista tipo,* cuya multifacética y multicolor creación, el *peronismo,* sigue abduciendo la mente de tantos argentinos ilustres, y rigiendo los destinos del país. Hasta el extremo de haberse convertido en un *universo* político y social en si mismo; una especie de Argentina *virtual* poblada de argentinos bien *reales.* El sueño y la patria de todo buen *psicoanalista.* No escapa al *embrujo* el propio Laclau, argentino al fin. Solo hay que leer para comprobarlo: *El caso del peronismo de las décadas de 1960 y 1970 fue diferente: fue su propio éxito en la construcción de una cadena casi ilimitada de equivalencias lo que condujo a la subversión del principio de equivalencia como tal.* No me digan que no es maravilloso: ¡cadenas casi ilimitadas!, ¡equivalencias que se subvierten a si mismas!. Evidentemente, el *peronismo* no podía ser un *populismo* más, una *construcción* del *pueblo* argentino como cualquier otra, ¡Qué decís!, estamos ante un *prodigio* donde hasta los *antiperonistas* tienen que volverse *peronistas* para hacer política *liberal*. Todo un portento que deja pasmado a los más sagaces analistas, donde los *senderos* no se *bifurcan*, sino que constituyen un *laberinto* donde lo de menos es la *salida*. Dejo al lector amante de los acertijos la lectura del resto. Encontrará bellos pasajes de *literatura fantástica* donde se habla de *significante amo, centro de irradiación equivalencial, asociaciones equivalenciales más vastas que ellas mismas, significantes vacíos que se vuelven completamente vacíos, amor por el padre, lazo entre hermanos, un yo ideal que no es internalizado parcialmente por los yoes corrientes, etcétera.*

Sin embargo, debo reconocerlo, Laclau tiene indudables aciertos a la hora de analizar el fenómeno del *peronismo* y la figura de Juan Domingo Perón, que conoce de primera mano. Po ejemplo, pone el dedo en la llaga cuando señala que ...*el rol central de Perón, que se presentaba, dependiendo de la orientación política de quienes lo apoyaban, o bien como el líder de una coalición antiimperialista que sería el primer paso en el progreso hacia una Argentina socialista, o bien como la única garantía de que el movimiento popular sería mantenido dentro de límites controlables y no degeneraría en un caos izquierdista.* Los hechos, que no los discursos, han evidenciado el verdadero papel del *peronismo* (de *derechas* con Carlos Menen, de *izquierdas* con Kirchner) y, por extensión, del *populismo* en general.

Pero, felizmente. no todo son conceptos oscuros, terminología *psicoanalista*, o *manipulación* lingüística. De vez en cuando, Laclau nos regala una afirmación clara y concisa, aunque se base en las mismas *fantasías*. Veamos: *En un artículo altamente interesante, Margaret Canovan*[107] *ha utilizado una distinción de Michael Oakshot entre política redentora y pragmática para caracterizar el* "no-terreno" dentro del cual se construye la política populista. Coincido completamente con ese enfoque; y por razones que espero que hayan quedado suficientemente claras, no considero a esta área gris de contaminación como el resultado de ninguna marginalidad política, sino como la esencia misma de lo político. Así pues, la esencia misma de lo político es el *no-terreno* (¡!!!) donde se construye el *populismo*. Reconozcamos que edificar sobre la nada es toda un proeza, sobre todo si pensamos que el *no-terreno* significa un *terreno ideológico* en el que desaparece la *lucha de clases*; un no-lugar que haría las delicias de Alicia en el *país de la maravillas*, donde todo es *posible* porque la *transformación* del sistema productivo capitalista es *imposible*; un *no-espacio* donde el *populismo* se reduce a buscar formulas *aglutinantes vacíos* del electorado, sin contenido, y donde se instaura, ¡por fin! el ansiado *fin de la política* (ya que todo es *política*). Naturalmente, Laclau no reconoce tal cosa, incluso trata de diferenciarse de los profetas *posmodernos* del *fin de la política*. Por eso afirma que, al contrario, el *no-terreno* anuncia *la llegada a una era totalmente política, dado que la disolución de las marcas de la certeza quita al juego político todo tipo de terreno apriorístico sobre el que asentarse, pero, por eso mismo, crean la posibilidad política de redefinir constantemente ese terreno.* ¡Fuera *marcas de certeza*! ¡Ninguna teoría *previa* que oriente la acción *política*! ¡Nada de análisis *marxistas*, de leyes de la evolución de la sociedad!. ¡Abajo la antigualla de la *lucha de clases*!. ¡Bienvenida la nueva era *populista* de la *Gran Incertidumbre* (¿o era la *Gran Coartada*?)!.

Lo que nos pide Laclau es que para hacer *política* debemos renunciar al estudio de la sociedad bajo presupuestos *científicos*, a la elaboración de propuestas *teóricas* en base a la estructura socioeconómica de la sociedad y de sus *leyes emergentes*, manifestadas empíricamente en los procesos históricos concretos. Es decir, renunciar a la *razón* y volver al *pensamiento mágico* como respuesta a la *complejidad* de las sociedades humanas y sus *incertidumbres*. Ciertamente, el hecho de tener que actuar en un mundo, el *social*, que se rige por leyes *probabilísticas*, propias de un sistema complejo, abierto y no lineal, compuesto por individuos que *piensan y actúan, actúan y piensan*, repleto de *incertidumbres*, nos obliga a abandonar la comodidad *determinista* y los presupuestos teóricos *inamovibles*, para adentrarnos en la senda del razonamiento *falsable* o *refutable*, que es el único que permite alumbrar *certezas*. No se trata de *especular* con conceptos extraídos de las teorías de *lenguaje* y las ingeniosas *invenciones psicoanalistas*, sino de un serio intento, que es una obligación *práctica*, para comprender la correlación de fuerzas, la relaciones de producción, la estructura de la sociedad y sus clases, los mecanismos de dominación coercitiva e ideológica, la naturaleza de las instituciones políticas, etc. Todo con el objetivo de poder actuar en medio de las *marejadas caóticas* de un mundo presidido por el *principio de indeterminación*. Sin olvidar que los cambios y *trasformaciones* de la sociedad los realizan sus propios integrantes, y no una fuerza *exterior*. Una tarea siempre necesaria, pero urgente cuando el sistema capitalista se enfrenta a una aguda de *crisis* que afecta a sus áreas, económica, política y social, y demuestra su incapacidad *congénita* para satisfacer las actuales *demandas* populares. En épocas así, la posibilidad de *transformación* social se hace patente,. Pero también los mecanismos de *salvaguarda* del sistema se ponen en marcha. Y uno de ellos es el *populismo*.

Los ejemplos de supuestos o reales *populismos* continúan a lo largo de varias decenas de tediosas páginas, donde lo único instructivo es la desfachatez con que Laclau utiliza su plantilla *populista* para interpretar la historia. Pero no creo que merezca la pena detenerse en ellas, por que cada paso *inferencial* está invalidado de origen, como hemos visto hasta ahora. Es decir, a estas alturas, y visto lo visto, la acumulación de ejemplos no añade un ápice a la solidez de su defensa del *populismo*, aunque se tire de *autoridad* en la materia. El sonoro golpe de la maza del juez no constituye por sí mismo una demostración.

En cualquier caso, aunque ya hemos visto y leído suficiente, aún podemos descubrir nuevas *vueltas de tuerca* en la argumentación de Laclau. Como ésta, que puede ser un buen resumen de sus ideas: *Pensar al pueblo como categoría social requiere una serie de decisiones teóricas... La más importante de ellas se vincula, quizás (¿tal vez no?), al rol constitutivo que hemos atribuido a la heterogeneidad social. Sin este rol (constitutivo), lo heterogéneo, en su opacidad, podría ser concebido como la forma apariencial de un núcleo último que, en sí mismo, sería enteramente homogéneo y transparente... Si, por el contrario, la heterogeneidad es primordial e irreductible, se mostrará a sí misma, en primer lugar, como exceso... (que) no puede ser controlado con ninguna manipulación, ya se trate de una inversión dialéctica o de algo semejante (¿cómo a qué?)... Uno de los rasgos definitorios de la heterogeneidad, en el sentido en que la concebimos, es una dimensión de ser deficiente o unicidad fallida... si la heterogeneidad es, por un lado, irreductible en última instancia a toda homogeneidad más profunda, por otro lado no está simplemente ausente, sino presente como aquello que está ausente* (esto quedaría maravillosamente bien en una poesía romántica. ¿Será la *ausencia* de la que habla Neruda?). *La unicidad se muestra a sí misma a través de su propia ausencia. La forma fenoménica de esta presencia/ausencia radica en que, como hemos visto, los diversos elementos del conjunto heterogéneo van a estar sobredeterminados o investidos diferencialmente. Tendremos objetos parciales que, a través de su propia parcialidad, encarnan, sin embargo, una totalidad que siempre se retrae... Es en esta contaminación entre la universalidad del* populus *y la parcialidad de la* plebs *donde descansa la peculiaridad del "pueblo" como un actor histórico. La lógica de su construcción es lo que hemos denominado "razón populista"... ¿En qué sentido lo parcial es universal?. Ya contamos con todos los elementos para responder apropiadamente a esta pregunta. Debería estar claro que "parcialidad" se utiliza aquí casi como un oxímoron: ha perdido su sentido meramente particular y se ha convertido en uno de los nombres de la totalidad. Una demanda popular, como hemos visto, es la que encarna la plenitud ausente de la comunidad mediante una cadena de equivalencias potencialmente interminable.*

Un alarde de *malabarismo* en el uso del *oxímoron*, convertido en regla especulativa por excelencia: *presencia/ausencia, total/parcial, heterogéneo/homogéneo*. Al menos, Laclau no esconde sus trucos. En realidad, es un treta para no decir nada, a base de aparentar que lo dice todo. Laclau, que al parecer estima en alto grado al *segundo* Wittgenstein, debería releer su *Tractatus lógico-philosophicus*, y hacer caso a sus sabias palabras finales: *Wovon man nicht sprechen kann, darüber muß man schweigen*. Que, traducido al castellano, viene a decir: *de lo que no se puede hablar mejor callarse*. O, siguiendo con el genial pensador austriaco, recordar que *la filosofía es una lucha contra el embrujamiento de nuestra inteligencia mediante el uso del lenguaje*. Y si, estamos ante un claro ejercicio de *brujería*. Interesante *juego del lenguaje* para el que conozca las reglas, pero de consecuencias *políticas* nefastas para el resto de los mortales empeñados en mejorar su vida, o simplemente defenderla. Los modernos *brujos* politólogos farfullan sus posmodernos *conjuros* contra la *lucha de clases,* a base de términos extraídos principalmente del *psicoanálisis*, el *estructuralismo*, y la *lingüísti-*

ca, tan deslumbrantes formalmente como *lóbregos* conceptualmente. Porque los *brujos* necesitan la *oscuridad* para soñar con la *luz*.

Dejo que el lector, si ha tenido la paciencia y el humor de seguir hasta aquí, se entretenga con los ingeniosos y divertidos *acertijos* de Laclau. O con el placer intelectual de rastrear en sus largas parrafadas, como ésta última, los conceptos y aportaciones más originales de prestigiosos pensadores y ensayistas, que tuvieron su momento de gloria en la última mitad del siglo pasado. Para mi, tras la lectura de dos centenares de páginas, el juego *lingüístico* de Laclau, que debe haber fascinado a Iñigo Errejón, deslumbrado por la experiencia *populistas* de Latinoamérica, ya no me interesa ni divierte. Tras tanto insistir en el recurso al *psicoanálisis,* estoy tentado de pensar que toda la *construcción* del *populismo,* tan parciamente desarrollado por el profesor argentino, debe tener un origen *traumático*: la *frustración* del joven *revolucionario* (interlocutor de Perón, nada menos) ante el fracaso de la izquierda argentina. Algo similar, por cierto, a lo que manifiesta Pablo Iglesias cuando descalifica desabridamente a los viejos dirigentes comunistas de Izquierda Unida.

Poco queda por añadir. La sorpresa ya no juega como un aliciente. A lo sumo la *indignación.* Así, ocurre al leer cosas como que *la demanda por un aumento salarial <u>no se deriva</u>* (el subrayado es mío) *de la lógica de las relaciones capitalistas.* Primero, porque la formulación es, como tantas otras, incorrecta. Las *demandas salariales* son consecuencia de la *asimetría* en el mercado de trabajo, que se rige por el principio capitalista de la *optimización* del beneficio. Es decir, el trabajador vende su fuerza de trabajo lo más *caro* posible, y el empresario la compra lo más *barato* posible. Esa es precisamente la *lógica de las relaciones capitalistas.* Para conseguir un buen salario, los trabajadores se organizan en *sindicatos*, que es su única fuerza negociadora frente al poder *contractual* de quien posee los *medios de producción*. Ahora bien, alcanzado un cierto nivel de desarrollo, los bajos salarios de los trabajadores no resultan una buena *inversión* de capital, sino un *lastre* económico, ya que los trabajadores también son *consumidores*. Se trata de la *dialéctica* trabajo/capital, tan *necesaria* como *inevitable*. Para saber esto no hace falta ser marxista. Laclau ha conseguido que lo que es *obvio* para cualquier trabajador enfrentado a su patrono resulte *enigmático* para los dirigentes *populistas*, lo que no es poca hazaña. Decía Einstein que *lo incomprensible del universo es que fuera comprensible*.

Y ya que estamos en ello, permítaseme una pequeña reflexión sobre la cuestión candente de las *demandas* y sus *luchas*. En el capitalismo globalizado de nuestro tiempo, y el desarrollo de la Revolución Digital, los problemas y *demandas* afectan a un amplio y diverso conjunto de *clases sociales* (y dentro de ellas a distintos *grupos* y *subgrupos*). Ya no están en juego tan solo cuestiones *básicas* como el salario, las condiciones laborales, la desigualdad, o los derechos sociales, sino aspectos *vitales* que afectan a toda la humanidad, como la sostenibilidad del modelo económico, el agotamiento de los recursos naturales, o el cambio climático. El dramático binomio *escasez/despilfarro* no solo es inaceptable, también resulta insostenible. La *heterogeneidad de las demandas,* para utilizar el lenguaje de Laclau, dificulta la lucha *política* y complica el juego de *alianzas,* pero no anula el papel *dirigente* de las *clases trabajadoras* en la lucha por las *demandas*. Fundamentalmente, porque no tienen solución definitiva, sino parcial en el mejor de los casos (como ha evidenciado la Conferencia sobre Cambio Climático de Paris) en el sistema capitalista y el libre mercado, donde actúa *libremente* el *azar* y se busca el beneficio empresarial por encima del interés común. El capitalismo es como un ciclista subiendo una montaña, no puede dejar de peladera, ni siquiera frenar, porque retrocede o se viene abajo. Hemos llegado a un punto en el que no solo hay que acabar con la *explotación económica* y el *dominio cultural* en sus diversas manifestaciones, sino salvar la Tierra de la *devastación* capitalista. ¿Como?. Desde luego no con recetas *populistas,* sino con *trasformaciones estructurales del sistema socio-económico.* No con *cadenas equivalenciales* para *construir* un *pueblo* cuya *frontera* no va más allá de la *reforma* del sistema.

En la época del capitalismo globalizado, del dominio financiero, del desarrollo científico-técnico, de la Revolución Digital, del cambio climático, resulta insoportable el mecanismo capitalista de creación de riqueza y su reparto, e insostenible la *desigualdad* creciente. *Desigualdad* que afecta *internamente* a los países desarrollados, con sus *bolsas* de pobreza y exclusión social, y se manifiesta *externamente* en la brecha cada vez mayor entre países ricos y pobres. Lo que se traduce en millones de niños muertos de hambre todos los años, por señalar el aspecto mas dramático, mientras aumenta el despilfarro alimenticio de los países desarrollados. En una situación así, la *hegemonía* de las *clases trabajadoras* se consigue mediante la propuesta *política* que mejor responda a las *demandas* de la sociedad y de soluciones al desafío histórico planteado por el capitalismo. Es decir, el *socialismo.*

Un debate *posmarxista* incongruente

Antes de terminar su libro, Laclau se enzarza en una singular polémica con dos de los representantes más conspicuos del *neomarxismo*: el filósofo esloveno, *leninista* y *psicoanalista lacaniano,* Slavoj Žižek, al que ya hemos tenido ocasión de referirnos, y el Catedrático de Doctrina del Estado en la Universidad de Padua, Antonio (Toni) Negri, acompañado en esta ocasión por el filósofo y político estadounidense, Michael Hardt, ambos autores del ensayo *Imperio*, publicado en 2000, y que algunos *optimistas* consideran que es nada menos que el *Manifiesto Comunista* del siglo XXI.

Es un debate *estéril*, porque parte del supuesto de que el *marxismo* es una teoría *fallida*, incapaz de alumbrar una *praxis* exitosa. Y lo hace a base de tergiversar las ideas de Marx. Aunque Laclau tiene razón cuando echa en cara a Žižek utilizar *dos ontologías incompatibles: una ligada al psicoanálisis y al descubrimiento freudiano del inconsciente; la otra ligada a la filosofía de la historia hegeliana/marxista. Žižek hace toda clase de contorsiones inverosímiles para conciliar ambas, pero evidentemente no logra tener éxito. Su método favorito es intentar establecer homologías superficiales*. Hombre, Laclau, eso es justamente lo que usted hace. La critica de Žižek debe resultarle bastante irritante a Laclau ya que usa categorías *lacanianas* similares a la suyas para demostrar las contradicciones de nuestro profesor argentino. Véase, si no, la siguiente andanada: *Žižek no está presentando un argumento histórico, sino un argumento trascendental: para él, en toda sociedad posible, este rol determinante corresponde necesariamente a la economía (en este punto pareciera que estamos volviendo a aquellas distinciones ingenuas de la década de 1960 entre "determinación en última instancia", "rol dominante", "autonomía relativa", etcétera). Lo primero que podemos decir -ésta es, nuevamente, otra de sus metáforas vacías- es que Žižek está utilizando erróneamente la categoría freudiana de "sobredeterminación"*.

Bonito cruce de acusaciones entre *lacanianos*, con metáforas *vacías* incluidas. Parece que a Laclau le molesta que otros utilicen el *don de la vacuidad* sin su permiso. En cuanto a *metáforas*, Laclau utiliza el término biológico *homologías*, acuñado por el anatomista británico Richard Owen (1804-1892), y empleado posteriormente por Darwin en su estudio de la evolución por de la biología, con notable desparpajo. Pero es que nada más aburrido que un debate entre *lacanianos* para ver quién lo es más. En cuanto a la *ingenuidad* de los años 60, desde luego abundó entre los jóvenes *airados:* pensaban que la *revolución* estaba al alcance de la mano. Poco que ver con pensadores marxistas como Louis Althusser, Nicos Poulantzas, Marta Harnecker, o Manuel Sacristán, que trataban de encontrar una explicación *materialista* al funcionamiento de la sociedad capitalista desarrollada, y a la dominación *democrático liberal* de la burguesía, que permitiera una *praxis* adecuada a las nuevas circunstancias, tal como había hecho Lenin en 1917. La simplista descalificación, con un línea de texto y un adjetivo, tan solo, tiene mucho de la arrogancia del *ignorante,* henchido de *sabiduría* y títulos. No hay nada que iguale a la *seguridad* en si mismo de un *psicoanalista* que está convencido de haber *desvelado* el funcionamiento de la *psique* y las motivaciones *últimas* del comportamiento humano, más allá de zarandajas evolutivas y neuronales. Ciertamente, el *contorsionismo* de Žižek, al tratar de compatibilizar *psicoanálisis* y *marxismo* (lo cual ya es de por sí bastante poco *marxista*) enfrenta a Laclau con su propio *contorsionismo,* solo que en él la fusión es entre *psicoanálisis* e *idealismo* filosófico, lo que si duda da para mucho mas.

Para Laclau, ser *lacaniano* es partir del presupuesto de que la *construcción* de la realidad social, solo puede explicarse desde los supuestos del *psicoanálisis,* que revela la realidad oculta y *reprimida* de la mente humana (sea un *individuo* o una *masa*). Las categorías para analizar lo *social* no pueden ser *materialistas,* sino *psíquicas:* pulsiones y deseos, el complejo de Edipo, el gran Otro, la ausencia de pecho materno, el objeto a. Por eso, las propuestas del *neoleninista* Žižek no dejan de ser una mala versión del *populismo*, contaminada de *marxismo*. Entonces, ¿cual es la versión *buena* (de ¿*izquierdas?*) y que efectos reales ha producido cuando el *populismo* ha triunfado. ¿Se ha *transformado* realmente el sistema capitalista?. ¿Han desaparecido las formas de dominación burguesa?. ¿Se ha creado un nuevo modelo de sociedad sin explotación?. Por mucho que le duela a Laclau, al menos en esto Žižek da en el blanco, al señalar los verdaderos desafíos. Pero no se rinde fácilmente nuestro profesor, y contraataca con la pregunta *definitiva,* cargada de retórica: *El problema, sin embargo, es éste: ¿qué es una lucha anticapitalista?... Como Žižek se niega a aplicar la lógica del objeto petit a (la lógica de la hegemonía) al pensamiento estratégico-político, queda en un callejón sin salida.*

No seré yo quien responda por Žižek, que él sabe defenderse muy bien solito. Lo que en realidad viene a decir Laclau es que no existe tal lucha *anticapitalista*, sino *demandas en una totalidad popular,* aunque admite que no está garantizado el carácter *progresista* de dicha totalidad. En pocas palabras, la lucha contra el capitalismo no existe y, además, *no puede existir.* Como no se imagina a un grupo de obreros asaltando las instituciones mediante una revolución armada, y niega el carácter *proletario* de la Revolución de Octubre, al parecer porque no era su *objetivo principal anticapitalista declarado* (para Laclau las medidas concretas *anticapitalistas* no lo son si no se *declaran:* solo existe lo que se nombra, ya que la realidad es un *relato*), deduce que no puede darse ninguna *lucha de clases* que se plantee objetivos *anticapitalistas,* de *transformación* social, y por tanto *socialistas.* Lo único posible es el *populismo*, que es *la política.* Solo nos queda rezar para que tenga carácter *progresista* y no se manifieste como una dictadura de *derechas.* Para Laclau, el error de Žižek procede de que está más cerca de Hegel que de Lacan, mientras que él, faltaría más, se encuentra más cerca de Lacan que de Hegel. ¡Pues que bien!. En cualquier caso, se trata de una pelea baladí entre *lacanianos-hegelianos* disputando su proximidad con el filósofo alemán, que no contribuye a desenmascarar el *populismo*, por lo que les dejo en su pelea. Quien quiera conocer a fondo, sin manipular, las ideas de Žižek, muy valiosas en algunos aspectos, como ciertas reivindicaciones del legado de Lenin, lo mejor es que lea al pensador esloveno y saque sus propias conclusiones.[108]

Satisfecho, al parecer, de haber noqueado a Žižek, dirige a continuación sus golpes contra Michael Hardt y Antonio Negri, autores como he dicho del ensayo *Imperio,* para quienes, en su opinión, *todas las luchas sociales, aunque inconexas, convergen en la constitución de un sujeto emancipatorio al que denominan "la multitud".* Y, tras señalar que *su punto de partida es la noción deleuziana/nietzscheana de inmanencia, que ellos vinculan al proceso de secularización de los tiempos modernos,* termina por descalificarlos, señalando *que la unión de la multitud alrededor de un objetivo común es lo que nuestros autores denominan "estar en contra": se trata de estar en contra de todo, en todas partes. El objetivo debería ser la deserción universal. Este proceso ya estaría ocurriendo gracias a los movimientos nómades rizomáticos de personas atravesando fronteras.* Bonita frase, para un suceso dramático. Laclau utiliza otra metáfora botánica, formulada primero por Deleuze y Guattari en su libro *Mil mesetas,* para resaltar el carácter ridículo de las teorías de Negri y Hardt. Pero basta con leer alguna de las obras principales de estos pensadores *radicales* para darse cuenta de que sus planteamientos tienen más enjundia.[109] Sin embargo, no seré yo quien me embarque a defender sus teorías, con las que discrepo, aunque por razones bien distintas los defienda. Hacer caricaturas con las ideas de otros, cuando tus propias propuestas rozan la *bufonada* no parece muy serio. Pienso, tal vez pecando de optimista, que solo un proceso revolucionario *exitoso* puede ser capaz de actuar como *clarificador* de tanta fabulación *ideológica*. Al menos en la misma manera que el *fracaso* revolucionario propició las ensoñaciones *posmarxistas* y la *sinrazón populista*.

Despachados sus oponentes marxistas, y cerca del final, Laclau recurre a los conceptos de *police* y *politics* del filosofo francés Jacques Rancière, profesor emérito de la Universidad de Paris VIII, y discípulo de Althusser (del que luego se distanció). Desde luego, la riqueza reflexiva del prolífico pensador nacido en Argelia es apabullante. Su propensión a la *retórica*, y su alarde de ingenio y erudición, en particular sobre los pensadores clásicos, dan para especular a gusto. Aun cuando en numerosas ocasiones se mueve en el mundo conceptual de Althusser, Foucault y Deleuze, lo hace de marera original, fuera de la visión marxista ortodoxa. En particular, yo destacaría su enfoque de la cuestión nodal de la *dominación,* a la que otorga el papel político central frente al secundario de las tradiciones liberal y marxista. Luego insistiré en ello. Antes de entrar en analizar como se *aprovecha* Laclau de algunas teorizaciones de Rancière, me gustaría resaltar que estamos ante un pensador honesto y clarividente en tantos aspectos, alguien a tener en cuenta por la *izquierda trasformadora*, a la que siempre ha brindado su apoyo crítico. Desgraciadamente, es poco conocido entre nosotros. A mi me interesan particularmente algunas de sus aportaciones teóricas desde la perspectiva del análisis de los mecanismos de *Subyugación Ideológica* en el capitalismo desarrollado y global, la sociedad del bienestar, y el Estado de derecho, recogidas básicamente en su obra *El desacuerdo*,[110] de la que citaré algunos páramos para aclarar su postura ante el *aprovechamiento* de Laclau. Si bien, el tema fundamental para Rancière, su *obsesión* intelectual, es la *emancipación,* que, como el mismo reconoce, *sólo puede ser la emancipación intelectual de los individuos,* tesis que parte de las ideas de Joseph Jacotot, al que dedica uno de sus libros fundamentales: *El maestro ignorante.*[111]

Dicho lo cual, veamos como Laclau intenta cubrirse el flanco *izquierdo* mediante ciertas *semejanzas* entre su propuestas y las ideas de Rancière: *Hay dos aspectos en los que el análisis de Rancière se acerca mucho al nuestro. En primer lugar, está su insistencia en una parte que funciona, al mismo tiempo, como un todo. Lo que hemos caracterizado como el desnivel inherente a la operación hegemónica, Rancière lo conceptualiza como un incontable que trastorna el principio mismo de la contabilización y, de esa manera, hace posible el surgimiento de lo político como un conjunto de operaciones que tienen lugar en torno a esta imposibilidad constitutiva. En segundo lugar, la noción de Rancière de* una clase que no es una clase *(el subrayado es mío), que tiene como determinación particular algo del carácter de una exclusión universal -del principio de exclusión como tal-, no está lejos de lo que hemos denominado "vacuidad". Él percibe correctamente la función universal de las luchas particulares cuando están investidas de un significado que trasciende su propia particularidad.* Como se ve, Laclau se siente a gusto con la terminología de Rancière, común a los pensadores políticos de la época. La *parte* y el *todo,* lo *particular* y lo *universal,* una *clase* que no es *clase*... por no hablar del *desnivel inherente a la operación hegemónica,* son conceptos sobre los que podríamos estar especulando hasta la saciedad sin aportar nada a la *transformación* de la realidad. Aunque tal vez sirviera para conseguir el *Cum Laude* a una tesina universitaria. Cuando se pierde de vista la *estructura económica* y las *relaciones de producción* es muy difícil establecer categorías *científicas* que eviten la especulación filosófico-teológica escolástica, sea *estructuralista, deconstructivista,* de la *Escuela de Fráncfort,* o *psicoanalista.* Las *leyes científicas,* admitidas para los fenómenos de la naturaleza (físicos, químicos y biológicos), al parecer *prescriben* con la aparición del *Homo sapiens sapiens,* un ser liberado de la *servidumbre* evolucionista, dotado de *mente,* y capaz de *crear* la realidad con su *discurso.* A ver que *leyes científicas,* por muy *emergentes* que sean, pueden controlar eso. Así que, resignémonos a que todo lo *humano* escape a toda *causalidad* material y se rija *libremente* por sus *ideas.* Prosigamos.

Empecemos por *police* (*policía*), un concepto que el mismo Rancière reconoce *plantea algunos problemas* por las acepciones que tiene en las lenguas latinas, pese a lo cual insiste en emplearlo, aunque precisando que: *la police (policía) es primeramente un orden de los cuerpos que define las divisiones entre los modos del hacer, los modos del ser y los modos del decir, que hace que tales cuerpos sean asignados por su nombre a tal lugar y a tal tarea; es un orden de lo visible y lo decible que hace que tal actividad sea visible y tal otra no lo sea, que tal palabra sea entendida como perteneciente al discurso y tal otra al "ruido".*[112] Este concepto polisémico no se refiere exclusivamente a lo que indica en primer lugar, las *fuerzas del orden,* el brazo *ejecutor* de la justicia, etc., sino a lo que Foucault llama *poder disciplinario* o *panoptismo,*[113] Es, por tanto, una *abstracción taquigráfica* que Rancière utiliza para designar la *dominación,* entendida en sentido amplio y no solo *funcional.* Por eso, precisa: *La "police" no es tanto el "disciplinamiento" de los cuerpos como una regla de su aparecer, una configuración de las ocupaciones y las propiedades de los espacios donde esas ocupaciones se distribuyen.* Rancière le reconoce a Foucault el mérito de haber expuesto *magistralmente* que el orden *policial* se extiende más allá de los poderes del Estado, de las instituciones y las técnicas especializadas, y su función consiste en estructurar un sistema *diferencial,* en el que cada *parte* ocupe el lugar que le *correspon-de.* Porque, como señalaba Hobbes,[114] y recuerda Rancière, *no hay ningún principio natural de do-minación de un hombre sobre otro. En última ins-tancia, el orden social descansa sobre la igualdad que es del mismo modo su ruina.* Ese orden *poli-cial* es lo que yo llamo *Sistema de Dominación,* con sus mecanismos de *Coerción* y *Subyugación Ideológica.*

En cuanto al concepto de *politics,* Rancière la utiliza para referirse a la política, entendida co-mo *desacuerdo,* como *lucha,* frente las teorías que entienden la *política* como *contrato* y *consenso.* Si Foucault se pregunta porqué los hombres desean someterse al sistema de poder, él se plantea en qué condiciones *no se someten,* y *luchan* por una liber-tad y una justicia que exige cambiar el sistema esta-blecido, como hizo Marx al afirmar que *los filósofos se han limitado a interpretar el mundo de distintos modos; de lo que se trata es de transformarlo.*[115] Por eso, desde el punto de vista *liberal,* la *política* determinaría cuáles son los *derechos* y *libertades* que todos deben respetar, y hasta dónde puede lle-gar el *poder* con su fuerza para asegurarlo. Por con-tra, Rancière sostiene que la *política* es consecuen-cia y surge con el *desacuerdo* ante la *realidad* que subyace a los *derechos* y *libertades.* Cuando una *parte* en la sociedad no es reconocida como *parte,* y se moviliza para *demandar* reconocimiento, enton-ces, se instaura la *política.* Es la manifestación de una especie de *fractura* en el orden social estable-cido. Conviene no olvidar que *política* es, para Ran-cière, fundamentalmente *lucha,* frente a *consenso.* La *política* trata de romper con la estructura esta-blecida por el *acuerdo,* y se plantea una *reestructu-ración.* Afecta no solo al *tablero de juego,* sino a las *normas* y al *orden* del propio *tablero.* El *desorden* surge de la propia estructura, de la existencia de un grupo que no tiene *parte,* que lucha por ser *escuchado,* porque es la *parte* que no tiene *parte,* por utilizar los términos de Rancière, que es *nadie,* alguien que está en una *inferioridad* de condiciones, excluido de la *partición* y de la *repartición.* Cuando se intenta romper ese *orden,* la *police,* surge la *politics.* Rancière, a diferencia de Foucault, no identifica *política* con *poder,* ni con una mera *resistencia,* sino con *la apertura de un espacio inédito, en el que actúan y hablan sujetos antes inexistentes, efectuando cuentas de lo incontable.* El objeto de la *política* es el *desacuerdo,* que no es simplemente *lingüístico,* sino que se refiere a la *situación* de quienes lo expresan. Por eso, es a partir de ese *conflicto* como se organiza una *comunidad política.* El *desacuerdo* es posible porque los humanos nos servimos de la *palabra* para discutir, usamos el *lenguaje* para intercambiar información sin la cual no es posible la existencia de la sociedad. El *desacuerdo* se refiere tanto al lugar de cada uno, como a la *percepción* del *lugar.* Esta *lógica del desacuerdo es propia de la racionalidad política.* Cuando ya están *determinados y resguardados* los *lugares* o las *partes* en la comunidad, entramos en el campo de *policía (police).*

Esto nos lleva a la cuestión de la *democracia,* que Rancière identifica con la *política,* ya que la *política* instaura el principio democrático de la *igualdad* de cualquiera con cualquiera, pero no con un régimen concreto: *La democracia no es un régimen político. Es una ruptura de la lógica del* arkhé...[116.] *La democracia es el régimen de la política en tanto forma de relación que define a un sujeto específico.*[117]

Rancière se vale de Aristóteles, y sus tres *axiai* o *títulos* que dan derecho a la comunidad: la riqueza de los pocos (ολιγοι); la virtud o la excelencia (αρετή) que da su nombre a los mejores (ἀριστοι); y la libertad que pertenece al pueblo (δῆμος). Y señala que: *Hay un orden natural de las cosas según el cual los hombres reunidos son gobernados por quienes poseen los títulos para gobernarlos. La historia conoció dos grandes títulos para gobernar a los hombres: uno que estriba en la filiación humana o divina, o sea, la superioridad por nacimiento; otro que estriba en la organización de las actividades productivas y reproductivas de la sociedad, o sea, el poder de la riqueza. Las sociedades son gobernadas habitualmente por una combinación de estos dos poderes a los que fuerza y ciencia aportan, en diversas proporciones, su refuerzo. Pero si los ancianos deben gobernar no solamente a los jóvenes, sino también a los sabios y a los ignorantes; si los sabios deben gobernar no solamente a los ignorantes, sino a los ricos y a los pobres; si deben hacerse obedecer por los poseedores de la fuerza y hacerse comprender por los ignorantes, aquí falta algo más, un título suplementario, común a los que poseen todos estos títulos pero también común a quienes los poseen y a quienes no los poseen. Pues bien, el único que queda es el título anárquico, el título propio de aquellos que no tienen más título para gobernar que para ser gobernados.*[118] Por eso, señala Rancière, la palabra *democracia fue primero un insulto inventado en la Grecia antigua por quienes veían en el innombrable gobierno de la multitud la destrucción de cualquier orden legítimo. Resultó sinónimo de abominación para todos cuantos pensaban que el poder correspondía por derecho a quienes se hallaban destinados a él por su nacimiento o a quienes eran convocados a él por sus capacidades.* Por cierto, el insulto se recuperó con los fascismos y las dictaduras de derechas, y el término *democracia burguesa* se ha convertido también en un insulto para el *populismo*, con el que enmascara su tendencia autoritaria. Nada que ver con su *desenmascaramiento* por el marxismo, que señala su naturaleza como forma de *dominación*.

En esto, Rancière es categórico: *Todo Estado es oligárquico... Vivimos en Estados de derecho oligárquicos, es decir, en Estados donde el poder de la oligarquía está delimitado por el doble reconocimiento de la soberanía popular y de las libertades.*[119] Y concluye que ningún Estado es *democrático* ya que implica siempre relaciones *desiguales.*

En conclusión, Rancière aborda los problemas planteados por Michel Foucault y la Escuela de Frankfurt desde la idea de *dominación*, aunque renunciando al concepto de *poder, explotación, alienación, ideología* de la terminología marxista ortodoxa. Términos que considera incapaces de dar una respuesta *creativa* a la *acción* y el *discurso.* Lo que no impide que tenga muy presente las *relaciones* entre el *poder* y el *saber*, entre la *explotación* y la *ideología*, entre *pensar* y *hacer.* Y para evitar equívocos señala que: *La dominación efectúa un distingo entre lo público, que pertenece a todos, y lo privado, donde reina la libertad de cada uno. Pero esta libertad de cada uno es la libertad, es decir, la dominación, de aquellos que detentan los poderes inmanentes a la sociedad. Es el imperio de la ley de incremento de la riqueza.,* Y añade: *La democracia está tan desnuda en su relación con el poder de la riqueza como con el poder de la filiación, que hoy viene a secundarlo o a desafiarlo. No se funda en ninguna naturaleza de las cosas ni está garantizado por ninguna forma institucional. No la acarrea ninguna necesidad histórica y ella misma no es vehículo de ninguna.*[120]

Rancière, al que me he permitido citar *in extenso*, tanto por la importancia de su aportaciones, como para que el lector vea si el uso de Laclau de sus ideas es correcto, sostiene inequívocamente que la *política* es la actividad que tiene por objeto la *igualdad.* Denuncia a la filosofía *política oficial* que contribuye a la *justificación* del orden de dominación *policial.* Por eso, aunque desconfía de la *for-*

mulas políticas tradicionales, ha señalado reiteradamente la importancia de los proyectos *alternativos,* y de las nuevas formas de *organización,* con referencia privilegiada a la *Comuna de París* o el *Mayo del 68.* Supongo que también, aunque no tengo referencias, a movimientos como el *15 M* español, y *Occupy Wall Street,* norteamericano. El papel de las formas organizativas *alternativas,* como estructuras de poder, lo trato en mi librito *Democracia Ampliada,* donde explico el papel que juegan en la *police y politics.*

Volvamos ya a Laclau, a quien el miedo a ser tildado de populista de derechas, le lleva a buscar afanosamente coincidencias con Rancière: *me siento en muchos sentidos muy cercano al análisis de Rancière... En primer lugar, en aquello que tiene que ver con el modo de conceptualizar la "vacuidad". Rancière afirma acertadamente que el conflicto político difiere de cualquier conflicto de "intereses", puesto que éste siempre está dominado por la parcialidad de lo que es contabilizable, en tanto que lo que está en juego en el conflicto político es el principio de contabilidad como tal... sin embargo,* (¡atención al dato!) *no existe ninguna garantía a priori de que el pueblo como actor histórico se vaya a constituir alrededor de una identidad progresista (desde el punto de vista de la izquierda)... Rancière identifica demasiado la posibilidad de la política con la posibilidad de una política emancipatoria, sin tomar en cuenta otras alternativas; es decir, que los incontados construyan su incontabilidad en formas que son ideológicamente incompatibles con aquello que Rancière o yo podríamos defender políticamente (por ejemplo, en una dirección fascista). Sería histórica y teóricamente erróneo pensar que una alternativa fascista se ubica enteramente en el área de lo contable.*

Ese es el problema de Laclau, que el *fascismo* (sea en la versión *light posmoderna,* como el de la Lega Nord italiana, el Front National francés, o la más *hard* del griego Amanecer Dorado) acecha tras su *populismo de izquierdas*. El hombre, tras las etapas más *siniestras* del *peronismo*, no ve la forma de quitarse el *fantasma* de encima. Por lo demás, resulta comprensible su afirmación de que el *conflicto político* es distinto del *conflicto de intereses*, apoyándose para ello en Rancière, para quien la *política* se diferencia del *conflicto de intereses*, ya que éstos corresponden a *partes* que son *contables*, mientras que en la *política* está en juego el principio de *contabilidad* como tal. Sin embargo, ceo que Laclau trata de escamotear lo esencial: que todo *conflicto político* es la *expresión* de un *conflicto de intereses*, sean del tipo que sean: materiales, ideológicos, de clase, grupo, etc. Es decir, lo *político* dirige la lucha por la resolución de las *demandas* nacidas precisamente del *conflicto de intereses;* resolución que se realiza en el marco de la *police* o *sistema de dominación*, tome la forma que tome. En realidad, sin *conflicto de intereses* no hay *política* que valga. Incluso la propia *política* puede *generar* conflictos, que expresarán *intereses políticos*, un fenómeno típico de la *partitocracia*, generalmente ante la indiferencia ciudadana, fácil presa entonces de la *antipolítica*, que es precisamente una manifestación de *populismo...* y una *oportunidad política* para desarrollarse.

Quizás, solo *quizás,* la raíz de los *equívocos* estribe en que la diferencia entre *police* y *politics,* llevaba a extremos de un *dualismo idealista,* aunque sea admisible, y necesaria, desde un punto de vista analítico. Esa diferencia conceptual no refleja la *realidad* (material y cultural) de las *relaciones sociales*, que es el *hábitat* de los humanos. Somos seres *políticos* (*zoon politikon*) que actuamos *políticamente*; es decir, interviniendo en la *realidad* social. Y lo hacemos siempre desde presupuestos *culturales,* que incluyen concepciones y proyectos *políticos,* así como la *percepción* de esa misma realidad. La *realidad* social es un *conjunto* de *relaciones*, que incluyen tanto la *acción* como la *percepción*. La diferencias *individuales* lo son en términos *psicosomáticos*, y adquieren una *dimensión social* cuando se considera al individuo *inscrito* (por activa o por pasiva) en el *sistema productivo*. Aunque esta *inclusión* no sea directamente productiva, quede *suspendida* (un parado, alguien que busca trabajo, los hijos que dependen del trabajo de los padres, etc.), o sea *parasitaria* (un pensionista, un rentista, etc.). En pocas palabras, lo mismo que es imposible el *pensamiento* sin cerebro (con su *arborización detrítica* y el billón de billones de *sinapsis*), tampoco existen *intereses* (personales y de *clase*) sin *relaciones* (familiares y sociales). Esa es su *materialidad*. Y lo mismo que un *pensamiento* puede ser *disparatado* desde el punto de vista *lógico*, o *incongruente* por una alteración patológica, también pueden tenerse *intereses* contrarios al *interés* (familiar o social). Se trataría de una *perturbación cultural*, generalmente inducida por la *ideología dominante* para defender los *intereses* de las *clases dominantes*. En sociedades basadas en mecanismos de *explotación* y *dominio*, de *intereses* encontrados, el *interés común* es una *tregua*, basada en el *consenso,* que refleja una determinada *correlación de fuerzas*. No son los *consensos* primero y luego la *realidad* social, sino que es la propia *realidad* social la que promueve del *consenso* como mecanismo de supervivencia. *Consenso* que, a su vez, supone una *reconfiguración* de las *relaciones* sociales previas. Hasta que las contradicciones resultan imposibles de contener dentro del *consenso*, y se inicia una nueva etapa de una *lucha* de *intereses* (en realidad nunca se detiene), hasta que se logra un nuevo *consenso*. Esa es la *política* y su *dialéctica*, que supone siempre un acto de *ruptura y consenso*. Un acto, para decirlo con las *poéticas* palabras de Rancière, en el que lo *invisible* se manifiesta y se hace *visible,* y en el que los *sin nom-*

bre se dan *un nombre*. La *dialéctica* entre dos mundos *alojados* en uno solo: el mundo en que *son* y aquel en que *no son*.

Lo que nos lleva al concepto de *universalidad*. No se trata de una característica de la *geometría* de las *relaciones sociales*, sino una *potencialidad* relacionada con el lugar que ocupa cada clase en el sistema productivo, tal como señalaba Marx al estudiar el capitalismo. La clase trabajadora no es una clase universal, ninguna lo es, sino que contiene, en su particularidad, la universalidad de sus reivindicaciones, precisamente porque al liberarse, libera a los demás. Y solo en la medida en que lo haga. Por eso, en el socialismo, la emancipación de la clase trabajadora conlleva necesariamente la emancipación del resto, o no es socialismo. Emancipación que solo es posible cuando la clase trabajadora logra liberarse de la subyugación ideológica del capitalismo. Esa es la dimensión política de la emancipación. El populismo niega el carácter materialista (ideología incluida) de la realidad social. Para Laclau, la universalidad solo es posibles en la medida que niega de facto la realidad de la lucha de clases, y su papel en el proceso de trasformación social.

No hay mucho más, salvo las acostumbradas, reiterativas y tediosas disquisiciones sobre *pueblo, proletariado*, lo *contable que se cuenta a si mismo*, etc. Laclau lo resume a la perfección: *¿qué conclusiones sacamos de estas reflexiones?. Simplemente que es necesario ir más allá de la noción de "lucha de clases" y su ecléctica combinación de lógicas política y descripción sociológica... El incipiente movimiento que hallamos en Gramsci de las "clases" a las "voluntades colectivas" debe ser completado*. ¡Y ya se encarga él de hacerlo!. Pobre Gramsci, el supuesto *movimiento* de las "clases" (¿qué significan aquí las comillas?) a las *voluntades colectivas,* convertido en el trampolín de Laclau para su salto al *vacío*. Haciendo caso omiso a la mezquina treta intelectual de utilizar las palabras de los demás para decir una cosa completamente distinta (bajo la coartada de que es *incipiente*), lo verdaderamente significativo es que Laclau enseña finalmente sus cartas: la *política* solo es posible en la *superación* (*ir más allá*) de la *lucha de clases*, restos de una *antigualla* nada *posmoderna*, que es lo que se lleva.

Si nos atenemos a las consecuencias, el *populismo* de *derechas, fascistoide*, y el de *izquierdas laclanuniano*, cumplen el mismo papel, sean cuales sean sus intenciones (*bienintencionadas* en Laclau, sin duda): salvar y proteger el capitalismo enfrentado a una crisis *sistémica*, implementando las *reformas* necesarias en un caso frente a la resistencia de las *élites;* o, *desmantelando* las conquistas económicas, sociales y jurídicas de la *clase trabajadora* en la otra. Para Laclau el *populismo* es una *inevitable* dimensión de la *política* que, asumiendo riesgo de su concreción *derechista*, puede permitir al *pueblo* conseguir avances sociales. No seré yo quien le niega su *parte* de verdad. Una *parte* en la que radica precisamente su peligro para la izquierda *transformadora,* demasiadas veces *abducida* por algunos *populistas de izquierdas*. El *populismo* necesita *atender* reivindicaciones *populares* para triunfar y consolidarse. Lo hicieron los *fascistas*, lo hizo el *peronismo*, lo hace el *chavismo*. Y, curiosamente, todos se cubren las *vergüenzas* con la palabra *socialista*. Naturalmente, ante el triunfo del *populismo,* la izquierda debe luchar porque, al menos, sea un *populismo* de *izquierdas,* neutralizando su tendencia natural al *autoritarismo*. Pero sin hacerse ilusiones. Y menos disolviéndose en él.

Igualmente, no queda más remedio que darle la razón cuando señala que: *en el lenguaje corriente de la izquierda, términos tales como "lucha de clases", "determinación en última instancia de la economía", o "centralidad de la clase trabajado-*

ra" funcionan –o al menos funcionaron hasta hace poco– como fetiches emocionalmente cargados cuyo significado era cada vez menos claro, pero cuya atracción discursiva no disminuyó...Las dislocaciones inherentes a las relaciones sociales en el mundo en que vivimos son más profundas que en el pasado, por lo que las categorías que entonces sintetizaban la experiencia social se están tornando crecientemente obsoletas. Cierto, pero lo malo es que Laclau tira el bebé con el agua *sucia*. Sus *propuestas* no son verdaderas aportaciones para superar esos *fetiches*, como pretende con sus últimas palabras, sino *constructos* propios de un adepto al *bricolaje* intelectual, encolando y uniendo entre sí toda una serie de escenarios *significantes* a partir del montón de *cachivaches* textuales sacados de numerosas autores, con Freud y Lacan a la cabeza. Tras la renuncia a buscar leyes emergentes de la sociedad, para entender los mecanismos de su evolución, hemos asistido a una *inflorescencia* verbal incontrolada, imposible de rebatir desde la *razón*.

La gran complejidad *estructural* del capitalismo en su actual fase globalizada y de dominio financiero, es un hecho que nadie niega. La insuficiencia de formulaciones *políticas* acordes con dicha complejidad desde la *izquierda* transformadora tampoco. En realidad, así ha sido siempre. El mérito de Lenin consistió fundamentalmente en adaptar el marxismo, nacido en la fase de la revolución industrial, al desarrollo capitalista posterior, el imperialismo, y formular un concepto de partido acorde con las tareas de la revolución. Lo mismo ocurre hoy, con la particularidad de que el llamado *campo socialista* se ha derrumbado, o *metamorfoseado* hasta resultar irreconocible, como ocurre en la República Popular de China, un modelo que el resto de *supervivientes* trata de adaptar. Esta situación insólita ha creado un *vacío* teórico que no se puede llenar con frases hechas y fórmulas de probada ineficacia. Pero lo que sigue siendo valido es la aportación *científica* de Marx a la comprensión de las leyes de la evolución de las sociedades humanas en general, y del capitalismo en particular. No existe otra explicación plausible, sino diversos intentos de justificar la falta de justificación, si se me permite el juego de palabras. Laclau y su *razón populista* es una más, que el fenómeno de *Podemos* en España y el triunfo del *bolivarismo* en Latinoamérica, han dotado de una relevancia mayor de lo que el texto se merece.

Si los nuevos problemas derivados del desarrollo del capitalismo actual nos llevan a tirar por la borda la aproximación *científica* a su comprensión y resolución por los agentes sociales capaces de encabezar el paso a una nueva sociedad *socialista*, solo conseguiremos apuntalar el retorno de los *brujos*. Las teorías de Laclau se sitúan en este escenario, su horizonte *populista* es el de un hámster: cree que avanza mientras gira una rueda que le mantiene en su sitio. El riesgo de la *izquierda* marxista es padecer el *síndrome* de Galileo: *me retracto, a la espera de que la humanidad esté preparada para aceptar mis teorías científicas.*

La verdadera cuestión que nos planea nuestro tiempo es: ¿existe una alternativa que desborde el marco institucional del sistema capitalista, y se proponga la transformación socialista de la sociedad, frente al *inmovilismo neoliberal*, el *reformismo socialdemócrata*, y el *populismo homogeneizador*?. Si no existe hay que crearla, y con urgencia, porque la situación comienza a ser insostenible. Una alternativa revolucionaria, de *izquierdas* y *marxista*, para el siglo XXI, que de respuesta a los problemas y necesidades de la Revolución Digital en desarrollo imparable, a la globalización de los mercados, a la concentración multinacional de producción y distribución de la riqueza, a la formación de una *red* global que conecta a los ciudadanos en un proceso de *socialización* nunca experimentado hasta ahora por la humanidad, al dominio de los mercados financieros sobre la economía real, al riesgo inminente, por primera vez en la historia, de que el mecanismo *insaciable* del beneficio capitalista termine por afectar irreversiblemente la *habitabilidad* de nuestro planeta. Una alternativa *científica,* que nace del mismo desarrollo de las *fuerzas productivas* y el conflicto con las *relaciones de producción.* Alternativa que no es tanto fruto de una *exigencia ética* como de la *necesidad evolutiva.* Pero que sea capaz, de satisfacer la *exigencia ética.*

Una alternativa que, por lo tanto, solo puede desarrollarse y triunfar bajo la *hegemonía* de las *clases trabajadoras,* teniendo en cuenta su nueva y cambiante configuración en el capitalismo actual. Una alternativa que suponga el pleno desarrollo, ampliación, y ejercicio *real* de todos los derechos y libertades. Una alternativa que esté basada en la *cooperación* y la *solidaridad,* tal como he descrito en mis libros *Democracia Ampliada,* y *Evolución, Cultura y Socialismo.*

A ellos me remito.

NOTAS

[1] John Langshaw Austin. Cómo hacer cosas con palabras: Palabras y acciones. Paidós

[2] Concepto matemático utilizado en ciencias naturales para hallar soluciones desde los datos del problema, expresados en la fórmula d = G(m) En la sociedad todos los problemas son *inversos no lineales,* como las crisis económicas. De ahí que sean irresolubles o tener distintas soluciones. Son irresolubles en el marco del sistema capitalista, por lo que solo queda superar dicho marco capitalista o aceptarlas como inevitables, y procurar, en el mejor de los casos, paliar sus efectos. Son las opciones reformista y revolucionaria. Ppara una ampliación del concepto, ver:
https://grupobunge.wordpress.com/2006/07/20/119/)

[3] Ernesto Laclau. La razón populista. Fondo de Cultura Económica, 2005.

[4] Ernesto Laclau y Chantal Mouffe. Hegemonía y estrategia socialista. Siglo XXI, 1987.

[5] Peter Wiles. Un síndrome, no una doctrina: algunas tesis elementales sobre el populismo; en *Populismo,* recopilado por Ionescu and Gellner, Amorrortu, 1974.

[6] Peter Worsley. The concept of populism; en *Populismo,* recopilado por Ionescu and Gellner, Amorrortu, 1974.

[7] Margaret Canovan. Populism, Londres, Junction Books, 1981.

[8] Donald MacRae, "Populism as an ideology", en *Populismo,* recopilado por Ionescu and Gellner, Amorrortu, 1974.

[9] Kenneth Minogue. El populismo como movimiento político. Citado en Peter Worsley. El concepto de populismo; en *Populismo*, recopilado por Ionnescu y Gellner. Amorrortu, 1974.

[10] Kenneth M. Roberts. El resurgimiento del populismo latinoamericano. Ver en: www.flacsoandes.edu.ec/biblio/catalog/resGet.php?resI d=24679

[11] Raimundo Frei y Cristóbal Rovira Kaltwasser. El populismo como experimento político: historia y teoría política de una ambivalencia. Facultad de Ciencias Sociales. Universidad de Chile. Revista de Sociología 22, 2008.

[12] Carl Schmitt. El concepto de lo político. Alianza Editorial, 1999.

[13] Slavoj Žižek. Un gesto leninista hoy contra la tentación populista; en, Lenin reactivado. Akal, 2010.

[14] Carlos Tuya. Democracia Ampliada. Amazon, 2015.

[15] Flavia Freidenberg. La Tentación Populista: una vía al poder en América Latina. Síntesis, 2007.

[16] Kurt Weyland. Clarificando un concepto: El populismo en los estudios sobre América Latina". En Autores Varios. Releer los populismos. Quito: Corporación Andina de Acción Popular, 2004.

[17] Ludolfo Paramio. "Giro a la izquierda y regreso al populismo". Nueva Sociedad 205. 63-74, 2006.

[18] Kenneth Roberts. El neoliberalismo y la transformación del populismo en América Latina. El caso peruano. En Mackinnon, M. y Petrone, M. Comps. Populismo y neopopulismo en América Latina. El problema de la Cenicienta. Buenos Aires. Eudeba, 1999

[19] Gino Germani. Autoritarismo, fascismo y populismo nacional, Buenos Aires.

[20] Gustave Le Bon. Sicología de las multitudes. Editorial Comares.

[21] Carlos Tuya. Evolución, Cultura y Socialismo. Amazon, 2015.

[22] Richard Dawkins. El gen egoísta. Salvat Editores, 2014.

[23] Jesús Mosterín. La cultura humana. Espasa, 2009 .

[24] José Ortega y Gasset. La rebelión de las masas, y otros ensayos. El Libro De Bolsillo, 2014

25 Aristóteles. Poética. Edición Bilingüe y traducción de Julián Marías y María Araujo, Centro de Estudios Constitucionales, Madrid, 1989.

26 Ver: Francisco J. Varela y Humberto Maturana. El árbol del conocimiento: Las bases biológicas del entendimiento humano. Editorial Universitaria, 2003.

27 Nolasc Acarín Tusell. El cerebro del rey. RBA Libros , 2001.

28 Para el origen de los diferentes lenguas puede verse: Juan Carlos Moreno Cabrera. El Universo de las lenguas. Ed. Castalia, 2003. Para el enfoque biolingüístico, ver: Noam Chomsky. Biolingüística y capacidad humana. Revista Forma y Función, n° 19. 2004.

29 Foley, R. Humanidad antes que humanos. Bellaterra, 1997.

30 La frase apareció en una entrevista a Margaret Thatcher en Woman's Own, en 1987.

31 Ver pdf en:
http://fama2.us.es/fde/ocr/2006/muchedumbreDelincuente.pdf

32 G. Tarde. La opinión y la multitud. Taurus, 1986.

33 William McDougall. The Group Mind. 1920.

34 Adam Ferguson. Un ensayo sobre la historia sobre la sociedad civil. Akal, 2010.

35 Mario Bunge. Las Psudociencias, ¡Vaya Timo!. Laetoli, 2011.

36 Sigmund Freud. Psicología de las masas y análisis del yo, en Obras completas, vol. 18. Amorrortu, 1978-1985.

37 Ver Chris Frith. Descubriendo el poder de la mente. Cómo el cerebro crea nuestro mundo mental. Ariel, 2008.

38 Lee Smolin. Las dudas de la física en el siglo XXI: ¿es la teoría de cuerdas un callejón sin salida?. Crítica, 2007.

39 Freud. Los Caminos de la Formación del síntoma. Op. cit.

40 Freud. De la historia de una Neurosis Infantil. Op. cit.

[41] Colin Martindale. Cognitive Psychology: A Neural-Network Approach. Brooks/Cole, 1990.

[42] Freud. Joseph Popper-Lynkeus y la teoría del sueño. Op. cit.

[43] Ferdinand Saussure. Curso de Lingüística general. Gedisa, 2004.

[44] Ludwig Wittgenstein. Investigaciones Filosóficas. Crítica, 2008.

[45] Ver, entre otros: M. Jesús Paredes Duarte y Carmen Varo Varo. Lenguaje y cerebro: conexiones entre neurolingüística y psicolingüística. Universidad de Cádiz. Charles Bouton. La Neurolinguistique, Paris. Presses Universitaires de France. David Caplan. Introducción a la neurolingüística y al estudio de los trastornos del lenguaje, Madrid: Visor.

[46] Ver: Ana Soledad Montero. Significantes vacíos y disputas por el sentido en el discurso político: un enfoque argumentativo. Identidades. Núm. 3, Año 2. Diciembre, 2012. Puede descargarse en: https://iidentidadess.files.wordpress.com/2012/12/1-identidades-3-2-2012-montero.pdf

[47] Hannah Arendt. Karl Marx y la tradición del pensamiento político occidental. Ediciones Encuentro

[48] David Roas. Tras los límites de lo real. Paginas de Espuma. Oremio Malaga de Ensayo 201

[49] Ver: Julián Casanova. La historia social y los historiadores. Crítica, 2003.

[50] George Rudé. La multitud en la historia. Siglo XXI Editores, 2009.

[51] Isaiah Berlin. Karl Marx. Alianza Editorial, 2000.

[52] Karl Marx. La lucha de clases en Francia de 1848-1850. Ayuso, 1975.

[53] Karl Marx. Miseria de la Filosofía. Ediciones Júcar, 1974.

[54] Heidegger. Ser y tiempo (Sein und Zeit). Trotta, 2013.

[55] Jurista francés (1918-1990),Profesor de la Universidad de Grenoble entre 1948 y 1962, y posteriormente en el

Instituto de Estudios Políticos de París, especialista en el PCF. Destaca su obra Los partidos políticos y la realidad social (1952)

56 Ver Carlos Tuya. La Democracia Ampliada. Amazon, 2015

57 Gareth Stedman Jones. Lenguajes de clase: estudios sobre la historia de la clase obrera inglesa (1832-1982). Siglo XXI Editores, 1989.

58 V. I. Lenin. Proyecto de resolución sobre la situación política actual. Proyecto de resolución sobre la situación política actual. Obras escogidas. T. II. Progreso, 1961.

59 V. I. Lenin. Las enseñanzas de la revolución. Op. cit.

60 Jorge Luis Borges. Siete noches. Fondo de Cultura Económica, 1980.

61 Ver sobre lo Uno en psicoanálisis: Jacques-Alain Miller: Los signos del goce. Paidós, 1988. También, Jacques Lacan. El Seminario Libro 11: Los cuatro conceptos fundamentales del psicoanálisis. Paidós, 1964.

62 Ver: Daniel Dennett. La conciencia explicada. Paidós Ibérica, 1995. También: Antonio Damasio. Y el cerebro creó al hombre. Destino, 2010.

63 Slavoj Žižek. El sublime objeto de la ideología. Siglo XXI. México, 1992.

64 Ver: https://espace.freud.pagesperso-oran ge.fr/topos/psycha/psysem/nondup/nondup11.htm

65 Lacan, Politics, Aesthetics, eds. Richard Feldstein and Willy Apollon, p. 135.

66 Ver: Mario Bunge. El Problema Mente-Cerebro. Tecnos, 2002. También: Diego Redolar Ripoll. Neurociencia Cognitiva. Editorial Medica Panaamericana.

67 Quién este interesado en este apasionante tema puede leer el capítulo 5º del libro Física de lo imposible (Debate, 2009) obra del físico y divulgador Michio Kaku, uno de los creadores de la teoría de campos de cuerdas.

68 Oliver W. Sacks. Los ojos de la mente. Anagrama, 2011; El hombre que confundió a su mujer con un sombrero. Anagrama, 2008.

[69] Fernando Maureira. La neurociencia cognitiva. ¿Una ciencia base para la psicología?. Escuela de Psicología. Universidad de Santiago de Chile.

[70] Alberto Moretti. Referencia, Estructuras Y Universalidad Expresiva. Análisis Filosófico XXXI N° 1. 2011. Universidad de Buenos Aires.

[71] Artículo El concepto de hegemonía en la obra de Gramsci, publicado en Matricola7047, octubre, 2013. Puede verse en:

https://matricola7047.wordpress.com/2013/10/13/el-concepto-de-hegemonia-en-la-obra-de-gramsci.   Ver también: Antonio Gramsci. Cuadernos de la cárcel. Edición crítica del Instituto Gramsci a cargo de Valentino Gerratama. Ediciones Era, 2000.

[72] Juan José Zarranz Imirizaldu. Neurología. Elsevier, 2013

[73] Roger Penrose. La nueva mente del emperador. Debolsillo, 2015.

[74] Chris Frith. Op. cit.

[75] Antonio Gramsci. Textos de los cuadernos posteriores a 1931. Op. cit.

[76] V. I. Lenin. Cuadernos filosóficos [1914-1915]. Obras completas. Editorial Progreso,1972.

[77] Karl Marx. Miseria de la filosofía. Ediciones Júcar, 1974.

[78] V. I. Lenin, Charla con los defensores del economicismo. Op. cit.

[79] Prefacio a La guerra campesina en Alemania" en K. Marx y F. Engels, Obras escogidas, t. II, Moscú, Progreso, 1972.

[80] Peter Stallybrass. Marx y Heterogeneidad: Pensar el Lumpenproletariat. Representaciones No. 31. University of California Press, 1990.

[81] Peter Stallybrass no niega que: *el trabajo es "realmente central" en la producción y la reproducción del conjunto social, no hay razón alguna -a excepción de las marxistas más vulgares e irracionales- para suponer*

que el capitalismo no se comporta igual que otras socie-dades en cuanto a la localización de sus repertorios simbólicos más potentes en los bordes, los márgenes, los límites del cuerpo social, más que en sus centros acep-tados. Peter Stallybrass y Allon White. Política y poética de la transgresión. Cornell University Press, Ithaca, 1986. Puede desgarrase en pdf: http://macba.cat/uploads/publicacions/desacuerdos/te xtos/desacuerdos_5/Peter_Stallybrass_y_Allon_White. pdf

[82] Frantz Fanon. Piel negra, máscaras blancas. Akal, 2009.

[83] Antonio Gramsci. Op. cit. (C. XXXIII; *I. M.*, 22-23).

[84] Antonio Gramsci. Democracia obrera, artículo publi-cado el 21/06/1919, en L'Ordine Nuovo, en colaboración con Togliatti. Recogido en: Antonio Gramsci. Op. cit.

[85] Carlos Tuya. Op. cit.

[86] Antonio Gramsci. Op. cit. (C. XXXIII; *I. M.*, 208-2111).

[87] Antonio Gramsci. Antología. Selección, traducción y notas: Manuel Sacristán. Akal, 2013.

[88] Antonio Gramsci. Op. cit.

[89] Antonio Gramsci. Op. cit. (C. XX; *I. C.*, 42).

[90] Georges Bataille. "The psichological structure of fas-cism", en Fred Botting y Scott Wilson (comps), The Ba-taille Reader, Oxford, 2000. Puede leerse en : http://artilleriainmanente.blogspot.com.es/2013/07/ge orges-bataille-la-estructura.html

[91] Entrevista de Mónica López Ocón a Ernesto Laclau, publicada en la SOY DONDE NO PIENSO (01-10-2011).

– ¿El kirchnerismo es un *agiornamiento* del peronismo o se trata de un nuevo movimiento histórico?

Es una trascendencia del peronismo. Usted sabe que yo me califico a mi mismo como post marxista, pero no en el sentido de que simplemente he roto con el marxismo, sino en el sentido de que estamos en una etapa que va más allá de lo que el marxismo histórico pensaba.

De alguna manera, con el kirchnerismo pasa lo mismo respecto del peronismo. El peronismo es una matriz histórica que está allí, el corte que se dio en el '45 es algo que ha signado nuestras vidas y las sigue signando.

Pero de lo que se trata es de ir un paso más allá de esa experiencia histórica del peronismo y eso es, precisamente, lo que está haciendo el kirchnerismo.

Veo muchos grupos jóvenes que surgen, La Cámpora, la Asociación Evita y demás, y de alguna manera estos grupos empiezan a expresar la necesidad de ir un paso más allá de las matrices históricas que hemos heredado.

Creo que el kirchnerismo en ese sentido es un post peronismo, lo que no significa renegar del peronismo, sino ir más allá de los horizontes que el peronismo había construido.

Ver entrevista completa en:
https://soydondenopienso.wordpress.com/2011/10/01/l aclau-el-kirchnerismo-realizo-una-especie-de-milagro-historico-un-paso-mas-alla-del-peronismo/

[92] Para más información ver: Alán García Campos. La revocación del mandato: Un breve acercamiento teórico.

Descargar pdf en:
www.juridicas.unam.mx/publica/librev/rev/qdiuris/con t/1/cnt/

[93] Antonio Gramsci. Op. cit.

[94] Carlos Tuya. Op. cit.

[95] Ortega y Gasset. La rebelión de las masas. Espasa, 2005.

[96] Carl Gustav Jung. Obra Completa. Trotta, 2004.

[97] Un grupo de investigadores norteamericanos han creado un algoritmo que permite a las máquinas aprender como lo hace un niño. Según palabras de Salakhutdinov, su creador, "esperamos que este trabajo ayude a guiar el avance de la inteligencia artificial, desarrollando una nueva generación de sistemas inteligentes, de máquinas inteligentes que puedan acercarse a la inteligencia humana". Fuente: El País, 11 de diciembre de 2015.

[98] Concepto matemático utilizado en ciencias naturales para hallar soluciones desde los datos del problema, expresados en la fórmula d = G(m) En la sociedad todos los problemas son *inversos no lineales*, como las crisis económicas. De ahí que sean irresolubles o tener distintas soluciones. Son irresolubles en el marco del sistema capitalista, por lo que solo queda superar dicho marco capitalista o aceptarlas como inevitables, y procurar, en el mejor de los casos, paliar sus efectos. Son las opciones reformista y revolucionaria. Para una ampliación del concepto, ver: https://grupobunge.wordpress.com/2006/07/20/119/

[99] Ver: Carlos Tuya. Evolución, Cultura y Socialismo. Amazon, 2015.

[100] Chantal Mouffe, La paradoja democrática. Gedisa, 2003.

[101] Aristóteles. Política. Itsmo, 2005.

[102] Para una análisis sobre Lenin puede verse: Slavoj Zizek. Repetir Lenin. Akal, 2004; y Slavoj Zizek, Sebastian Budgen y Stathis Kouvelakis. Lenin reactivado. Akal, 2010.

[103] Para un estudio en profundidad puede verse: Jean-Marie Mayeur y Madelanine Reberioux. Les Débuts de la Traosième Républic, !871-1898. Editions du Seuil, 1973.

[104] Byung-Chul Han. La sociedad del cansancio. Herder, 2012; y, La sociedad de la transparencia. Herder, 2013.

[105] Ver: Bogdan Denis Denitch. Nacionalismo y etnicidad: la trágica muerte de Yugoslavia. Siglo XXI Editores, 1995; AA.VV: El Genocidio bosnio: documentos para un análisis, Madrid, Libros de la Catarata, 1997; Emilio Diego García. La desintegración de Yugoslavia, Madrid, Actos, 1993; Dimitri Analis. La crise yugoslave: strategies, diplomatie, media. Fayard, 1993; Christopher Bennet. Yugoslavia´s bloody collapse: causes, course and consequences. Hurst, 1995; Michel Collon. El juego de la mentira. Las grandes potencias, Yugoslavia, la OTAN y las próximas guerras. Hiru, 1999; Branka Magas. The destruction of Yugoslavia: tracking the break up, 1980-1992. Verso, 1993.

[106] Citado por Cesáreo Rodríguez-Aguilera de Prat, en Semejanzas y diferencias entre el Movimento 5 stelle y Podemos.Societàmutamentopolitica, 2015. Ver en: www.fupress.com/smp

[107] Se refiere a: M. Canovan, "Trust the People! Populism and the Two Faces of Democracy", en Political Studies, XLVII, 1999.

[108] Slavoj Žižek. Viviendo en el final de los tiempos. Akal, 2012: En defensa de las causas perdidas. Akal, 2011; Repetir Lenin. Akal, 2004.

[109] Antonio Negri y Michael Hardt. Imperio.Editorial Paidós, 2005; Multitud. Debolsillo, 2006.

[110] Jacques Rancière. El desacuerdo. Política y filosofía. Ediciones Nueva Visión, 1996.

[111] Jacques Rancière. El maestro ignorante. Laertes, 2003. y Momentos Políticos. Clave Intelectual, 2012.

[112] Jacques Rancière. El desacuerdo. Op. cit.

[113] Para Foucault el *panoptismo* es la combinación de tres elementos: la vigilancia, el control y la corrección. Esta forma de *dominación* se organiza a través de una red de instituciones, Los aparatos del Estado (legislativo, educativo, ideológico) controladas por las clases dominantes para ejercer su dominio y control sobre las clases dominadas. Está constituido por tres micro-poderes: político, económico y judicial. Ver: Michel Foucault. La verdad y las formas jurídicas. Gedisa, 1983.

[114] Thomas Hobbes. Leviatán. Editora Nacional, 1979

[115] Karl Marx y Friedrich Engels. Tesis sobre Feurbach y otros escritos filosóficos. Grijalvo, 1982.

[116] Principio, fundamento, comienzo. Fue utilizado por los primeros filósofos para referirse al elemento primordial del que está compuesta y/o del que deriva toda la realidad material.

[117] Jacques Rancière. 11 Tesis sobre la política. Publicadas en Filozofski Vestnik, Ljiublijana, XVIII, 2, 1997. Ver también: Jacques Rancière. Política, policía y democracia. LOM ediciones, 2006.

[118] Jacques Rancière. Op. cit.

[119] Jacques Rancière. Op. cit

[120] Jacques Rancière. Op. cit

ÍNDICE